U0731297

DAXUE XINSHENG KETANG

大学新生课堂

（第2版）

主 编 ◎ 张 强　陈玉芳　廖成中

WUHAN UNIVERSITY PRESS

武汉大学出版社

图书在版编目（CIP）数据

大学新生课堂/张强,陈玉芳,廖成中主编.—2版.—武汉:武汉大学出版社,2018.8(2019.8 重印)
ISBN 978-7-307-20442-3

Ⅰ.大… Ⅱ.①张… ②陈… ③廖… Ⅲ.大学生—入学教育
Ⅳ.G645.5

中国版本图书馆 CIP 数据核字（2018）第 179230 号

责任编辑:孙 丽 邓 瑶　　　责任校对:周卫思　　　装帧设计:吴 极

出版发行:武汉大学出版社　（430072 武昌 珞珈山）
（电子邮箱:whu_publish@163.com 网址:www.stmpress.cn）
印刷:武汉图物印刷有限公司
开本:787×1092 1/16　　印张:12　　字数:268 千字
版次:2012 年 8 月第 1 版　　2018 年 8 月第 2 版
2019 年 8 月第 2 版第 2 次印刷
ISBN 978-7-307-20442-3　　定价:29.00 元

版权所有,不得翻印;凡购买我社的图书,如有质量问题,请与当地图书销售部门联系调换。

《大学新生课堂(第2版)》
编写委员会

张 强	陈玉芳	廖成中	郑祥江	王笑君	黎万和
王 姮	王 力	李菊芬	张克武	谢长勇	周凤生
王 娇	唐良虎	胡小俊	刘 真	杨惠琴	俞梦菲儿
袁茂阳	王 玺	罗 刚	王 波	杨 进	廖方伟
马金山	陈 蓉	冉利龙	梁 波	赵 洋	韩新明
叶中俊	饶 芳				

第 2 版前言

青年兴则国家兴,青年强则国家强。

习近平总书记在党的十九大报告中强调指出,"中国梦是历史的、现实的,也是未来的;是我们这一代的,更是青年一代的。中华民族伟大复兴的中国梦终将在一代代青年的接力奋斗中变为现实。"当代青年大学生是同新时代中国同呼吸共命运的一代。大学是人才培养的摇篮。进入大学学习,是每一位青年学子的梦想。来到大学,如何更好更快地投入新的学习与生活,让自己的大学学习演绎出一段精彩的成长经历,乃是初入大学的青年学子需要思考的首要问题。

大学是一个多彩的舞台,众多成功与失败、进步与挫折每年都会在这个舞台反复上演,为了进一步帮助阅历不深、思想单纯、准备不足的广大大学新生更好地认识大学,更好地适应新时代经济社会发展对大学生能力素质提出的新要求,在接下来的大学学习中把握主动,因此,编写组对《大学新生课堂》进行了修订。

本书修订坚持两个原则:一是全书风格上尽可能贴近广大学生,站在学生的角度讲解具体内容,增加亲和力,使学生乐于阅读;二是全书内容力求适应大学教育现状和社会发展变化,满足当下的需要,紧跟时代的步伐。本书的编写与修订旨在让同学们可以了解大学的起源、演变和发展历程,同时,思考、探讨上大学的目的和意义,明确读大学的目标和任务;可以进一步领悟大学生活与中学生活的诸多不同,提升主动适应大学学习、生活的能力;可以进一步把握大学学习规律,找到适合自己的学习方法;可以进一步理解大学培养目标、学分制管理和学业规划的重要性,以找到成就学业、规划人生的方法和要领;还可以在充分了解、体味大学丰富多彩的课余文化生活的基础上,激发对生活的热爱,用青春智慧去拥抱黄金般的未来。

大学不是学习的终点,而是人生一个新的起点,这是一次登高望远,一次实践求索,一次知识积累,一次本领练就。这是放飞梦想的舞台,也是扬帆远航的起点。我们期待,《大学新生课堂(第 2 版)》能成为广大青年学子的良师益友,成为其在充满激情的大学生活中一把开启智慧之门的钥匙和一座通向成功的灯塔。

编　者

2018 年 5 月 18 日于

西南科技大学

第1版前言

多彩的大学,精彩的人生。

大学教育作为个人受教育中的一段经历,是众多学子一生中最重要的成长阶段。它不仅意味着同学们将远离父母,独自开始新的生活,而且意味着我们将独自面对社会,准备承担更多的社会责任。考入大学,不是学习的终点,更不是功成名就,而是人生一个新的起点,一次登高望远。

初入大学,不论是踌躇满志,还是带着遗憾,每一位青年学子都有着无限的憧憬和期待。然而,3~5年的大学生涯虽然短暂,却是一次新的考试——人生的考验。这对于阅历不深、思想单纯、准备不足的大学生而言,无疑并不简单。成功和失败每年都会在大学这个多彩的舞台反复上演,每当这时,我们都会有作为教师的欣慰和成就感,更会有作为教育工作者的遗憾和责任感。于是,一本《大学新生课堂》付诸笔端。

本书在编写过程中始终坚持两点:一是语言风格尽可能贴近广大学生,站在学生的角度讲解具体内容,增加亲和力,使学生乐于阅读;二是全书内容力求适应大学教育现状和社会发展变化,满足当下的需要,紧跟时代的步伐。纵观整个编写过程,从实地调研、确定大纲到具体撰写、统稿、定稿,编写组始终把编写高质量书籍与满足广大同学的切实需要紧密结合,力求出精品。

通过本书的阅读和学习,学生可以了解大学的起源、演变和发展历程,并在此基础上思考和探讨上大学的目的和意义,明确读大学的目标和任务;可以领悟大学生活与中学生活的诸多不同,以具备主动适应学习、生活的能力;可以在把握大学学习规律的基础上找到适合自己的学习策略;可以理解大学培养目标、学分制管理和职业生涯规划的重要性,以找到成就学业、规划人生的方法和要领;还可以在了解、体味大学丰富多彩的课余文化生活的基础上,激发对生活的热爱,处理好学习和课余文化生活之间的关系,用健康的身心去拥抱黄金般的未来。

我们期待,这本《大学新生课堂》将会成为广大青年学子的良师益友,在充满激情的大学生活中成为一把开启智慧之门的钥匙和一盏通向成功的指路明灯。

编　者

2012 年 7 月 15 日于

西南科技大学

目　　录

目　　录

大学新生课堂（第2版）

第一讲 重新起跑:大学与成才

当拿到大学"录取通知书"的那一刻,你的身份发生了重要变化——你已成为大学生;当你因成为大学生而期待满满的时候,你将进入一个崭新的学习与生活阶段;当你步入大学校园的最初一段时间内,你可能更多的是对大学的感性认识:更大更美的校园环境、更自由的时间分配、更丰富多彩的校园活动。所有这一切的转变、兴奋和好奇会充满你整个大学生活。大学是我们重回赛场的起点,也是我们迈向成才之路的重要入口,而实现这一切需要我们理性地认识大学:何谓大学? 大学的精神何在? 大学的功能如何? 认识大学就是让我们能够了解大学的内涵、大学的发展演变历史,由此更加深刻地感知大学生活环境;明确大学精神是让我们从大学中吸收营养,提升自我;了解大学功能是让我们借助大学这个平台更好地发展自我。

第一节 何谓大学

大学,除了有美丽的环境、现代化的设施、各式各样的文体活动、比中学更多的空闲时间之外,还应该有什么? 相信同学们或多或少都有困惑。有人说大学意味着将来一份体面工作的敲门砖,有人说大学是寻找生命另一半的伊甸园,有人说大学是父母的心愿、亲友的艳羡和老师的期盼。大学究竟是什么? 为了回答这些问题,本节将为大家阐释大学的内涵及演变、大学精神、大学的功能等,希望能够指导和帮助同学们建立新的、正确的大学观。

一、大学的内涵及演变

(一)大学的内涵

"大学"一词最早出现在中国古代《礼记·大学》典籍中,其篇首语中指出:大学之道,在明明德,在亲民,在止于至善。这里所说的"大学"主要指的是治学和治理国家的一些道理。在《简明不列颠百科全书》中,对大学的定义是:大学是高等学府,通常包括文理学院、研究生院和专业学院,并有权授予各个学科领域的学位。在《中华在线词典》中,对大学的定义是:大学是实施高等教育的机构;分为综合大学、专科大学或学院;通常设有许多专业,再由几个相近的专业组成系;有的还设有专修科、学院或研究生院(部);主要培养本科生,有的还培养大专生或研究生。在英文中,大学一词为"University",是由"Universe"(宇宙)这个词的前身派生而来的。在中世纪的西方,拉丁文在政府、宗教和教育等领域得到使用,"Universitas"这个词被用来指由教师和学生构成的新联合体,比如在萨勒诺、巴黎和牛津出现的这种联合体。这类联合体即是今天大学的最初形式。

大学的内涵是人类思想在逐渐进步的过程中提炼出来的,包括以下四个方面:其一,大学是育人之所,是培育具有健全人格的人才摇篮;其二,大学是探索研究科学的重地,其研究范围包括宇宙万物各个方面,所回答的问题都是有关世界根本的问题,涉猎广泛,意义重大;其三,大学是鸿儒云集之地,教育层次与师资层次皆高,是知识的辐射源,对社会各界影响巨大;其四,大学不仅是专业人才出产地,也是学术成果诞生地,对于推动社会发展不但大有益处,而且具有巨大潜力。

(二)大学的演变

大学作为一种学术机构存在,有着悠久的历史。不同时期的大学需要满足当时社会不同需要来取得自身开办学校的合法地位。在西方,希腊哲学家柏拉图于公元前387年在雅典附近的Academos建立"Academy",教授哲学、数学、体育,这被一些人认为是欧洲大学的开端。

在中世纪大学阶段,大学是供教师和学生为了维护共同利益,以形成思想和传授思想为业而形成的行会,这成为大学教育的起点。这个时期的大学在教师、学生、教学体制、考试及取得学位的程序、行政管理机构等方面均形成了一定的规范。

在现代大学阶段,大学把培养学者和发展学术看成自身的目的,从而确立了大学发展科学的职能。为此,提出了"大学自治与学术自由","教学与科研相统一的原则","学与术分家"等观点。

在巨型大学阶段,大学的职能不仅是培养人才,也具有发展科学和服务社会的职能。社会服务既包括促进地区经济的发展,提升当地人民的综合素质,也包括引领社会主流进步思想与文化。

随着时间的推移,大学也不断发展成熟,目前的前瞻性大学则是在经历了中世纪大学、现代大学、巨型大学三种模式后形成的。

前瞻性大学是联合国教科文组织在1998年提出的,它认为这种新型的大学应该是一个开展高质量培训的地方,使学生能在社会和专业活动的各方面,包括在最新和最专业的活动中有效发挥作用;一个择优录取学生的地方,但应对社会公平的问题给予必要的关注(一个全心全意追求、创造和传播知识的人,促进科学发展的人以及进行技术革新与发明的人荟萃的地方);一个注重质量和知识的学术机构,一个使未来毕业生立志追求知识和使他们以利用知识为社会发展服务为己任的地方;一个欢迎学生"回炉"更新知识、提高业务水平的地方;一个鼓励和积极支持与工业和服务部门进行合作以及发展地区和国家经济的地方;一个以博大精深的批判精神提出和讨论地方、地区、国家和国际上的重要问题，并提出解决办法的地方；一个鼓励群众积极参加有关社会、文化和知识发展等问题的辩论场所；一个能让政府和其他国家机构获得各种可靠、科学的情报以供决策，并能促进公众参与决策的地方；一个坚决遵守学术自由原则的地方（这些人追求真理，在本国及全世界捍卫和促进人权、民主、社会正义与宽容精神，从事真正的公民参政教育和建设和平文化）；一个置身于世界各种挑战和各种机遇之中的机构；一个能适应现代生活节奏，适应每个地区和每个国家的不同特点的机构。

二、大学精神

大学精神的核心是一种不媚俗的精神，既是潜心向学的学术精神，又是引领社会，敢于不随波逐流的正确的批判精神。在保障大学的高水准方面，大学精神比任何机构、任何组织都更有效。大学精神是大学的灵魂所在，大学精神具有凝聚/定向的作用，引领着大学变革的方向。大学精神既深藏于"大学"之中，又游离于"大学"之外。它给大学注入了生命活力，使大学不仅仅是教学楼、图书馆等冷冰冰的建筑群落，也不仅仅是人才的集散地，而是人、思想、价值观念、理性思考、创新、智慧与博大胸怀的代表。

（一）追求的自由精神

自由精神是大学精神灵魂所在，也是大学精神产生和发展的根基。所谓自由，并不表示可以为所欲为地做任何事情，自由精神也不是毫不限制与控制自己的言行举止。自由精神追求的是言行举止、信仰的有限节制和对真理的无限追求。

哈佛大学哲学教授威廉·詹姆士在该校的一次校庆典礼上发表了一篇题为《真正的哈佛》的演讲，他认为，"真正的哈佛"乃"无形的、内在的、精神的哈佛"，即"自由的思想"与"思想的创造"。在中国，早在蔡元培任北京大学校长期间，他就提出了中国现代大学的三项基本原则：第一，大学应当是独立的和自主的；第二，大学应当具有思想自由和学术自由的特点；第三，大学学术与思想自由需要相应的自由的社会政治环境，从而奠定了北京大学"兼容并包、学术独立、思想自由"的大学精神。

（二）探索的独立精神

独立精神与自由精神有着密切的关系，但是又有着不同的内涵。独立精神意味着大学相对于国家、政府、市场而言是完全独立的。世界著名大学教育发展的经验一再证明，大学只有具有自己的独立品格和精神，才能成为知识创新的阵地。独立精神之所以在大学精神中具有重要地位，是因为大学是探讨高深学问的学术机构，而学术在本质上必然就是独立的、自由的。

（三）敏锐的时代精神

作为时代智者的大学，它能够预见并感应到社会潮流的前奏，成为社会潮流的先行者，使社会潮流之声最终成为时代的最强音。大学正是紧紧把握住了时代的脉搏，才使得自身持续发展和地位逐渐提高。

斯坦福大学首任校长乔丹的就职演说是激动人心的,"我们的大学虽是最年轻的一所,但它是人类智慧的继承者。凭着这个继承权,就不愁没有迅猛而茁壮的成长。"后发制胜的斯坦福大学内在的时代精神显然是其成功的奥秘之一。作为中国近代高等教育的双子星座之一,提到北京大学,我们自然会联想到京师大学堂、"五四运动"、李大钊、蔡元培、马寅初,以及自由、民主等一系列的人和事。世界上没有任何一个国家的任何一所大学像北京大学一样同国家的命运如此紧密相连,对一个民族的精神产生过如此重大的影响。

（四）永恒的道德精神

大学是任何社会道德与理性的凝聚场所,那里具有高雅的文化品位,生活在大学中能够出淤泥而不染,并能够孜孜不倦地追求自己的理想。大学不仅以自身纯洁的品德潜移默化地影响着社会,更以积极的姿态投入到改造社会、重塑德性的潮流中,成为社会德性的捍卫者与提升者,领导着社会德性的发展方向。尤其在时代的变迁中,大学的道德精神更为彰显。大学的道德精神源于大学人总体的道德精神,毋庸讳言,大学生是社会中应该最有德性和理性的一族。正由于他们的存在,才铸成了大学精神,才使大学成为海上的灯塔,指引着社会向着更美好的方向前进。

（五）自觉的学术精神

所谓学术,即大学的安身立命之本。大学处于整个学校教育体系的最上层,一直以来都被称为传承、批判和探索学问的殿堂。大学的逻辑起点首先应该是学术研究,高水平的大学更不能例外。清华大学前校长梅贻琦曾说过:"所谓大学者,非谓有大楼之谓也,有大师之谓也。"大师以探究学问为根本,授人以渔。剑桥大学成为诺贝尔奖摇篮的原因何在？其根源就在于一代代剑桥人不为外部环境所左右,不以功利心取舍知识,始终如一地保持着自己独特的自由教育的传统,从而使不同的学科能够按照内在的逻辑发展,能够相互会通、结合、渗透,因而使得剑桥教师的学术造诣、学术素养、学术意识,剑桥学生的理论基础、知识体系、思维模式等都超乎于其他学校。

（六）不懈的创新精神

一部人类文明史,从一定意义上说就是人类不断创造、勇于创新的历史。正是人类永不停息的创造活动推动着历史不断进步。大学高层次智力资源聚集以及学术氛围和综合性的学科结构有利于新的学科、学术思想和理论产生。因而,组织并开展开拓性、超前性、综合性的知识创新,是大学的基本使命。

克伦威尔在剑桥大学推行的改革,格斯纳在哥廷根大学的革新,都是直接推动英国、德国高等教育向近代转变的重要举措。与美国硅谷齐名的"剑桥奇迹"闻名遐迩,以剑桥大学为中心的科技园区重新给英伦三岛注入活力。科技园区有效地把大学、科研院所与企业密切联系起来,不仅增加了剑桥大学的活力,而且促进了当地乃至全国、全世界经济的发展。

20世纪80年代以来,哈佛大学为适应全球经济的急剧变化及满足发展高技术产业的需要,对其教育制度进行了大规模的改革,注重创新教育。哈佛大学的校风就淋漓尽致地体现出创新教育思想,其核心内容是:崇尚自由竞争和个人奋斗,崇尚冒险和创业,崇尚对事业的追求与高度负责的工作态度,强调人生的成功应来自勤奋与努力,强调个人的智慧、毅力、能力和自信心是事业成功的关键因素,注重理性分析,讲求实际和办事成效。

大学精神有着丰富的内涵,对大学的生存与发展起着至关重要的作用。世界上任何一所知名大学都有自己独特的大学精神,这不仅是一笔宝贵的财富,也是大学魅力之所在,更是大学持续发展的动力。在我国建设世界一流大学的道路上,在大学之间竞争愈演愈烈的今天,大学精神的塑造是必不可少且尚需加强的一个重要环节。真正的大学精神,不仅是科学技术的发展和应用,也是人类精神文化的家园。随着社会变化节奏的加快,现实社会中非理智、盲目、自私与冲动等弊端比比皆是。在这样一个良莠并存、错综复杂的社会环境中,改造社会,增进人类道德和智慧的任务责无旁贷地落在大学身上。

三、大学的功能

教育学家、北大原校长蔡元培先生曾言,"大学者,研究高深学问者也";清华大学原副校长余寿文言,"大学乃大师育才之谓也";英国教育家亨利·纽曼说过,大学的目的就是训练社会的良好成员。从狭义上看,大学是国家的高等教育学府,选拔具有高中以上学历者进行教育和培训,并以考试考核的方式检验其所学知识和技能。

2016年4月,习近平总书记在给清华大学105周年校庆贺词中提到:清华大学形成了爱国奉献,追求卓越的精神和又红又专、全面发展的培养特色。培养了大批学术大师、兴业英才、治国人才,为国家、为民族作出了重要贡献,源源不断培养大批德才兼备的优秀人才。站在新的起点上,清华大学要坚持正确方向,坚持立德树人,坚持服务国家,坚持改革创新。这段重要论述为以清华大学为代表的大学功能进行了总结分析,提出了殷切希望。

大学功能正随着人类社会的持续进步及价值取向的变化而不断发生着嬗变,其功能逐渐由单一性向多元性演变,即由单纯的人才培养功能向人才培养、科学研究、社会服务、文化传承与创新、国际交流与合作五项功能的升华转变。

（一）人才培养

从本质上来说,大学是培养人的社会活动能力的地方。不论是哪个历史时期、哪种类型和层次的大学,都是以人才培养为基本任务的,通过大学教育来促进受教育者身心健康、和谐发展。大学的本体功能总是立足于培养各级各类专门人才。从大学的发展历史来看,随着人类社会由前工业社会、工业社会和后工业社会的递进,大学人才培养的功能经历了三个大的发展阶段,大学人才培养的职能也经历了相应的演变。当前,我国大学要在建设创新型国家中作出自己的贡献,必须尽职完成培养人才的根本任务。党的十九大提出培养担当民族复兴大任的时代新人，是中国特色社会主义进入新时代的迫切要求。习近平总书记在党的十九大报告中指出："青年一代有理想、有本领、有担当，国家就有前途，民族就有希望。"为此，时代新人要有坚定的理想信念、要有真本领、要有担当精神。

（二）科学研究

科学研究是大学的重要功能和活动，通过科学研究能为国家培养全面发展的人才，能够对教学进行及时补充和更新。高等学校自产生以来就担负着教学、科研的职能，并相应地发挥着知识创新和知识应用的功能。如果说在传统的农业经济和工业经济时代主要侧重于知识传播功能的话，那么在当代知识经济社会，大学必须把科学研究功能放在十分重要的地位上。其原因为：一方面，大学的知识传播功能可以部分地被网络和社会培训所替代而趋于弱化；另一方面，教学水平的提高、知识应用功能的增强已变得越来越依赖于新观念、新理论、新方法、新技术的支撑和推动，要提高教学水平和知识应用能力而没有强有力的知识创新功能的支持，将是十分困难的。因此，21世纪的优秀高等学校要把科学研究功能的提升和发挥放在更加突出的地位上。在给北大学生的回信中，习近平总书记说"中国梦是国家的梦、民族的梦，也是包括广大青年在内的每个中国人的梦"；在给留德学生的回信中，他鼓励海外学子"在中国人民实现中国梦的伟大奋斗中实现自身价值，努力书写无愧于时代的华彩篇章"。

（三）社会服务

《国家中长期教育改革和发展规划纲要（2010—2020年）》明确提出："高校要牢固树立主动为社会服务的意识，全方位开展服务。"大学的社会服务功能是大学直接参与经济建设和促进社会发展的功能。大学将创新知识用于经济建设是大学服务社会功能主要的体现形式之一。因此，大学要走产、学、研相结合的道路，积极而广泛地促进科技成果的转化，将研究成果转变成投资项目、产品、应用、现实的生产力。对于将科研成果转化为生产力，中国的大学已初显成效，随着中国"双创"迎来2.0发展阶段，国家大学科技园也被赋予全新的内涵和任务体系。未来国家大学科技园将成为科研成果转化的重要平台，各地经济转型升级、新旧发展动能接续转化的重要载体。在"双创"背景下，全国各地的国家大学科技园将大学的综合智力资源优势与其他社会优势资源相结合，为高等学校科技成果转化、高新技术企业孵化、创新创业人才培养、产学研结合提供支撑的平台和服务，为社会服务做出了十分突出的贡献，如复旦大学与上海新黄浦集团的合作；大学自身也创办了知识含量颇高且收益甚佳的企业，如北大的方正集团、清华的同方有限公司等。这就使得知识经济中的校企合作与简单的大学社会服务职能在内涵上发生了巨大变化，既注重了知识向社会的转移，也注重了自身的效益和发展，使得大学与社会的融合更深、更广。这是知识经济时代的必然要求，也是大学功能的不断完善和发展的必然趋势。

（四）文化传承与创新

文化传承是大学的基本功能之一，它有两项主要内容：一是要求大学根据自身的价值观对人类社会长期积累的文化进行严格的选择、加工和整合，充分发挥其对人类文化的积淀作用；二是要求大学通过教育、教学活动，以其培养的人才作为载体把人类社会长期积累的文化传承下去。

大学是一种教育现象，但其本质上是一种文化现象，中国大学从诞生之日起就与中华文化有深刻的联系。一方面，中华文化对大学产生了巨大的影响，集中表现在思维习惯、价值观念、民风民俗和行为差异等方面；另一方面，大学具有自身的文化价值，大学的本质是在积淀和创造深厚的文化底蕴的基础上传承、研究、融合和创新高深学问的高等学府。大学通过人才培养、科学研究和社会服务把传承文化与创新文化结合在一起。在大学里，年轻一代学习、掌握包括中华文化在内的人类文化，延续与传承人类社会长期积累的文明成果。而且，高等教育的过程和结果都不是简单的复制，必然包含着创新，其培养出的人也是具有创造活力的、能够实现文化创新的人才；在大学内，聚集了各类高级人才，直接进行科学文化研究，能产生新的文明成果。

大学是高等学府，是实施高等教育的机构。大学的含义是多方面的，从古至今，自由、独立、创新等都是大学精神的精髓。大学的功能在于传承人类文明与文化，同时也承载着道德的传承。当今社会，官本位、金钱崇拜渗透到大学校园，庸俗的道德观、功利主义、虚无主义，影响着大学生的思想。当代大学生唯有坚持真理、勇于创新才能完成历史赋予的使命。在经济日益发展、科技突飞猛进的时代，国家的综合国力和国际竞争力势必越来越取决于教育的发展水平，取决于高层次创新人才的总量。"风物长宜放眼量"，我们要用开放的精神、世界的眼光和全球的意识去认识当代的大学，才能成为适应时代发展的高层次创新人才，成为社会主义现代化建设的生力军。

在当代中国多种文化融合的时代背景下，我们大学生应该坚定自己的理想信念，肯定我们中华民族的文化导向，树立文化自信，并利用自身的有利条件，为弘扬中华优秀文化贡献自己的力量。

（五）国际交流与合作

2016 年中共中央国务院《关于加强和改进新形势下高校思想政治工作的意见》将"国际交流与合作"列为大学的重要使命之一，也可以理解为大学的第五项职能。大学的国际交流与合作功能集中体现在大学是教育开放的窗口、国际化人才输出的摇篮、国际化人才引进的阵地和国际科技合作的支撑。

刘延东出席中美大学校长论坛之际提到：人文交流始终发挥着"正能量"和"暖力量"的作用，与政治互信、经贸合作一起构筑起促进两国关系的三大支柱。可以说，人文交流是促进两国人民相知相识的"探路者"、加强各领域合作的"铺路者"、深化两国关系的"推动者"。这也在侧面说明了大学国际交流与合作的必要性。作为新时代的大学生，我们有责任有义务成为社会所需的应用、实用型人才。这需要我们紧跟时代潮流，不光是了解国内国情，也

要在能力允许的范围内多多开展与国外学生或学校的交流与协作，以适应社会发展潮流，提升自己的学识，开阔自己的眼界

在"双一流"建设国际研讨会暨北京论坛(2018)的开幕仪式上，国务院副总理孙春兰指出，中国高等教育实现跨越式发展，对经济社会发展发挥了重要的支撑引领作用。希望中外高校深化务实合作，密切师生交流互访，联合培养更多具备全球视野、担负社会责任、秉持科学精神的优秀人才，携手创造更多引领未来、造福世界的科研成果，共同提高高等教育治理水平，搭建深化人文交流、促进多样文明互学互鉴的桥梁纽带。

大学的国际交流与合作为教育开放开辟了一个重要窗口。教育开放一方面是本国教育的"走出去"，另一方面是他国教育的"引进来"。通过与国际上的大学、研究机构开展知识交流、人才交流与科研合作，推动我国教育在世界教育、科技舞台的展现，彰显教育大国、科技大国的形象，同时也将国外先进的教育理念和科学技术引进我国教育体系中，促进我国教育和科技水平的发展。

大学的国际交流与合作为国际化人才输出提供了源泉。教育部数据显示，2017 年，我国出国留学人员首次突破 60 万，持续保持世界最大留学生生源国地位，同年回国人数达到 48.09 万。而这些出国留学人员以大学生为主体，大学在国际化人才输出和培养方面显示出了重要功能。

大学的国际交流与合作为国际化人才引进提供了重要平台。教育部数据显示，2017 年共有 204 个国家和地区的 48.92 万名外国留学生在我国高等院校学习，我国已是亚洲最大留学目的国。每年我国各大学通过各种形式的政策和激励机制，引进大量国际化人才，不仅实现大量高层次留学人才的回流率的增长，也吸引了大量的国外高科技人才来华工作，已经成为我国吸引国外科技人才的重要平台。

大学的国际交流与合作为我国科技的国际合作提供了重要支撑。目前我国已经在国家自然科学基金等基金委资助下，产生了众多国际合作项目，大学是这些项目建设的重要主体。在项目开展过程中，形成了多层次的科技合作，显然大学在国际科技合作中发挥了重要作用。

第二节　为何上大学

当我们懂事的时候，父母就常对我们说，好好学习，长大了一定要上大学。从此，考上自己满意的大学就成为许许多多年轻人的理想与追求。然而当考上大学的时候，我们是否认真思考过：为什么上大学？思考和回答这一问题有利于我们明确大学阶段的追求，制订科学合理的学习规划，获取所需的知识和能力，为自己的人生奠定良好的基础。

一、上大学的缘由

为什么上大学？人们对于这一问题的回答是随着社会和时代不断变迁而变化的。总体来讲，可归结为以下三个方面。

（一）上大学是社会和时代的要求

众所周知，在我国的历史长河中，经历了太多的风浪，也承受了太多的屈辱。每当在中华民族岌岌可危的时候，无数爱国志士和有为青年为了振兴中华挺身而出，他们抛头颅，洒热血。为了祖国，他们献出了青春，乃至宝贵的生命。他们从一开始就抱有崇高的理想，如周恩来的"为中华崛起而读书"。正是因为他们的无私奉献，祖国才获得了解放。中华人民共和国成立初期，有许多科学工作者放弃了国外优厚的待遇，毅然回国，如钱学森、邓稼先、钱三强等，他们为振兴中华作出了巨大贡献。这群先进知识分子都是通过大学的学习才逐渐走出了国门，通过大学的洗礼才到达了智慧的殿堂。正是因为有这样远大的理想，他们才能不断前进，最终成功。目前，我国依然面临复杂而严峻的国际形势，面临基本国力需要加强的现实，特别是国民素质有待提高。因此，我们应该将获取知识和成才作为自己的社会责任，作为一种追求与渴望，也作为时代的需要和呼唤；同时也应该正确定位，明白自身的成才发展可以推动祖国的发展，正所谓"少年强则中国强"。

（二）上大学是自身智力和能力发展的需求

达·芬奇认为："无论掌握哪种知识，对智力都是有用的，它会把无用的东西抛开，而把好的东西保留住。"我们想要发展好自己的智力和能力，必须掌握丰富的知识。因为无论是观察力、记忆力、思维力还是想象力的发展，都离不开知识，必须以知识为基础，通过掌握丰富的知识、科学的思考方法和熟练的技能技巧，来促进智力以及能力的发展。通过大学期间各种活动的锻炼，同学们能够提升各种综合能力，为进入社会做准备。大学时期是青年人成长的黄金阶段，在成才过程中有着特殊的地位和作用，这一时期自身素质的发展状况直接影响和制约着个人的创造力，大学期间掌握的知识越丰富、越精深、越完善，加工和运用知识的思想方法越正确、越先进，实现创造的技能技巧越成熟、越精湛，那么其优异性越能显现。

（三）上大学是改变自身生活状况的重要途径

知识让我们对生命有了更澄澈的认识。比如说，知识让我们的眼界更开阔：我们能更敏锐地感受社会需要的东西，比如对于国家和家庭的责任。"知识改变命运"、"知识创造财富"一直广为流传，简单的几字却道出了知识对生活影响之大。大学是获取知识的殿堂，这里不仅可以学到专业知识，还可以学到有可能改变人生观、价值观的文化知识。知识怎么改变命运？大体上涵盖两个层面，一是通过知识武装头脑、提升技能，改变了你原来计划的人生，使你的人生走向更符合自己需求、更匹配自己能力的道路；二是对于成长环境不是特别好的同学，通过将所学知识运用于实际工作中，获得更多的见识、获得更多的发展机会，进而提升家庭生活质量。

知识又是如何创造财富呢？知识创造的财富不仅在于物质财富，更重要的是知识创造了精神财富。对于前者，已不言而喻，知识是提升自己、获得良好工作机会、开展就业创业的基础，从而提高物质生活水平。对于后者，知识可以充实精神生活，提高人生精神体验，使我们获得更加深刻的满足感和幸福感。

二、大学能带给我们什么

(一) 获取知识

英国学者培根曾有言："求知可以改进人的天性，而实验又可以改进知识本身。人的天性犹如野生的花草，求知学习好比修剪移栽。"青年人十八九岁的年龄正是求知欲最为旺盛的时候，正确引导学生学习知识、掌握社会发展需要的知识，对于培养优秀的大学生十分重要。大学阶段，主要教授大学生掌握宽厚扎实的基础知识、精深的专业知识以及相关横向知识和综合知识。宽厚扎实的基础知识是攀登科学高峰的基石，没有这块基石，科学大厦将无法建成。当代大学生无论树立何种职业理想，选择在何种专业方向上发展都少不了宽厚扎实的基础知识。特别是随着科技和经济的高速发展，社会的产业、行业、职业结构调整的速度必然加快，为适应时代的快速变化，当代大学生必须从大学获得宽厚扎实的基础知识。专业知识是人才知识构成的特色，是成才的主要条件。要想在某一领域有所建树，就必须掌握这一领域精深的专业知识。专业知识是知识结构的核心部分，也是大学生立足于社会参与广泛竞争的条件。在当今学科之间呈现出高度分化与高度综合相统一特点的现状下，一方面，学科的划分越来越细；另一方面，各学科之间的相互联系和相互渗透又越来越明显。因此，当代大学生还需要对自己专业的邻近领域、跨专业或跨学科的相关知识及研究现状都有所了解，将其主要专业知识与其他广大知识领域紧密联系。

(二) 树立崇高的理想与追求

大学所培养的人才不仅要有很好的专业素质，更应具有良好的思想素质。大学的一个主要内容就是培养有理想、有追求的高素质人才。我们经常在思考这样的问题，为什么在同一所大学学习的大学生到毕业或就业后的发展差异较大，为什么毕业后一些同学发展很好，而另一些同学则发展平平？其原因固然很多，情况也很复杂。但是有一点是不争的事实，那就是凡有所作为和成就者都是有思想、有准备和有行动的人。其中有不少的人从小就树立了远大的理想，并坚持不懈地追求着既定的目标。因此，作为一名当代大学生，应该树立崇高而远大的理想，认真规划自己的人生轨迹和蓝图，使自己的大学生活更加充实而富有意义。

过去，我们一谈到远大的理想，往往认为会比较空洞，是可望而不可即的事情。其实这是片面的。理想根源于人们的需要，而人的需要又是多方面的。因此，人生理想也有多方面的内容和层次。一般来说，从内容上划分，有社会理想、道德理想、职业理想和生活理想四个层次。

1. 社会理想

一名合格大学生最基本要求之一就是具有社会理想，真正把对自己负责与对他人负责、对社会负责有机地统一起来。尤其是在异质化、个性化程度较高的现代社会，人的主体意识强烈，个人利益、个人需要等显示个人存在和价值的东西往往被人们普遍认可。从一定意义上讲，个人的利益和需要容易得到肯定和满足，而国家的、社会的、他人的利益则容易被忽视甚至被侵害。

2. 道德理想

我们在大学学习生活的过程中，在学习专业知识、掌握特殊技能、提升自己的综合素质的同时，应提升自己的道德理想，继承和弘扬我国优良的道德传统，把自己培养成为有德之人。在道德上树立社会主义荣辱观，使自己成为毛泽东所说的"一个高尚的人，一个纯粹的人，一个有道德的人，一个脱离了低级趣味的人，一个有益于人民的人"。当今社会，爱国主义、集体主义、实事求是、艰苦创业、大胆革新、乐于奉献等精神，正是我们倡导的理想人格。

3. 职业理想

职业理想是随着社会分工的出现而产生的，由于各种行业或职业客观上存在着差异，如工作条件的优劣、获得利益的大小等，使人们产生了对自己将要从事职业的规划和追求。对于大学生而言，学习的一个重要任务就是能够找到一个满意和适合自己发展的职业。因为，人生的理想追求、成败得失大部分体现在职业生涯当中。因此，树立什么样的职业理想对于将来的就业有着非常重要的指导意义。目前以及将来一段时间，大学生就业的形势都不容乐观。每一位大学生一定要从自身的实际情况出发，转变传统的就业观念，树立先就业、后择业、再创业的成才之路。结合自己的素质、性格、特长、能力、潜力，把个人的条件与社会的需求有机地结合起来，是大学生确立职业理想和选择职业时应遵循的基本原则。

4. 生活理想

生活理想包括人的物质生活、精神生活和婚姻家庭生活等方面的理想，它涉及人生的各个阶段和各个方面，涉及社会生活的各个领域。由于社会历史条件的不同，人民对生活意义的理解各异，因此人们会产生不同内容、不同水平、不同层次的生活理想。作为当代大学生，应该培养良好的生活习惯，树立独立、自立的意识，要抛弃依赖父母和他人的思想，培养艰苦奋斗、勤俭节约的精神，反对铺张浪费、过度享乐的行为，建立和追求文明、健康、科学的生活方式。用自己的青春、智慧和力量去创造美好的未来生活。

（三）培养适应社会的综合能力

大学生的能力结构是由多种能力组成的多序列、多要素、多层次的动态综合体。根据目前中国高校的教育现状，结合素质教育的要求和毕业生就业等多方面因素，我们认为，大学生应着重培养自己以下几方面的能力。

1. 自学能力

自学能力是大学生自主学习和创造学习的基础和重要条件。大学时期是学生学习和发展个人潜能的重要时期,也是学习能力养成和提高的重要时期。大学教师的授课方法不同于中学老师,因此,大学生需要主动地学习,培养自己的自学能力。当今社会是知识经济时代,科学技术迅猛发展,知识更新速度之快,常常出乎人们的预料,不断学习新科学、新知识将成为人们的需要,继续学习将成为人们的一种生活方式。同时,目前有相当部分毕业生应聘的工作并非所学专业,学非所用比比皆是:学数学的做管理,学语言的做经济,学工程的做营销等。因此,需要大学生在工作以后依靠自己的学习能力不断学习新知识、新学科以满足社会、单位对自己的要求,跟上科学技术发展的步伐。因此,作为当代大学生,应该着重培养自己的自学能力,使得自己面对新的事物和新的挑战时,能够通过自己的自学能力,学习新的知识和技能来适应瞬息万变的世界。

2. 适应能力

适应能力就是善于根据客观情况的变化及时反馈、随机应变地进行调节的能力。在当今的信息时代,社会复杂多变,当代大学生若想从学校这个"小家庭"过渡到社会这个"大家庭",必须提高自己的社会适应能力。那么当代大学生应当具备哪些适应能力呢?粗略地讲,主要有以下四点:一是要适应两次过渡:从中学过渡到大学,尽快适应大学学习生活;从学校过渡到社会,做好适应工作岗位的准备。二是生活水平要与经济条件相适应:即生活上要量力而行,不可奢侈、挑剔,要能上能下。三是在心理上要能适应不同的人际关系,能与学历、经历、年龄、性格不同的人友好相处。这是事业成功的重要条件,也是人际交往的一大艺术。四是要能适应顺境和逆境两种社会环境。顺境时要慎,逆境时要忍,这样才能培养自己的适应能力。总之,大学生在完成学业走上工作岗位后,会遇到心理上、环境上的不适应,作为当代大学生应该有意识地培养自己的适应能力,掌握自我生存的本领。

3. 实践能力

在当今社会,具有实际操作能力,善于真抓实干的开拓者,方能在激烈的市场竞争中取胜。因此,大学生在校期间要充分重视并利用实践性教学环节,如实验、实习等,还有勤工俭学机会,来不断提高自己的实践能力。与此同时,实际操作能力也是专业工作者必须具备的一种实践能力。在一切社会活动中,尤其是教学、科研、生产第一线,没有熟练的操作能力是难以胜任的。因此,大学生为了提高自己的实际操作能力,应该多看、多想、多练。看得多、接触得多,才能提高自己动手操作的技巧和能力。

在大学里,参加社团和加入学生会,也是锻炼自己、施展才华和绽放精彩的途径。此外,兼职、实习甚至是尝试自主创业,都是大学生实现自我价值、锻炼生存技能的手段。

4. 人际交往能力

人生活在世上,不可能孤立存在,总要与他人结成一定的关系。人际交往就是人与人之间通过相互往来、相互交谈、相互联系、相互沟通、相互作用和相互影响而建立人际关系的一种行为。而当代在校大学生,由于从学校到学校,交往空间较狭小,交往对象较单一,交往对象之间利益冲突较少。部分学生不重视培养这方面的能力。现代科学技术的发展,为人类交往提供了便利的交通和四通八达的通信网,大大扩展了人们的交往空间。现代电子设备的普遍运用,办公现代化等都促进了交往节奏的加快。文化素养的提高,使社会交际礼节明显增强,文明的交际语言和行为进一步为社会所重视。因此,大学生更应该在走向社会前的大学生活中,充分注重增强自己的交际能力,提高交际效率,拓展交际面,适应社会交往的需要。"己所不欲,勿施于人",是人际交往的最基本原则。在大学校园相对单纯的人际交往中,尊重别人,以诚待人是建立友谊,融入集体的关键。在处理同学关系时最重要的是真诚;在与老师交往时要尊重老师,勤学好问,虚心请教。

5. 创造能力

创造能力是大学生成功的钥匙。注重大学生的能力培养,尤其是对创造能力的培养,已为各国教育界所关注。创造能力是人脑各种功能集中的表现和诸能力有机结合后发展的高级阶段,其突出特征是创新:在已知中找突破,在未知中有发现;心理素质上勇于开拓,实际工作中能创造新的局面。注重学生创造能力培养,也是现代高等教育的性质、任务所决定的。教育既具有传授已知的保守性,又具有开发智力和新知识的创造性。作为当代大学生,更应注重自身创造能力的培养,多投身于社会大课堂,在实践中培养和发展自己的创造能力;应该自觉突破旧的教学模式的束缚,更新思维方式,开发创新兴趣,培养独立的思维能力和创新能力,善于发现问题、分析问题、解决问题,善于将各方面的知识融会贯通,创造出新的知识、新的技术,并应用于新的领域。

不同年代的大学生对于为什么上大学有着不同的理解。对于 90 后、00 后大学生来说,上大学不仅为了求知,为了探索,更重要的是掌握为社会服务的本领,通过上大学来实现提升自我、实现理想的夙愿。在大学里,大学生不仅要掌握知识,培养能力,更重要的是树立崇高的理想和追求,不断提升自己的综合素质。

第三节 加强思想建设

思想是开展行动的起点,好的思想可以使我们从一开始就步入正确轨道;思想也是引领行动的指南,好的思想可以使我们在行动中不断获得提升和升华;思想更是检验我们行动的标准,我们的行动是否科学合理需要用思想来检验。我们需认识到,我们已经是社会发展的一员,我们的一言一行都在社会发展中具有一定的影响。因此,我们要树立正确的价值观,要加强自我管理能力建设,要强化意识形态安全,要具有勤学苦练的精神!

一、树立正确的价值观

2014 年 5 月 4 日,习近平总书记在校园观看北大师生纪念"五四运动"95 周年青春诗会时对价值观给予了深刻的论述。不同民族、不同国家由于其自然条件和发展历程不同,产生和形成的核心价值观也各有特点。一个民族、一个国家的核心价值观必须同这个民族、这个国家的历史文化相契合,同这个民族、这个国家的人民正在进行的奋斗相结合,同这个民族、这个国家需要解决的时代问题相适应。世界上没有两片完全相同的树叶。一个民族、一个国家,必须知道自己是谁,是从哪里来,要到哪里去,想明白了、想对了,就要坚定不移朝着目标前进。习近平总书记对青年的价值观问题给予了高度重视,他强调青年的价值取向决定了未来整个社会的价值取向,而青年又处在价值观形成和确立的时期,抓好这一时期的价值观养成十分重要。这就像穿衣服扣扣子一样,如果第一粒扣子扣错了,剩余的扣子都会扣错。人生的扣子从一开始就要扣好。"凿井者,起于三寸之坎,以就万仞之深。"青年要从现在做起、从自己做起,遵循社会主义核心价值观,并大力将其推广到全社会去。

大学生是祖国的未来、民族的希望。大学生价值观,不但直接影响大学生个人自身成长,也关乎社会的发展,乃至国家的前途命运。当前,中国正处于改革发展的关键时期,一方面,改革发展过程中的各种思想文化相互激荡、碰撞,影响着大学生的价值取向,使得大学生的价值观呈现多水平、多样化;另一方面,随着中国的对外开放程度不断提高,各种外来的思想文化不断渗透,大学生更要以社会主义核心价值观统摄、整合多样化的价值观,认知、理解、认同、践行社会主义核心价值观,成为社会主义核心价值观的坚定信仰者、积极传播者、模范践行者。

因此,我们要深刻领会社会主义核心价值观的内涵:党的十八大提出,倡导富强、民主、文明、和谐,倡导自由、平等、公正、法治,倡导爱国、敬业、诚信、友善,积极培育和践行社会主义核心价值观。富强、民主、文明、和谐是国家层面的价值目标,自由、平等、公正、法治是社会层面的价值取向,爱国、敬业、诚信、友善是公民个人层面的价值准则,这24个字是社会主义核心价值观的基本内容。

"富强、民主、文明、和谐",是国家层面的价值目标。在社会主义核心价值观中居于最高层次,对其他层次的价值理念具有统领作用。富强即国富民强,是社会主义现代化国家经济建设的应然状态,是中华民族梦寐以求的美好夙愿,也是国家繁荣昌盛、人民幸福安康的物质基础。民主是人类社会的美好诉求。我们追求的民主是人民民主,其实质和核心是人民当家做主。它是社会主义的生命,也是创造人民美好幸福生活的政治保障。文明是社会进步的重要标志,也是社会主义现代化国家的重要特征。它是社会主义现代化国家文化建设的应有状态,是对面向现代化、面向世界、面向未来的,民族的科学的大众的社会主义文化的概括,是实现中华民族伟大复兴的重要支撑。和谐是中国传统文化的基本理念,集中体现了学有所教、劳有所得、病有所医、老有所养、住有所居的生动局面。它是社会主义现代化国家在社会建设领域的价值诉求,是经济社会和谐稳定、持续健康发展的重要保证。

"自由、平等、公正、法治",是社会层面的价值追求。它反映了中国特色社会主义的基本属性,是我们党矢志不渝、长期实践的核心价值理念。自由是指人的意志自由、存在和发展的自由,是人类社会的美好向往,也是马克思主义追求的社会价值目标。平等指的是公民在法律面前的一律平等,其价值取向是不断实现实质平等。它要求尊重和保障人权,人人依法享有平等参与、平等发展的权利。公正即社会公平和正义,它以人的解放、人的自由平等权利的获得为前提,是国家、社会应然的根本价值理念。法治是治国理政的基本方式,依法治国是社会主义民主政治的基本要求。它通过法制建设来维护和保障公民的根本利益,是实现自由平等、公平正义的制度保证。

"爱国、敬业、诚信、友善",是个人层面的价值准则。它覆盖社会道德生活的各个领域,是公民必须恪守的基本道德准则,也是评价公民道德行为选择的基本价值标准。爱国是基于个人对自己祖国依赖关系的深厚情感,也是调节个人与祖国关系的行为准则。它同社会主义紧密结合在一起,要求人们以振兴中华为己任,促进民族团结、维护祖国统一、自觉报效祖国。敬业是对公民职业行为准则的价值评价,要求公民忠于职守,克己奉公,服务人民,服务社会,充分体现了社会主义职业精神。诚信即诚实守信,是人类社会千百年传承下来的道德传统,也是社会主义道德建设的重点内容,它强调诚实劳动、信守承诺、诚恳待人。友善强调公民之间应互相尊重、互相关心、互相帮助,和睦友好,努力形成社会主义的新型人际关系。

社会主义核心价值统领着我们的知识价值观、职业价值观、诚信价值观等,我们一切的价值取向应围绕社会主义核心价值观而展开,不被复杂的社会思潮影响,不对社会的物质财富过度追求,反对享乐主义。我们要按照习近平总书记的要求:要勤学,下苦功夫,求真学问;要修德,加强道德修养,注重道德实践;要明辨,善于明辨是非,善于决断选择;要笃实,扎扎实实干事,踏踏实实做人。我们必须深刻认识到"幸福是奋斗出来的",一分耕耘一分收获!

二、提升自我管理能力

到了大学阶段,相信同学们已经深刻感受到所谓的"自由",大部分时间由我们自己支配,大部分的事情由我们自由选择,大部分的决定由我们自己考量。面对"自由"带给我们的诱惑,我们怎么样合理分配时间来充分利用我们的大好年华和机会,我们怎么样来根据自身发展需要来选择正确的事情,我们怎么样锻炼真知灼见之本领而作出科学的决定?这些问题关系到我们的成长、成才,是我们在大学阶段必须面对的重要问题。

这些问题的有效解决需要我们加强自我管理能力的建设。第一,我们要有时间意识,要合理支配好我们的学习、课外活动、娱乐的时间。我们的学习大多靠自主,大学生普遍存在的一种现象就是临近考试时通宵熬夜学习应付考试,这是最不科学,也是最不利于我们成长的学习模式。我们要在平时尽量消化吸收老师讲的每一节课、每一个知识点,虽然多为自主性学习,但我们绝不能松懈,要深知,我们的技能和知识进步都是靠平时的一点一滴的积累。我们要对大学的学习过程有个深刻的认知:① 一年级:学好英语、高等数学、计算机等公共课和基础课,争取通过国家大学英语四级考试等,适当参加社会实践、文化艺术体育活动以及公益活动和学生工作。② 二年级:学好专业基础课程,争取通过国家大学英语六级和计算机等级考试,积极参加社会实践、科技学术活动、文化艺术体育活动,积极参加公益活动和学生工作,提高自身的综合素质。③ 三年级:学好专业课程,积极参加学生科技学术活动和专业技能实习,参照社会对职业人员的要求,考取一些相关的职业资格证;考研或出国的同学开始综合复习考试课程,为考上研究生或出国做好准备。④ 四年级:学好专业方向课程,做好毕业实习和设计;准备就业的同学要做好就业信息的收集,并尽快提升就业技能,转变就业观念,积极准备用人单位的聘用考试等;考研的同学将进入复习关键时期,应调整状态,查缺补漏,积极复习备考。

第二,我们不要把大把的时间浪费在网络中,网络对于我们而言是一把双刃剑,它给我们学习、生活带来了大量的方便,但也同时会带来很多负面效应:大量的网络垃圾信息、网络游戏的沉迷……,这些不仅会消耗掉我们大量的时间,还会使我们丧失奋斗的精神,甚至失去人生的方向。

第三,我们要深刻认识自己,要对自己有充分的了解,我们需要问自己这样几个问题:我的兴趣是什么? 我的特长在哪里? 我需要什么? 我具备什么条件? 我将会向什么方向发展? 未来我的理想之路在哪里? 在大学伊始,我们就应清醒地认识到这些问题,并以这些问题为依据,规划好大学四年的学习生活。

第四,我们要避免受社会上各种诱惑,大学校园是一个开放的校园,与社会的信息交流渠道畅通,尤其是网络空间中充满着各种物质、精神和文化诱惑,我们要深刻认识这些诱惑的危害,避免因此而荒废。

第五,我们要具有合作精神、团队合作意识。我们要深刻认识到合作对于我们的重要作用,合作能力是我们的重要能力之一。学习和各项课外活动均给我们提供了很多合作的机会,这是我们锻炼合作能力的大好时机,我们要利用这些机会锻炼合作的能力。合作意味着共赢,意味着发挥成员的优势互补,我们不仅要善于合作,还要在此过程中锻炼合作中的领导力,为以后步入社会、走上工作岗位奠定基础。

第六,我们要不断加强学习能力的建设。在大学,学习是自己的事,老师更多地起到引导作用,更多深入的知识、更广泛的领域需要我们自己去探索。在充分了解我们的兴趣基础上,我们要发扬吃苦耐劳的精神,掌握科学的学习方法,将"自学"作为学习的重要模式。

第七,我们要树立正确的恋爱观。我们正处于青春期,很多同学在这一阶段将接触到感情问题,我们要锻炼自己的感情处理能力,始终牢记大学应仍以学习知识为主,不要因为感情问题贻误学业,更不要因感情问题影响个人的身心健康,我们要尊重别人、尊重自己,善于沟通。

第八,我们要热爱运动。我们需深知健康的体魄是一切的基础,因此,我们要积极参加体育锻炼,提高身体素质、加强健康管理,每一位同学至少培养一到两项体育运动的兴趣,并坚持开展。

三、树立安全的意识形态

意识形态可以理解为对事物的理解、认知，它是一种对事物的感观思想，它是观念、观点、概念、思想、价值观等要素的总和。意识形态也与社会环境密切相关。我们生活在一个开放而又动态变化的环境中。首先，我们的思想是开放和变化的，但开放的思想并不意味着没有规则约束，我们要深刻认识社会道德、法律等的约束，要有"底线思维"，不要越过一般的行为准则，一切按规矩办事，更不能做违法乱纪之事；其次，我们的国家是开放的，随着我国开放程度的逐渐加深，再加上互联网的普及，我们会接触很多思想观念，有好的、有坏的，有国内的，也有国外的，我们要学会甄别、学会接纳、学会拒绝。对不好的思想观念坚决说不。尤其是针对国外一些不良思想的涌入，不仅自己要不受影响，还要有责任意识，通过向上级报告、相互宣传、采用必要的手段去遏制，将那些不好的思想意识扼杀于萌芽状态。

树立安全的意识形态，我们需做到：第一，要关注国家大事，尤其要深刻领悟国家重要文件精神、重要领导讲话精神，积极参与相关的学术讲座、宣传活动。第二，要加强理论学习，不论我们是什么专业，我们都要加强政治理论学习，学习毛泽东思想、邓小平理论、"三个代表"重要思想、科学发展观、习近平新时代中国特色社会主义思想等重要内容，深刻理解马克思主义中国化的重大价值，将其作为引领我们行动的重要指南。我们要积极申请加入共产党，积极向辅导员、党组织汇报自己的思想变化。第三，要有责任感、使命感，将推动学校事业、国家和社会发展作为自己的重要责任和使命，着眼于大局，心怀国家，切勿因自己私利损害大局利益。第四，要远离"颜色革命"、"占领运动"、"城市骚乱"和"宗教冲突"等相关事件，自觉维护国家利益。第五，要正确认识网络的属性，积极提升网络素养水平，对网络不沉溺、抵诱惑、善鉴别，特别是坚决杜绝网络谣言传播，深刻认识网络在意识形态领域传播的特征。

四、发扬勤学苦练精神

2014年五四青年节，习近平总书记在北京大学师生座谈会上强调，勤学就是要以知识奠定青春奉献的基础。青年时期是学习的黄金期，尤其要勤奋学习。不学就会落伍，就会被时代淘汰。青年需要学的东西很多，最重要的就是要按照总书记的希望，注重把所学知识内化于心，形成自己的见解，既要专攻博览，又要关心国家、关心人民、关心世界，学会担当社会责任。勤学苦练精神是坚持不懈的努力、永不放弃的毅力和善于吃苦耐劳精神的综合体现。只要坚定了方向，并且是正确的，我们就要坚持到底，遇到困难不退缩，遇到挫折不惧怕，善于分析问题并找到能够解决的正确方法。

我们要努力发扬勤学苦练的精神，作为一个学生，最本职的工作就是认真学习。作为新时代的大学生，我们更不能舍本逐末，因为一些对自己毫无益处的小事而耽误自己在大学校园中获取宝贵知识的机会。我们应认真克服自身懒惰、自控力差的缺点，多多体会古人"头悬梁锥刺股"、"凿壁偷光"的刻苦学习精神，并结合自身的实际情况，制订符合自己作息规律的学习计划，充分发挥自己的主观能动性，认真对待自己所学的专业课知识，真正达到勤学苦练的程度。

第二讲　最初感受：环境与适应

　　有了对大学及其基本精神、基本功能的认识，我们就对大学有了一个初步的了解。接下来的四年我们将在大学校园中度过。以前从小学升入初中、从初中升入高中，我们的学习环境和生活环境均发生了不同的变化，好在那时我们更多的注意力在学习上，因此适应起来比较容易。到了大学，生活环境、学习环境发生了显著变化，适应这种变化是我们开始大学生活的第一步，也是十分重要的一步，因为唯有适应才能更好地投入，唯有适应才能使大学生活更加愉悦。我们需要适应气候环境、饮食变化和语言多样性，也需要学会独立生活、自主管理，还需要适应人际交往、学习模式。适应环境需要我们"忘记过去，展望未来"，需要我们"笃定目标，重新启程"，也需要我们"鼓足勇气，克服困难"。

第一节　生活的适应

　　大学新生扮演的社会角色、所处的生活环境及所需处理的人际关系等与高中相比，都发生了很大变化。那么如何才能尽快在转型和重塑的过程中更快更好地安排自己的日常生活，将是大学新生面临的最直接的问题。

一、地理环境的适应

　　中国是一个幅员辽阔、自然环境复杂、人口众多的国家。各地气候复杂多样、民俗差异明显。对于到异地求学的大学新生，怎样适应当地的环境，明确大学与中学的不同，学会与不同人相处，是同学们要解决的首要问题。

　　（一）气候的适应

　　中国位于亚洲东部，东临太平洋，领土东西跨越经度六十多度，南北跨越纬度近五十度。距海远近差距较大，地势高低不同，地形类型及山脉走向多样，北方以温带季风气候为主，夏季炎热多雨，冬季寒冷干燥；南方以亚热带季风气候为主，夏季炎热多雨，冬季温和湿润。

　　南方学生在北方求学，不适应气候变化是常有的问题。北方的冬季是比较寒冷的，很多南方同学一开始会感觉不适应,厚厚的羽绒服也难以抵挡寒风,很多学生一般没有经历过这样的天气,应对措施不足导致冻疮、气管炎等疾病发生。而且北方城市昼夜温差大,因而冬季是感冒发烧等疾病的高发期。此外,北方天气比较干燥,皮肤容易皲裂,及时补充水分并适当采取护肤措施是必要的。

北方学生在南方求学,生活上也有很多不适应。南方湿热多雨,比较利于细菌生长,东西易发霉,疾病易流行。同学们应养成良好的卫生习惯,勤洗澡,勤更衣,勤洗晒被褥。南方潮湿气候容易出现皮肤过敏等症状,比如脸上、身上长小疙瘩、小红点等,这是环境变化的结果,一般经过一段时间就会自然消退,不必为此产生太多的顾虑和担心,过敏严重时,最好及时到医院就诊。

（二）饮食的适应

同学们来到大学校园以后要尽快调整自己的饮食习惯,适应大学的一日三餐。不挑食,建议尽可能吃一些与以前经常吃的主食、菜肴相同或相似的食物,不要挑食、偏食;并适量吃些当地的主要特色食物或风味食品,尽量适应当地的饮食习惯,这样对克服水土不服有一定的帮助。学校食堂每餐都为同学们准备了南北风味各异的几十种菜肴,同学们可以根据自身口味各取所需。

饮食习惯带来的大学生"饮食不良"现象主要表现在两个方面:一是饮食不规律。很多人早晨起床较晚,来不及吃早饭便去上课,有的索性取消了早饭,有的则在课间饿的时候随便吃些零食。二是暴饮暴食。学生们主要在食堂就餐,但食堂的就餐时间比较固定,常有学生由于学习或其他原因错过了开饭时间,于是就吃点饼干、方便面来对付,等下一顿吃饭时再吃双份。研究证明:早餐吃饱、吃好,对维持血糖水平是很必要的,用餐时不能挑食、偏食,还要多吃水果和蔬菜。

（三）语言的适应

新生在大学校园里应尽量用普通话交流,使自己消除陌生感,这样有利于大学新生角色的转变。在大学新生的群体中,大多数学生是从中小城市或乡镇农村到大城市来读书的,由于部分地区基础教育的不平衡,许多新生入学时普通话水平不高,这样不仅会影响到自己的人际交往,更重要的是交往的不利将对自己的自尊心和自信心产生负面的影响,进而影响到学习、生活的方方面面。因此,大学新生对语言的适应是不可忽视的。

语言环境的适应并不太难,新生在平时的生活和学习中,应多查字典,向普通话好的同学学习,尽量掌握标准的发音。要通过不断的训练达到适应新的语言环境要求。有些同学出错的时候生怕别人笑话,因此尽量减少开口说话的机会,结果几年的大学生活下来,仍然是一口家乡话。如果能和其他同学结伴练习普通话,互相纠正,互相促进,效果就更好了。

除此之外,掌握一些必要的地方方言也有助于适应环境。比如,出门办事或上街买东西都可能与讲方言的当地人打交道,如果会说当地的方言,交流起来更方便,也能避免可能会发生的"欺生"现象。

二、校园环境的适应

(一)生活方式的适应

中学时代大多住在家里,不少人拥有属于自己的独立生活空间,起居、财物一般都由父母安排。大学生活是集体生活,住寝室,吃食堂,凡事要靠自己处理。这种改变对缺乏独立生活能力的学生而言是个挑战。其中,特别要学会个人理财和保管物品。

在日常的大学生活中,需要同学们有自我理财的意识和能力。家长一般把一个学期的生活费一次性交给新生,第一次独自支配这样一笔钱,又没有了家长的监督,进校的一个星期就用掉半年生活费的状况在校园里屡见不鲜。因此,统筹安排每月生活费,避免盲目冲动性消费显得尤为重要。首先留足每月的基本生活费,并根据需要适当添置日常生活用品;然后可依据自己的实际情况决定手机、电脑等的购买和使用。部分同学中存在着一定的虚荣心也是可以理解的,但是仍然要量力而行,不要为了满足自己一时的虚荣而克扣自己的生活费或给家长增添经济上的压力,甚至做出违反道德与法律的事情,这都是不明智的举动。

个人生活物品的保管,对于部分新生来说也是一个小小的挑战。尤其是乱扔乱放和贵重物品不设防的问题,一方面给自己增添烦恼,另一方面也给品行不良者提供了方便。大学生素质参差不齐,总会有极个别的学生存在着侥幸心理,趁人不备"顺手牵羊"。因此,一方面希望类似的同学不要做出与自己身份不符的事情,另一方面希望每位同学保管好自己的物品。

(二)课余生活的适应

中学生活范围较窄,基本上是从家门到校门。由于高考的压力,学习几乎成了生活的全部内容,课余时间基本没有,校园生活非常单一。而进入大学就从一个"小天地"来到"大世界",各种党团组织、社团组织、兴趣小组层出不穷,社会实践、文化科技等活动丰富多彩,跨班级、跨专业、跨年级的联系和交往更加频繁。从第一课堂到第二课堂,从校园生活到社会生活,大学生活的范围大大拓宽。

大学校园的课余生活丰富多彩。除了日常的教学活动之外,还有各种各样的讲座、讨论会、学术报告、文体活动、社团活动等。这些活动对于大学新生来说,的确令人眼花缭乱。同学们要合理地安排课余时间,首先应对自己在近期内的活动有一个理智的分析,看看自己近期内要达到哪些目标,长远目标是什么,自己最迫切需要的是什么,各种活动对自己发展的意义又有多大等。其次做出最好的时间安排,并且在执行计划中不断地修正。可以专门制订一份休闲计划,对一些较重大的节假日和休闲项目妥当安排,保证休闲和学习有条不紊地交叉进行,使身心得到放松和调适。除此之外,要留出足够的时间进行体育锻炼,最好能根据自己的身体状况和客观条件制订出一份体育锻炼计划。拥有一个健康强壮的身体,是从事一切活动的"本钱",也是一个人心理健康的物质基础。

大学新生要善于利用课余时间,开展一些有益的文娱活动,如唱歌、跳舞、下棋等,也可以培养自己的多种兴趣爱好,如集邮、剪贴、书画、读书等,使生活充实丰富、生机勃勃。这样,既可以排遣烦忧,愉悦性情,又可以获取知识,增长智慧,对身心的健康也非常有利。

（三）管理方式的适应

中学对学生各方面管理都很严格,学生的言行受到老师较严的管束。而大学主要依靠学生自我管理和自我约束,尽管有辅导员、班主任,但是,老师们对同学们的管理较之高中阶段要宽松得多。大学辅导员、班主任的职责主要是把握方向,通过引导学生自觉遵守校规校纪、开展各种活动来发展学生的自主、自立、自理能力,达到自我管理的目的。

（四）生活作息的适应

首先,要合理地安排作息时间,形成良好的作息习惯。因为有规律的生活能使大脑和神经系统的兴奋和抑制交替进行,天长日久,能在大脑皮质上形成动力定型,这对促进身心健康是非常有利的。大学新生应养成早睡早起的习惯。有的同学习惯在晚上卧谈,天马行空地一谈就是几个小时,结果第二天上课的时候非常疲惫,根本无心听课。长此以往,不仅影响平时的课业学习,还容易引起失眠,甚至引发神经衰弱症。研究表明,大学生的睡眠时间一般每天不得少于 7 个小时。如果条件许可,午饭后可以小睡一会,但最好不要超过 40 分钟。

其次,应该主动走出寝室,多开展有益身心的文体活动。"文武之道,一张一弛",学习之余参加一些文体活动,不但可以缓解紧张的生活,还可以放松心情,增加生活乐趣,有助于提高学习效率。听音乐、跑步、做广播体操、踢足球等都有助于增强体质,提高对疾病的抵抗力,这是一种积极的休息。实践证明:7＋1＞8。在这里,"7＋1"表示 7 个小时的学习加上 1 个小时的体育文娱活动,"8"表示 8 个小时的连续学习。

三、人际交往的适应

人际交往是指人们为了传达思想、交换意见、表达感情、体现需要,通过彼此相互接触,在心理和行为上相互影响的过程。大学生的人际交往有多重关系。

（一）主要人际关系及其适应

1. 同学关系

同学关系主要是指作为正式群体的班级和院系内部的学生之间的关系。同学关系具体又包括校友关系、班友关系和室友关系。这种关系是大学生最重要、最基本、最稳定的人际关系之一。在处理同学关系时要注意把握好以下几点。

（1）要正确处理好竞争与友谊的关系。在培养自己的竞争意识的同时,要采取正确的竞争态度和方式。要在竞争中发展友谊,在友谊中促进竞争。

（2）要正确处理好与异性同学的关系。交往双方一定要相互信任、相互尊重。男女同学要从思想和行为上分清友谊与爱情的界限,应多在集体活动中交往,女同学要自尊、自重,男同学要自制。

大学新生课堂（第2版）

（3）正确处理好与性格内向同学的关系。在与性格内向的人交往时,首先,要做到尊重对方,理解对方。其次,尽量熟悉、了解对方,以实际行动去接近对方,缩短相互间的距离。再次,以热情关切的态度,感染、影响、带动他们。最后,应以虚心、耐心、会心与其相处。性格内向的同学,应注意克服害羞和不善交际的弱点,尽量使自己大方、开朗。

2. 师生关系

在师生关系的相互作用过程中,作为老师,应该是学生的良师益友,关心、尊重、爱护学生;作为学生,应有主动、积极的态度。作为个体迈向社会前的最后一道生产线,大学老师对学生来说是非常重要的社会支持系统,积极主动地寻求老师的指点、帮助和支持,对大学生的成长举足轻重。那么,同学们应当如何去做呢?

（1）尊敬老师,积极交流。师生关系是互动关系,大学生对老师的尊重,同样也将得到老师对自己的充分尊重。这要求大学生在教学、生活、为人处世等方面,真诚坦白地与老师交换意见,加强沟通,弥补自己学习生活中的不足。

（2）加强自律,理解老师。大学生要避免过度自由、做事随便。应记住学生的角色,即使遇到老师误解自己或评价有失公正,也应积极沟通,多理解老师,同时设法让老师理解你,切不可当面顶撞,更不该背后议论。

（3）在专业学习中多交往。在大学老师与学生的交往中,比较多的是专业课教学过程,作为大学生,学好每门课程是达到培养目标的要求,多请教,多与老师讨论,从而学习新知识和治学方法,提高分析和解决问题的能力,也可在请教中为老师做些教学中力所能及的工作,在这些教学交往中增进了解,和谐师生关系。

（4）采取灵活多样的沟通方式。应当充分利用各种沟通方式:微信、QQ、短信、电话、信件（邮件）、面谈、组织班级活动等,尤其是充分利用网络沟通更为重要。

3. 朋友关系

在大学生的人际交往中,好朋友是十分重要的交往对象。如何处理好朋友之间的关系呢?

（1）以诚相待,彼此忠诚。对朋友最怕虚情假意,虚与周旋。但朋友之间应允许有各自的隐私,毫无疑问,是否有所隐伏,隐伏多少,是衡量友谊的标志。

（2）信守诺言,互信不疑。"信"被古人奉为为人处世恒常不变的美德之一。孔子说:"与朋友交,言而有信。"信,首先是守信,说到做到,一诺千金,言而有信;其次是信任,相信朋友,不无端猜疑。

4. 恋爱关系

如何处理好恋爱关系,是许多在校大学生最为关心的一件事。一个大学生的恋爱生活的成败,可以说会牵涉到他大学期间所有其他方面的生活。

（1）恋爱关系不是大学期间最重要的关系。现在有很多大学生,由于忽视了和同学之间的关系以及和老师之间的关系,再加上又没有把主要的心思放在学业上,导致从恋爱之中寻找精神依赖与精神支持。这种做法肯定是错误的。任何一个国家,任何一个时代,学生的天职永远都是学习。由此可知,和同学以及老师之间的关系的重要性肯定是超过恋爱关系的。

(2)爱情不是自我封闭的二人世界。许多谈恋爱的大学生,一旦有了恋爱对象,就开始和室友、同学、集体拉开距离,进行自我封闭,只是沉浸在两人的世界里,和室友的聊天没有了,和班上同学的接触没有了,集体的活动不参加了,社团组织的活动没兴趣了等。这种不正确的恋爱态度,会让恋爱者失去很多其他方面的机会。

5. 家庭关系

大学生同父母交往的方式主要是间接方式。特别是异地求学的大学生,远离家庭,与父母的联系主要通过书信、电话和网络等间接方式进行。一般而言,大学生"懒于动手,勤于动口"。即使是电话联系,次数也逐渐减少,只有在发生"经济危机"时才会想起家庭的温暖。这就使得家庭对大学生的影响进一步受到限制。随着时代的变迁,大学生难免会在某些方面与父母一辈格格不入,如理解模式和行为模式、生活理想、生活方式、个人发展等,不一而足,也就是所谓的"代沟"。

作为大学生,可以经常与父母谈心、交流,遇到有矛盾的地方双方静下心来心平气和地谈话解决。还有试着寻找和父母拥有的共同话题,比如多关注和留意父母最近感兴趣的事,了解情况之后就可以和父母"谈天说地",找到共同讨论的焦点。代沟是父母和子女之间无法避免和消除的界限,但这界限也不是那么不可跨越。要学会设身处地地站在对方角度思考问题。同学们要懂得为人父母的处境和难处并试着去理解和体谅他们。只有学会换位思考,才会真正懂得感恩。

(二)人际交往能力的培养和提高

人际交往的核心部分,一是合作,二是沟通。培养人际交往能力,首先要有积极的心态,理解他人,关心他人,在日常交往活动中,要主动与他人交往,不要消极回避,要敢于接触,尤其是要敢于面对与自己不同的人,而且还要不怕出身、相貌、经历,不要因来自边远的地区、相貌不好看或者经历不如别人而封闭自己;其次要从小做起,注意社交礼仪,积少成多;最后要善于去做,大胆走出校门,消除恐惧,加强交往方面的知识积累,在实际的交往生活中去体会,把握人际交往中的各种方法和技巧。另外,要认识到在与别人的交往中,打动人的是真诚,以诚交友,以诚办事,真诚才能换来与别人的合作和沟通,真诚永远是人类最珍贵的感情之一。

1. 人际交往的原则

(1)平等原则。人际交往,首先要坚持平等的原则,无论是公务还是私交,都没有高低贵贱之分,要以朋友的身份进行交往,才能深交。切忌因工作时间短,经验不足,经济条件差而自卑,也不要因为自己是大学毕业生,年轻、美貌而趾高气扬。这些心态都将影响人际关系的顺利发展。

（2）相容原则。这里主要是指心理相容,即人与人之间的融洽关系,与人相处时的容纳、包含以及宽容、忍让。主动与人交往,广交朋友,交好朋友,不仅要交与自己相似的人,还要交与自己性格相反的人,求同存异、互学互补、处理好竞争与合作的关系,更好地完善自己。

（3）互利原则。这是指交往双方的互惠互利。人际交往是一种双向行为,故有"来而不往,非礼也"之说,只有单方获得好处的人际交往是不能长久的。所以要双方都受益,不仅是物质的,还有精神的,交往双方都要讲付出和奉献。

（4）信用原则。交往离不开信用。信用指一个人诚实、不欺、信守诺言。古人有"一言既出,驷马难追"的格言。现在有以诚实为本的原则,不要轻易许诺,一旦许诺,就要设法实现,以免失信于人。朋友之间,言必信、行必果,不卑不亢,端庄而不过于矜持,谦虚而不矫饰诈伪,不讨好位尊者,不藐视位卑者,以取得别人的信赖。

（5）宽容原则。这表现在对非原则性问题不斤斤计较,能够以德报怨,宽容大度。人际交往中往往会产生误解和矛盾。大学生个性较强,接触又密切,难免产生矛盾。这就要求大学生在交往中不要斤斤计较,而要谦让大度、克制忍让,不计较对方的态度,不计较对方的言辞,并勇于承担自己的行为责任,做到"宰相肚里能撑船",他吵,你不吵;他凶,你不凶;他骂,你不骂。只要我们胸怀宽广,容纳他人,发火的一方也会自觉无趣。宽容克制并不是软弱、怯懦的表现。相反,它是有度量的表现,是建立良好人际关系的润滑剂,能"化干戈为玉帛",赢得更多的朋友。

2. 人际交往的技巧

（1）记住别人的姓或名,主动与人打招呼,称呼要得当,让别人觉得礼貌相待、备受重视,给人以平易近人的印象。

（2）举止大方、坦然自若,使别人感到轻松、自在,激发交往动机。

（3）培养开朗、活泼的个性,让对方觉得和你在一起是愉快的。

（4）培养幽默风趣的言行,幽默而不失分寸,风趣而不显轻浮,给人以美的享受。与人交往要谦虚,待人要和气,尊重他人,否则事与愿违。

（5）做到心平气和,不乱发牢骚,这样不仅自己快乐,别人也会心情愉悦。

（6）要注意语言的魅力,多安慰受创伤的人,鼓励失败的人;夸奖真正取得成就的人,帮助有困难的人。

（7）处事果断、富有主见、精神饱满、充满自信的人容易激发别人的交往动机,博得别人的信任,产生使人乐意交往的魅力。

总之,每个人生命的主宰其实就是自己,关键是你要有所改变,要有强烈的成功愿望,希望通过对人际交往原则的认识与理解,使大家领悟到交往的一些知识。结合这些原则,找到合适的方法培养我们的人际交往能力。让那些在生活、学习、工作中,不愿交往、不懂交往、不善交往的同学,塑造自身形象,以积极的态度和行为对待人际交往,建立和谐的人际关系,为提高我们大学生的基本能力作出一份贡献。

第二节　学习环境的适应

新生，"新"不仅在于身份的新，也将面临新环境，无论是新身份，还是新环境，都需要你快速进入此时此刻的生活。刚从中学跨入一个崭新的学习环境，自然要面临学习上诸多的不适应，因此充分了解和认识大学学习与中学的差异、大学学习资源的多样性以及对学生评价的多元化，以尽快适应大学学习环境和教学方式，这对同学们今后的学习和发展至关重要。

一、学习的差异

（一）学习方式的差异

中学阶段班主任对同学们悉心照料，学习内容、学习时间，甚至学习计划都是由老师安排，上课、做作业，每天该做什么、该按什么顺序做都井井有条，自己只用去完成任务就可以了，至于为什么这么做就不必问了，反正有好处；学习效果也主要由老师进行检查。而大学学习与中学学习有着非常大的差异，大学的教学过程更富有研究性、探索性，学生的学习应具有更多的主动性、独立性和创造性；大学最主要和最基本的特点，就是更强调学生自学和独立思考的能力，学习习惯、作息时间大部分由自己掌握，教师直接指导减少，这种巨大变化需要学生有较强的自理能力，这对大学新生来说都是不小的挑战。

（二）教学方式的差异

中学老师翻来覆去讲那几个问题，讲得非常仔细；大学一节课讲很多，老师讲得较快，也不管学生是否听懂，囫囵吞枣都一块填进去，剩下的要靠自己去消化。教学方式的差异要求我们新生转变学习思维模式，要课前预习，课后复习，做好充分的准备。新生开始时对大学的授课方式很不习惯，感到一天讲这么多内容根本吸收不了，要慢慢去习惯，学会怎么去预习，怎么去听课，怎么去复习，这也是新生必须要适应的。

（三）学习地点的多变性

大学里的上课场所由中学里"一个萝卜一个坑"变成了"打一枪换一个地方"。而图书馆、网吧、宿舍、自习室在学生学习中所处的地位也有了很大的不同。因此，同学们应了解如何使用图书馆，如何利用网络，如何通过多种渠道获取更多的信息，如何采用现代科技手段来掌握、运用自己所学的知识，提高自己的能力。

（四）自主学习是大学学习的突出特点

由于大学教师除了担负着繁重的教学任务外，还要承担一定的科研工作，所以不可能像中学教师那样与学生朝夕相处，更不可能像中学教师那样为学生制订学习内容、学习时间甚至学习计划，也不会像中学阶段一样，三天一小考，五天一大考。因此，新生必须学会主动地学习。为了提高自主学习能力,同学们首先要自己确定学习目标,自己制订学习计划,自己检查学习效果;其次要主动找老师征询意见,主动请教老师问题,变"要我学"为"我要学",变被动为主动,使学生在学习方式上迅速融入大学环境。

二、多样化的学习资源

大一的课程安排得较为宽松,很多同学下课之后就不知道该怎样安排自己的时间了,更不知道该在大学里如何汲取各种知识,问题的关键在于他们忽视了大学里可以利用的多种多样的资源。

(一)广泛和同学交流

孔子曰:"三人行,必有我师焉。"大学四年,与我们朝夕相处的,正是我们的同学和学长。从他们每个人身上,我们都能发现不少闪光点,如果都能够做到取长补短,那将是多么大的收获啊!

同学和学长不但是自己的学习伙伴,也是最好的知识来源。不可否认,大学生是大多数优秀青年的集合体,如果细心观察,虚心请教,我们能从这些优秀的伙伴身上学到很多优点。遇到困难,看看别人怎样处理类似的情况,对自己也有很好的启发。有不懂的问题请教身边的同学,并不是丢人的事情,对方认为你尊重他,这样还会增进同学之间的感情。而且,请教同学也是得到答案最快的方式。正所谓"闻道有先后,术业有专攻",每个人的专长不同,每个人对问题的理解和认识都不尽相同,只有互帮互学,大家才能共同进步。

学长们的经验和教训对我们的帮助是很大的,尤其是本专业的学长,他们经过了专业课程的学习和考试,对课程内容本身、学习重点都有所了解。可以向他们请教课程的重点内容,学习时要注意哪些问题,以后哪些知识或能力在工作或研究中有用,这样可以让我们在学习中少走弯路,尽快达到目的。

(二)虚心向老师请教

作为课堂学习的延伸,大学新生要善于向老师请教,勇于提出问题。不论是学习方法、技巧上的问题,还是课程本身内容上的问题,或者是研究领域方面的问题,甚至是有关做人方面的问题,都可以与老师探讨。不要为自己的问题是否太幼稚而担忧,只要这一问题是你经过深思,四处寻找答案而"百思不得其解"的,就可以提出来。师者是乐于"传道授业解惑"的。

向老师请教,大多是学习方法和工具的技术性问题,比如学好本门课要看哪些参考书目,学好本门课的关键、学习方法和思维方法是什么,该如何进行课题研究,该如何着手展开研究工作等。还有在日常的学习中提出一些问题,尤其在进行课题研究时。千万不能把问题堆积起来或者绕开走,尤其是在一些关键问题上要向老师多请教。能够提出问题正是研究的开始,要锻炼自己的这种能力,向师者请教之后,慢慢培养自己解决问题的能力。这样四年下来,肯定收获颇丰,甚至会发现终生研究的课题。

(三)充分利用图书馆

大学学习资源很丰富,在丰富的学习资源中,图书馆应该是大学生最亲密的"伙伴"。大学的学习离不开图书馆,能否很好地利用图书馆,几乎就意味着你的大学学习是否成功。每所大学都会有自己的图书馆,有些大学的院系也拥有本院系专门的图书资料室。不同学科的图书馆主要的藏书内容和馆藏分类会有所不同,但是一般都会有一些常规的阅览室,如报刊、工具书、社科类阅览室等。大学新生入学后办理完阅览证、借书证之后,不妨先去学校图书馆大致浏览一番,弄清楚怎样使用电子检索系统找到自己想要的书,怎样浏览图书馆新进的书籍,哪个阅览室都有些什么方面的图书,外借书一次可以借阅几本,续借有什么要求,怎样预约书籍等问题。

图书馆有两种"泡"法:一种是带有非常强的目的性,如阅读老师在课堂上推荐的专业书籍,为了写论文查阅资料,或者从自己的兴趣点出发,有意识地检索某一方面的书籍。另一种则有一定的随意性和娱乐性,没课的时候到图书馆看看小说消磨时间,或者到期刊阅览室翻翻最新的报纸和杂志,时刻与社会保持同步,还可以看看本专业的前沿和动态,这些会对你的将来大有裨益。对现代的大学生来说,获取最新的资讯信息也是学习中必不可少的一个环节。

(四)积极听取学术讲座

为了增强学术氛围和活跃思维,为了扩大学生的知识面和丰富学生的课余生活,大学校园经常举办各种各样的普及性讲座。这些讲座内容丰富、形式各异:有前沿性的,如介绍学科专业发展动向;有思想性的,如评价各种哲学思潮;有知识性的,如中外历史漫谈和世界地理漫步;还有文艺性的,如文学作品分析、音乐名家介绍及名曲欣赏等。它们融科学性、知识性和趣味性于一体,对个人文化素质的提高非常重要。大学讲座是宝贵的思想财富,身处大学校园,有这样的便利条件,如果能尽量多听讲座尤其是质量高的讲座,四年大学生活一定会有更多的收获。

(五)善于利用网络学习资源

网络由于能够提供多样化的学习资源、多样化的呈现方式、多渠道的信息加工,以及一对一、一对多、多对一、多对多的对话方式,因而蕴藏着突破教育资源限制,实施因材施教的潜能,可以满足不同智力优势、不同学习水平或不同学习方式的学生的信息需要和学习要求。

许多大学基本建成了交互式多媒体教学网络,实现了教学信息组织的非线性化、信息处理的数字化、信息储存的光盘化和学习资源多样化的有机结合,包括校内实时网络教学;利用卫星和其他通信技术,进行远程实时授课;利用因特网,实现远程教学的资源共享、辅导答疑、教务管理等。

三、多元化的评价体系

在中学里,学习成绩的优劣一直是学生自我评价和学校评价的重要标准。然而,在大学中,评价学生的标准是参照社会生活建立的,尽管学习成绩仍是主体,但思想素质、能力、特长也成了重要方面,形成了一套多元化的大学生评价体系。

正如习近平总书记在党的十九大报告中给青年一代的寄语:青年一代有理想、有担当,国家就有前途,民族就有希望,实现中华民族伟大复兴就有源源不断的强大力量。希望你们弘扬奉献、友爱、互助、进步的志愿精神,坚持与祖国同行、为人民奉献,以青春梦想、用实际行动为实现中国梦作出新的更大贡献。我们处于一个伟大的时代,有着伟大的目标,可谓生逢其时、责任重大。希望同学们珍惜宝贵的青春年华,坚持理想,脚踏实地,既勤于学习、善于学习,打牢知识功底、积蓄前进能量,又勇于探索、勇于突破,不断认识科技世界新领地,立志报效祖国、服务人民。

(一)构建大学生综合素质评价体系的原则

1. 以反映大学生的核心素质为准则

素质是指个人所具有的内在品质,素质作为衡量一个人内在品质的核心指标,可以通过科学的体系进行评价。素质的内容包括很多,有许多不同的分类方法,从大的方面看主要包括政治素质、思想素质、道德素质、人文素质、专业素质、创新素质、身体素质、心理素质等方面,但作为引导大学生健康成长的评价内容,不能面面俱到,应遴选出对大学生成长影响较大,并通过学生自己的努力能够实现,而且能够进行量化的内容和指标。

2. 以为社会培养优秀人才为宗旨

知识经济时代是知识化、信息化和学习化的时代,对人才要求更高,适应时代需要的人才不再是传统意义上的拥有过硬的专业知识的人才,而应是高素质的复合型人才,应具备全面的综合素质,包括文化素质、思想道德素质、心理素质以及良好的协调能力、团队精神、创新意识等。大学的任务是为社会培养所需要的各种类型的人才。因此,学生综合评价体系要紧紧围绕"培养人才"这个中心目标,为这个目标服务。

3. 以关注学生个性发展为导向

大学生身心成长的规律告诉我们:大学中不同年级的学生在心理成长、思想状况等方面呈现出不同的特点。作为涵盖学生综合素质各个方面的评价体系应该体现出公正性、客观性等基本特点。这就要求在综合素质评价体系中要充分考虑不同阶段学生的不同特点和不同需求,使其符合学生实际情况。同时,还应将学科、专业等因素考虑进去,力求评价结果的客观性,使我们的思想教育具有针对性,有的放矢。

(二)大学生综合素质评价体系的构成

大学生的综合素质一般由以下几方面构成。

1. 德育素质

高等学校培养出来的学生不仅在理想信念上有追求、知识技能上有水平,在社会责任感、精神文明、道德修养上也应具有更高的层次。中共中央〔2015〕31号文件《关于进一步加强和改进大学生思想政治教育的意见》中明确指出:"大学生是十分宝贵的人才资源,是民族的希望,是祖国的未来。加强和改进大学生思想政治教育要以理想信念教育为核心,以爱国主义为重点,以思想道德建设为基础,以大学生全面发展为目标。"因此,德育素质评价的主要内容可以大致概括为政治素质、思想素质、道德素质三方面。政治素质、思想素质、道德素质,从根本上讲,就是一个人的政治态度、思想道德水准和社会责任感,就是把自己的事业与祖国的前途、人类的文明、社会的进步融为一体的品格。

2. 智育素质

学习是学生的主要任务,在一定意义上说,是否掌握书本知识、专业知识是一个大学生在学业上是否合格的重要标准。但学习的目的是为了实用,掌握书本知识的目的是为了指导将来的社会实践。在科学技术日新月异的今天,向学生传授知识和教会学生科学的学习方法同样重要。智育的内容包含学习动机、方法、习惯和效果,在学习过程中表现出来的分析、解决问题的能力,以及逐渐形成的文化底蕴和人文精神。因此,智育素质评估的内容包括专业素质、科学素质、文化素质和人文素质四个方面。

3. 思维、能力与创造

知识产生于思维和创造之中,良好的思维素质,能促使人不断地追求新知。思维素质首先表现为勤于思考,其次表现为善于思考,要运用辩证的思维方法进行正向思维、反向思维、多向思维,才能在思维中有所收获。创造素质,主要是指要有丰富的想象力和构建力,能举一反三,触类旁通,能发现别人忽视的东西,并给予重视;能寻找新的生长点,思路开阔,有强烈的好奇心和求知欲。在《中共中央国务院关于深化教育改革全面推进素质教育的决定》中明确提出,高等教育实施素质教育要"以培养学生的创新精神和实践能力为重点"。特别是工科院校的学生,作为应用型人才,学生毕业后直接从事工程生产实践活动,培养自学和科研能力,锻炼实际操作能力,增强学生的科技意识、创新意识显得尤为重要。同时,现代社会对大学生的要求不仅要能够埋头苦干,更要学会与他人进行沟通和协调,充分地表达自己的观点,其中还涉及合理地管理自我和管理他人。因此,能力素质评估的内容主要包括自学能力、科研创新能力、表达能力和管理能力四个方面。

4. 身体和心理素质

当代大学生的心理变化是惊人的。大学生心理素质如何,直接关系到他们能否健康生活、能否成长为对社会有用的人才,从大的方面和长远观点看,关系到21世纪中国的建设和民族的兴旺。当代中国必须大力发展社会主义市场经济,加大竞争力度,充分调动人们的积极性、主动性和创造性,而激烈的竞争向人们的心理素质提出了挑战。总的来说,良好的心理素质是大学生身体、生理健康的重要条件,是成才的内在动力,是人格健全的重要标志。

当前高校大学生综合素质评价体系已初步确立并在不断发展与完善,同时我们还应认识到评价体系毕竟只是整个教育系统的一个环节,它不是孤立的,也不是万能的,需要与其他机制的配合才能发挥其应有的作用。希望我们高等院校培养出来的学生在学校是一名好学生,将来在工作岗位上是一名好员工,走向社会以后成为一名好公民,充分体现学生评价的时代性、丰富性和发展性。

第三讲　再度思考:学习与方略

　　上大学的全过程就是学习的全过程,学习是大学生的第一要务。尽管学习伴随我们已经十多年,感觉是熟悉的,但是,若要对学习有更深入的理解,对于我们许多同学而言,又是困难的。大学通常被比作象牙塔,这是因为象牙塔有"脱离现实生活的文学家和艺术家的小天地"之意。大学这座"象牙塔"给同学们提供了好的学习资源和平台。然而,大学的学习是浩繁艰辛的,也是自成体系、有其规律的。因此,要有效地完成大学的学习任务,就必须了解大学学习,遵循并把握其固有的规律,形成良好的学习观念,这样才能事半功倍,真正享受大学学习的无限活力和快乐。

　　学习是获得经验和成长的必经阶段,它帮助我们形成正确的人生观、世界观、价值观。而在我们的学习过程中,应注意要紧跟时代潮流,正确概括和反思学习规律,掌握学习的基本原则,改进我们的学习方法,为我们日后的生活、工作和学习打下坚实的理论基础和文化基础。通过本章内容的学习,你可以对学习的目标、学习的规律、学习的原则等有一个大致的了解,这些内容一定对你有所帮助。

第一节　学习的概念和任务

　　学习的概念和任务,对于大多数同学而言应该是既熟悉又陌生的。熟悉指是经过中小学阶段的学习,大家对学习这个过程、这种经历已经很清楚了;陌生则是指没有多少同学可以确切地说出学习到底是什么,我们应该完成怎样的学习任务。

一、学习的概念

　　学习是一种既古老而又常新的现象。由于不同的历史条件、不同的认识角度,形成了各种不同的学习观。纵观古今中外学者关于学习概念的论述,比较有代表性的有下列八种:

　　1. 说文解字说

　　我国古代,学与习总是分开讲的。《辞源》指出,"学"乃"仿效"也,即获得知识;"习"乃"复习"、"练习"也,即复习巩固。最早把学与习联系起来的是孔子,《论语》曰:"学而时习之,不亦说乎!"后来,《礼记》又曰:"鹰仍学习。"这就是"学习"一词的由来。

2. 行为变化说

行为主义认为学习"是一个行为变化的过程",在行为的变化中得到知识的提升。

3. 经验获得说

《教师百科辞典》认为:"学习是指人和动物在生活过程中获得个体行为经验的过程。"

4. 信息加工说

信息论学者认为:"学习是学习者吸取信息并输出信息,通过反馈与评价得知正确与否的整体过程。"

5. 学习功能说

《现代汉语词典》中将学习解释为:"从阅读、听讲、研究中获得知识或技能。"

6. 学习认识说

著名教育心理学家潘菽认为:"人的学习是个体掌握人类社会经验的过程","学生的学习是认识的一种特殊形式"。

7. 学习活动说

军队学者朱兆民认为:"学习是在师授、书授(自然条件)等外部因素影响下,个体自我修养、自我教育的一种社会活动。"

8. 学习"效应"说

学习学研究者寇清云认为:"学习过程是产生效应的过程。"

上述八种学习观各有其合理的方面,为我们充分认识学习的本质提供了十分有益的启发。

学习是一种使个体可以得到变化的行为过程,希望活动主体——学生通过学习可以具备某种经验,并且通过经验的积累达到一定的能力。这一过程涉及许多方面的内容。知识、智力、能力构成一个学习系统,它们相互联系,相互依存,相互渗透,相互促进。知识是智力发展的基础、前提。智力是掌握知识的必要条件,智力发展水平制约着知识掌握的数量、质量、速度。知识的智力价值蕴藏于知识之中,其高低取决于知识本身以及知识的形态和属性。能力是掌握知识的前提又是掌握知识的结果,知识掌握的过程中需要能力做支撑。知识是学习的对象,知识本身对学习具有重要影响;而学习是知识传播、迁移、运用和发展的重要手段。发展智力有助于能力的提高,而能力的发展也有助于智力的增强。学习的本质就在于促进知识、智力和能力的提升。

(一)智力与智力传播

智力是指生物一般性的精神能力,具体到人身上,智力是指人们获得知识和运用知识的能力,这个能力包括:理解、计划、解决问题,抽象思维,表达意念以及语言和学习的能力。智力是保证人们有效地进行认知活动的稳定心理的有机整体。这一有机整体是由遗传素质结构、认知结构（智力因素）、动力结构（非智力因素或者情商）有机整合而成的。智力是影响学习的一个重要因素，它不仅影响学习的数量，而且影响学习的质量。发展智力需要学习，搞好学习又需要智力做基础。培养智力是学习的重要任务，发展智力又是学习的必要条件。

传统的大学是知识传播的地方，而现代的大学是智力传播的地方，更是智力发展的地方。我们在这里应该充分发挥自己的能动性，挖掘自己的潜力，开发自己的智力，在大学这一智力传播的培养器里，吸收养分，茁壮成长。

（二）能力与能力水平

能力是指顺利实现某种活动的心理条件，包括顺利掌握知识和技能的心理条件。能力由一般能力和特殊能力构成。一般能力就是我们通常所指的智力，它包括人的观察力、注意力、记忆力、思维力与想象力。特殊能力是指从事某种专业活动所必须具备的能力，如教学能力、绘画能力等。思维能力与创新能力是能力的核心。学习能力是能力中的一个基本内容，也是大学生在其大学生活中应当着重培养的一个内容。现代教育的今天，学生不仅要提高学习能力，而且要提高相关的其他能力，如人际交往能力、创新能力等。

能力水平是衡量大学生学习实际成果的标准。通过能力水平测试，能够发现学生在学习过程中的不足，指导其改进学习方法，提高效率，完善自我。

（三）素质与素质教育

人们一谈到素质，往往与"修养"这个词联系在一起。"素质"一词本是生理学概念，指人的先天生理解剖特点，主要指神经系统、脑的特性及感觉器官和运动器官的特点。素质是心理活动发展的前提，离开这个物质基础就谈不上心理发展。《辞海》对"素质"一词的定义为："人的生理上的原来的特点；事物本来的性质；完成某种活动所必需的基本条件。"在高等教育领域中，素质应是第三个定义，即大学生从事社会实践活动所具备的基本条件。所以，素质是指个人的才智、能力和内在涵养。

素质教育是一种旨在促进人的素质发展，提高人的素质发展质量和水平的教育活动。素质教育，在某种意义上是针对应试教育而提出的。其教育目的、教育对象、教育内容、教育方法、教育评价、教育结果等都与应试教育不同。

（四）学风与学风形成

学风是学习者在求知目的、治学态度、认识方法上长期形成的，具有一定的稳定性和持续性的精神倾向、心理特征及其外在表现。从广义上讲，学生的学习风气、教师的治学风气、学校的学习氛围都属于学风的范畴；从狭义上讲，学风主要是指学生学习目的、学习态度、学习行为的综合表现。就其形式而言，学风弥漫于无形，却可观察于有形。

良好学风的形成，是一项长期工程，学风不仅影响当前的教学效果，影响人才培养目标的实现，而且长远来看，对学生能否成才都具有不可忽视的作用。一所学校的学风是其人才培养目标和质量的重要标志。长久以来，人们对高校学风状况，从来没有像今天这样忧虑过,学术抄袭、学术造假、学习敷衍、考试作弊等现象已经到了积重难返的地步。

综合以上关于学习相关概念的论述,可以将学习表述为以下五个层次:

(1)广义的学习(包括动物的学习和人类的学习):指人和动物在生活中获得个体的行为经验以及行为变化的过程。

(2)次广义的学习(指人类的学习):指人在社会生活实践中,以语言为中介,自觉地、积极主动地掌握社会和个体的经验的过程。

(3)狭义的学习(专指学生的学习):指学生在教师的指导之下,有目的、有计划、有组织、有系统地进行的知识获取、能力提高及素质提升的过程。

(4)次狭义的学习:指知识和技能的获得与形成,以及智力因素和非智力因素的发展与培养。

(5)最狭义的学习:专指知识和技能的获得。

二、学习的任务

学生的学习活动与任务相结合,学习动力才能充足,才能持之以恒。有了明确的学习任务之后,学生才能拥有学习的主动权,学习效率才能大大提高。由此可见,明确的学习任务在现代化的学习过程中起着举足轻重的作用。因此,新生走进大学校门的第一要务就是要明确自己的学习任务。总结起来,应做到以下四点。

(一)掌握基础理论知识

掌握基础理论知识是学习的首要任务,是其他各项任务的基础。学习基础理论知识,用其指导实践,是我们掌握一门学问的关键和重要前提。同时,学好基础理论知识,可以为后续专业课程的学习打下良好的基础,没有基础理论知识作指导,就不可能学好专业知识。知识体系根基不牢,将导致知识架构缺失。因此,掌握基础理论知识,才能学以致用,在实践过程中"胸中有墨"。

(二)参加科学实践、工程实践和社会实践活动

在浩瀚的知识海洋里,凡是称得上科学的东西,都是在人类认识中符合事物发展固有规律的成果。追寻古今中外人才成长的足迹,无论是基础理论上的重大突破,还是应用技术上的巨大成功,都是理论与实践相结合的结果。脱离实际、违背客观规律的理论,无论其披上何等华丽的外衣,都不会有什么价值。而没有经过理论概括、没有凝聚人们理性思考的实践,无论其具有多么斑斓的色彩,都难以作为人才成长的肥沃土壤。理论与实践相结合的真实意义在于:它揭示了人们在认识和改造世界的过程中主观与客观、知与行的具体的历史的统一,符合人类认识的规律,是贯穿人才成长的一条主线。对于大学生来说,尤其如此。理论知识学得再透彻、再牢固,如果不与实践相结合,结果也只是纸上谈兵,遇到实际问题,很难仅靠理论知识予以解决。实践的意义在于:可以促进思维的发展;加深对理论知识的理

解、巩固,促进学习能力的提高;为创造性活动奠定基础。

实践活动可以包括很多,其中与大学生密切相关的有科学实践、工程实践和社会实践活动。在理论知识的基础上再进行学习,参加科学实践、工程实践和社会实践活动,不仅仅是大学生学习的目的之一,而且是为其以后进入社会打好基础的必要手段。

(三)培养良好的道德情操和科学世界观

大学的教育不仅仅是授予学生以科学文化知识,培养学生严谨的学风,用知识武装头脑的文化教育,而且是对大学生进行以为人民服务为核心,以集体主义为原则的社会主义道德教育,目的是培养大学生高尚的理想情操和良好的道德品质,引导和帮助大学生树立科学的世界观、人生观和价值观,做有理想、有道德、有文化、有纪律的社会主义的建设者和接班人。随着改革开放的逐步深入和社会主义市场经济体制的建立,我国的经济、政治、文化、教育以及人们的思想观念都发生了深刻的变化,面对新形势、新情况,在继承和发扬优良传统的基础上,大学生必须在学习的内容、形式、方法、手段等方面努力改进,特别是要增强时代感,加强针对性、实效性、主动性,力求创新,以适应新形势的需要。

(四)提高自身素质和发展个性特征

大学生的自身素质关系到自身的发展问题,而其个性特征的发展又是自身发展的目标之一。培养思辨能力,就是要学会理解并运用以哲学为基础的各种科学理念,去正确地认识世界,同时剖析自己,并用以指导自己的实际生活、学习与工作,即在各种实践中分清良莠,明辨是非;确认哪些是该做的,哪些是不该做的。培养自控能力,就是要学会面对不同的诱惑及形形色色的利害关系,不被不良因素所引诱,偏离正确的人生轨道,进入误区,甚至犯罪的死胡同。同时,还要培育自我平衡能力。在这个世界上,永远没有笔直平坦的人生大道,在现实中,少不了成功失败、世态炎凉。若我们不懂得心理平衡,有了点成绩就沾沾自喜,以至于后来"大意失荆州";或一遇到困难就自闭泄气,终至"败走麦城"。

大学生应该坚持真理,传播先进文化,倡导社会风气,弘扬民族精神,塑造美好心灵,不断提高文化鉴赏水平和文化观,提高自身素质,注重培养自己的个性特征发展,没有个性就没有创造性。个性不等于个人主义,个性发展是全面发展的核心。

第二节 大学学习过程和影响因素

学习过程就是主动探索新知识、掌握新技能的过程,是青年学生行为习惯和价值观形成的过程,从认知心理的角度分析,也是激趣、感知、理解、巩固和应用的过程。大学的学习过程与以往中学、小学的学习过程有所不同,这不仅表现在学习目的、学习方法方面,也表现在学习效果、学习应用方面。

一、大学学习过程的基本阶段

每个大学生都希望自己的人生能够有很好的发展。然而要把希望变为现实,首先必须明确学习是人生发展的必要手段。所谓"活到老,学到老",个人要进步,社会在发展,在人生的不同阶段,我们都在进行不同的学习,从童年时期学习说话、走路、吃饭、穿衣等基本的生活技能开始,到少年时期学习科学文化基础知识和基本道德规范,再到青年时期接受高等教育,学习专业知识、社会规范。在大学时期,个体发展的能动性很大,决定了大学的学习过程是一个丰富的、长期的、复杂的过程,它由许多不同阶段组成。

(一)形成动机阶段

动机是引起和维持个体活动,并使活动朝向某一目标的内在心理过程或内部动力。人类的各种活动都是在动机的作用下,向着某一目标进行的。其本质是由人的需求产生的。所以学习活动也是如此。

所谓学习动机,是指激发个体进行学习活动并维持已引起的学习活动,使个体的学习活动向着一定的学习目标发展的一种内部启动机制。学习动机是与学习活动相联系的一种特殊形式的动机,是直接推动学生进行自主学习的一种内部动力,是激励和指引学生进行主导学习的一种需要。教学的第一要务就是要激发出学生的学习动机,从心理品质方面建立学习的主动性。

一般来讲,动机对学习有以下促进作用:

1. 推动作用

要进行长期的、有意义的学习,激发动机是必不可少的。只有将动机变为行动,才能推动在某项学习中集中注意力、坚持不懈、百折不挠、持久努力。

2. 催化作用

激发学习动机犹如"催化剂",它虽然并不直接影响认知结构中有关观念的可利用性、稳定性与清晰性,却可以产生间接的增强与促进学习的效果。

3. 保证作用

激发学习动机是实现认知结构教学、提高教学效益的保证,也是实现人的素质教育的重要保证。

但动机与学习结果的关系并不总是一致的。有些同学学习动机水平较高,但学习成绩却不理想。这种现象并不否认动机对学习的作用,只是说明动机毕竟不能代替学习,动机对学习的影响,并不是直接卷入认知过程而只能是间接地增强与促进学习效果。学习要通过知识基础、智力水平、学习技能和方法等各种中介因素而实现。因而不能仅以学习成绩的高低推断动机作用的强弱。动机水平与作业水平之间的关系也并不是简单的直线关系。动机的强度适中,对学习具有较适宜的促进作用,作业水平较高,学习效率也高;而动机水平较弱或过强,作业水平则不高,学习效率也不高。在动机强度低于最佳水平时,随其强度的增加,作业的水平不断提高;而动机强度超过最佳水平时,随其强度的增加,作业的水平不断下降。这一研究结果被称为耶基思·多德森定律。高强度的学习动机和低强度的学习动机一样降低学习效率。因为动机过强,紧张和焦虑强度过高,注意与知觉的范围缩小,思维受到一定的抑制,这些都会给学习带来不良的影响。所以在重要的考试中经常有人发挥失常往往与此有关。动机的最佳水平与学习课题的难易程度有关。一般来讲,最佳水平为中等动机强度。比较简单的课题,其最佳水平为较高的动机强度;比较复杂的课题,其最佳水平为较低的动机强度。

(二) 组织信息阶段

组织信息对于学习者的学习来说是至关重要的,它制约着学习者的学习方式。信息的组织、存储、呈现、传递的变化,都会对学习者的学习产生一定的影响。

信息技术改变了以往对学习信息组织的观念和信息组织的固定性和同一性,使学习信息具有自组织性,这是信息技术的发展及其教育应用对学习所产生的最直接的影响之一。具体而言:

由原来的"提供型"向"自组型"转变。这种变化,意味着对学习方式的影响和改善。在传统的教学环境中,学习信息主要来自由教师和学校为学生提供的一些经典的载体,如教科书、辅导书、影音材料等。这些信息的提供给予了学生一定容量的信息,但在某种意义上限制了学生自主探究的空间和学习的自主性。在信息技术环境里,各种各样的信息化学习资源为学习者提供了"自组型"信息,这些资源在很多情况下是以泛在的形式存在的,这就促使学习者要在这些资源中寻找适合自己需要的资源,从而使学习者能够进行学习信息的自组织。

使根据学习能力自组信息成为可能。这里的学习能力,是指学习者的信息素养,包括有效地确定信息、批判性地评价信息,以及创造性地利用信息的能力。学习者的能力可分为"强、中、弱"三个层次。如果学习者具有较强的信息确定、评价和利用能力,则在考虑信息资源内容和意义的加工深度上,可以按照内容结构不良的方法进行处理,让学习者有更多的机会进行内容意义的重新建构。如果学习者具有较弱的学习能力,就可以让学习者选择良性结构的学习信息,使之能有效地适应学生现有的认知水平。而信息技术可以为学习者呈现多样化的学习信息,这样不同学习能力的学习者就可以根据自己的学习能力来选择和组织学习信息,并且自定步调进行学习。

允许以不同的形式组织学习信息。随着对信息技术教学开发理论与方法研究的不断深入,信息化的学习模式越来越丰富。学习者可以采用个别化的和小组的形式对学习信息进行组织。个别化的信息组织是指需要学习者根据自身的实际能力来决定信息资源的组织方式,如网络探究式学习。小组化的信息组织主要是指小组协作模式,组员之间通过协作共享所获得的有用信息,共同组织信息,共同解决问题。个别与小组相结合的学习信息组织形式是信息技术环境下开展研究性学习的较好方式。

(三)学习应用阶段

学习应用阶段又叫作学以致用阶段。这个阶段就是一个将理论与实践相结合的阶段。在我国传统思想里,"学用"观占有极为重要的地位。从孔子的"学而优则仕",到明末清初顾炎武的"经世致用",清末张之洞的"中学为体,西学为用"。"学用"思维模式对于我们可谓源远流长,影响巨大且深远。学习的目的因人而异,有人会说出成堆的大道理,但是不容否认的是,学习最基本的目的就只有一个字——"用"。两者关系很简单,即学以致用——学习正是为了能在生活中使用学到的知识。大学生在学校,应该通过学习和训练,掌握理论基础知识,然后又通过创造性活动,用实践来检验、补充、丰富和发展理论,并最终将理论运用于实践,促进自身发展进步,取得事业的成功,实现其成才目标。

在学习应用阶段就要了解学习的迁移概念,运用迁移理论使理论和实践更好地结合在一起。

学习的迁移是指在学习中习得的经验对其他学习的影响。个体在学习中获得的经验,不仅对以后的经验获得产生影响,而且对先前获得的、已储存于大脑中的经验也产生影响。这些新经验与原有的经验相互发生作用,使之概括化、系统化,形成一个整合的结构,并不断得到发展,从而稳定地调节人的行为。这种经验之间的相互作用是通过迁移实现的。

迁移有多种类型。按照性质可分为"正迁移"、"负迁移"和"零迁移";按方向可分为"顺向迁移"和"逆向迁移"。

1. 正迁移(Positive Transfer)

正迁移是指一种经验的获得对另一种学习起促进作用,例如,英语的阅读技能的掌握可以促进写作技能的形成和发展;反之,写作技能的掌握又对阅读技能的培养起促进作用,这就是"正迁移"。

2. 负迁移(Negative Transfer)

负迁移是指一种经验的获得对另一种学习起干扰或阻挠作用。例如,英语 48 个音标的学习会干扰汉语拼音的学习;反之,学会了的汉语拼音也会与英语音标相混淆,这种"负迁移"的影响应尽量在教学中避免和消除。

3. 零迁移(Zero Transfer)

零迁移也叫作中性迁移(Neutral Transfer),是指一种习得对于另一学习不起作用,即两种学习之间没有影响,迁移的效果是零。例如,英语的学习对于财务会计的实际工作基本上没有任何影响。

4. 顺向迁移(Forward Transfer)

顺向迁移是指前面所获得的经验对后面学习产生了影响,如日常生活中的"举一反三"就是"顺向迁移"的例子。

5. 逆向迁移(Backward Transfer)

逆向迁移是指后面学习对前面的影响,使其原有的结构发生变化。

迁移理论在学习中有实际而重要的意义和作用。

课堂是学生学习的主要场所。学生学习的大部分时间都在课堂上,因此,学习迁移也大部分在课内完成。迁移理论揭示学习必须遵循以下原则:第一,努力寻找新旧知识的最佳联系点,促进学习;第二,从培养能力入手,促进迁移向有效方向发展;第三,以学生为主体,借助教师的指导,使迁移依靠自身的力量,顺利地进行;第四,尽量采用启发、类比、联想等学习方法,提高迁移速度;第五,培养多向思维,特别是逆向思维,对提高学生能力、促进有效迁移能产生很大的影响;第六,采用适当的学习方法,激发学习兴趣,使迁移在课堂的愉快气氛中进行;第七,养成良好的学习习惯,提高学习迁移的效果;第八,重视非智力因素在迁移中的作用,特别是学习目的、学习毅力的培养等。

课外的学习是形成、巩固课内新迁移所形成的新的定式,因此也应当重视。要坚持做到以下几点:第一,及时反馈,掌握认知发展情况。课外的反馈主要是作业修改,当天作业要当天修改,并在第二天上新课前对不懂的问题及时向老师请教,使思维定式向积极有效的方向发展。第二,注重课外"补差"工作。学习是一个日积月累的过程,补差工作必须及时,否则"小洞不补,大洞吃苦"。"补差"不仅仅是补知识,更重要的是树立信心。

(四) 重复巩固阶段

在一定意义上,重复也是成功之母。老师在教学中,常会这样埋怨学生:"刚讲过,你就忘啦?"深究起来,一个重要原因是,重复不够,或者说没有主动、自觉地运用重复的方法,对已学的知识加以巩固、深化。

由此可见,重复是学习获得成功的必要过程和手段。而重复的目的不但要使学生记得住,而且要使学生对所学知识能理解,会运用。目的明确了,各种方法就会随之产生。

强化对教材、知识记忆的重复,即增强记忆、克服遗忘,有很多行之有效的方法。

1. 识记材料的性质与数量要适度

一般认为,对熟练的动作和形象材料遗忘得慢,而无意义材料比有意义材料遗忘要快得多;在学习程度相等的情况下,识记材料越多,忘得越快,材料少,则遗忘较慢。因此,学习时要根据材料的性质来确定学习的数量,一般不要贪多求快。

2. 适当的过度学习

一般认为,对材料的一次识记不能达到无误背诵的标准,称为低度学习;如果达到恰能背诵之后还继续学习一段时间,称之为过度学习。实验证明,低度学习的材料容易遗忘,而过度学习的材料比恰能背诵的材料,记忆效果要好。当然过度学习有一定限度,不能时间太长。

3. 组织有效的复习

与遗忘进行斗争的首要条件是组织识记后的复习。复习在保持记忆中有很大的作用。

刺激物的重复出现是短时记忆向长时记忆转化的条件,没有重述的信息是不可能进入长时记忆的。

4. 利用外部记忆手段

为了更好地保持记忆的内容,我们还可以采取一些外部记忆的手段,如上课时记笔记、读书时写笔记、记卡片和编提纲,有时还可将需要保存的内容存入计算机等。这些方式都有助于我们保持所识记的内容。

总之,重复可以增强记忆、加深理解,重复是掌握知识、提高能力的必要环节和手段。从这个意义上说,重复有着无穷的魅力。

二、大学学习过程的层次

(一) 从入学到毕业

从大学学习的宏观上来说,这一层次包含了大学学习的各个方面,是一个完整、系统的层次。在这个过程中,同学们应该做出规划,如图 3-1 所示。

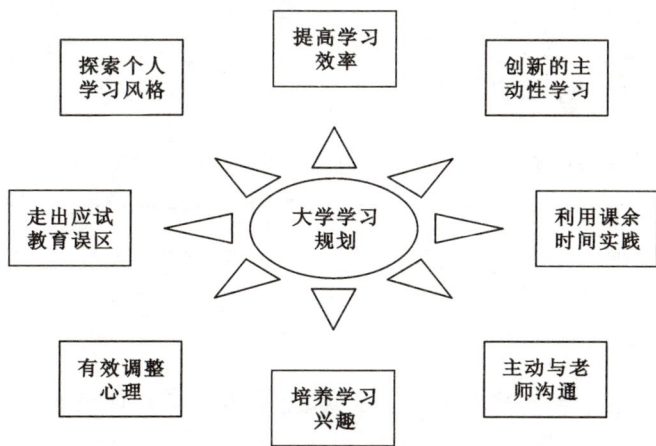

图 3-1　大学学习规划

(二) 从一门课程的开始到结束

相对上一个层次而言,这个层次是一个微观的层次,具体到每次的学习。

1. 如何做好心理准备,发挥学习的最佳效果

要有执着的心,做到持之以恒,不要在没有学习之前就下任何定义,如"这门课程很难,我肯定学不好"等;要敢于质疑,养成独立思考的习惯,教材并不全是真理,惊人的发现往往是对于我们最常见的知识的推翻与重建;要有系统学习的意识,不能只局限于某个区域;要有谦虚的心态,一本教材所蕴含的知识量是有限的,但一门课程应该足够我们一生去学习和研究。

2. 如何有效地完成一门课程的学习

有效地完成一门课程的学习,是新同学学习的基本要求。做到这一点,对于不熟悉大学

学习的人来讲,有时并不那么容易。总结大学学习的特点和前人学习的经验,我们需要吸取以下一些好的做法:

（1）根据目标制订学习计划。制订了计划,就可以脚踏实地、有步骤地去实现目标。有了计划,每一步行动都很明确,也不必总是花心思考虑下面该学什么。

（2）做一份好的笔记。笔记是教材的浓缩、书本的补充。笔记因人而异,根据个人的情况去调整,将会受益匪浅。切记,笔记不是抄写教材上的文字。

（3）清晰的教材框架结构。每一门课程的知识都有自身的框架结构,我们要清晰地整理课程的结构,将一本书浓缩在一个框架上,通过学习在框架上添枝加叶,最后全面地掌握这门课程。一门课程的学习整体上就是一个从复杂到简单,再到复杂的过程。

（4）补充教材。教材一般具有较强的概括性,有时,只翻教材就算翻很多遍也许还是不懂,适当通过其他一些辅助的书籍、材料等加以补充,相互印证,印象会深刻,便于掌握相关知识点。

（5）尽快复习。及时把你的笔记看一遍,与同学的笔记比较一下,通过向同学或者老师询问,搞懂那些没有理解的东西。

三、大学学习效果的影响因素

影响大学学习效果的因素是多方面的,不同的思维方式,不同的兴趣以及自我评价等都会影响大学学习的效果和学习积极性。因此,同学们应该把握好影响大学学习效果的各个因素,掌握其作用,以便利用好这些影响因素为大学学习服务,从而真正地提高学习效率,达到良好的学习效果。

（一）学习中的思维

思维是人脑对客观事物间接和客观的反映,是人智力活动的核心部分。人们在实践过程中,借助语言将丰富的感性材料加以分析和综合,由此及彼、由表及里、去粗取精、去伪存真,通过形象、概念、判断来解释客观事物的本质和规律。思维既能动地反映客观世界,又能动地反作用于客观世界。从小学到中学再到大学,随着人的学习活动的逐步深化,人的思维能力也逐步得到发展。大学生学习知识、巩固知识、运用知识的过程又是发展思维能力的过程。

大学生的思维能力主要包括:形象思维能力、逻辑思维能力、辩证思维能力和创造性思维能力。

1. 形象思维

简单地说,"形象思维是依靠对形象材料的意识领会得到理解的思维"。从信息加工角度来说,可以理解为主体运用表象、直感、想象等形式,对研究对象的有关形象信息,以及贮存在大脑里的形象信息进行加工、分析、比较、整合、转化等,从而从形象上认识和把握研究对象的本质和规律。

形象思维具有形象性、非逻辑性、粗略性和想象性等特点。

形象思维在文艺创造、科技创造及工程设计等方面都发挥着重要的作用。培养和训练形象思维能力，主要措施包括：一是培养观察力，通过绘画、写作、实验、活动课、观察日记等，丰富表象积累；二是培养想象力，在绘画、阅读、写作、历史、音乐、物理、化学等课程学习中，培养学生的再造想象、科学想象和创造想象的能力；三是培养空间想象力，在立体几何、工程图学、绘画、阅读与写作中突出空间想象力的培养；四是培养表达能力，在写作、阅读等学习中培养学生的文字表达和口头表达能力，要力求形象、生动、幽默，在音乐、美术及计算机应用等课程学习中，培养学生的构图、声乐及实物制作表达能力。

2. 逻辑思维

逻辑思维是指人们在认识过程中借助概念、判断、推理等思维形式能动地反映客观现实的理性认识过程，又叫作理论思维。只有经过逻辑思维，人们才能达到对具体对象本质规定的把握，进而认识客观世界。它是人的认识的高级阶段，即理性认识阶段。同形象思维不同，它以抽象为特征，通过对感性材料的分析思考，撇开事物的具体形象和个别属性，形成概念并运用概念进行判断和推理来概括地、间接地反映现实，揭示事物的本质特征。社会实践是逻辑思维形成和发展的基础，社会实践的需要决定人们从哪个方面来把握事物的本质，确定逻辑思维的任务和方向。实践的发展也使逻辑思维逐步深化和发展。逻辑思维是人脑对客观事物间接概括的反映，它凭借科学的抽象揭示事物的本质，具有自觉性、过程性、间接性和必然性的特点。逻辑思维的基本形式是概念、判断、推理。逻辑思维方法主要有归纳和演绎、分析和综合以及从抽象上升到具体等。

3. 辩证思维

辩证思维是指以变化发展的视角认识事物的思维方式，通常被认为是与逻辑思维相对立的一种思维方式。在逻辑思维中，事物一般是"非此即彼"、"非真即假"，而在辩证思维中，事物可以在同一时间里"亦此亦彼"、"亦真亦假"而无碍思维活动的正常进行。

辩证思维是唯物辩证法在思维中的运用，唯物辩证法的范畴、观点、规律完全适用于辩证思维。对立统一规律、质量互变规律和否定之否定规律是唯物辩证法的基本规律，也是辩证思维的基本规律，即对立统一思维法、质量互变思维法和否定之否定思维法。

4. 创造性思维

创造性思维是一种具有开创意义的思维活动，即开拓人类认识新领域、开创人类认识新成果的思维活动。一项创造性思维成果的取得，往往要经过长期的探索、刻苦的钻研，甚至多次的挫折，而创造性思维能力也要经过长期的知识积累、素质磨砺才能具备，至于创造性思维的过程，则离不开繁多的推理、想象、联想、直觉等思维活动。

创造性思维的特点：一是具有新颖性，它贵在创新，思路的选择上、思考的技巧上、思维的结论上，具有前无古人的独到之处，在前人、常人的基础上有新的见解、新的发现、新的突破;二是具有极大的灵活性,它无现成的思维方法、程序可循,人可以自由地、海阔天空地发挥想象力;三是具有艺术性和非拟化,它的对象多属"自在之物",而不是"为我之物"。

(二)学习中的兴趣

1.兴趣的含义

兴趣是指人们探索某种事物或从事某种活动的认识倾向。兴趣能使大脑皮质处于兴奋状态,符合兴趣的活动,人们乐于参与且效率较高;人们对某项活动缺乏兴趣,不但不愿参加,而且即使参加了效率也不会高。我们青年学生的兴趣,不仅与学习活动密切相关,而且与在德、智、体、美诸方面全面发展密切相关。

2.兴趣的作用

一个人的兴趣倾向水平有高低之分。高尚的兴趣,能够成为人们学习和生活的动力;而低级的兴趣,对人们的学习和生活则会产生消极的影响。大学生应该努力培养高尚的兴趣。

(1)兴趣的培养有利于形成优良的品德。同学们将来参加工作后都是为人民服务的,而服务就应当热情、周到,对人诚恳,善于关心人、理解人等。这些优良品质的形成,可通过参加学校社会服务方面的活动逐步培养。

(2)兴趣的培养有利于增长专业知识。大学生应努力培养对自己所学专业的兴趣,对自己所学专业有了很强的兴趣,不但学习信心足、劲头大,成效显著,而且在学习中遇到困难和挫折也不会灰心丧气。除此之外,还应培养对本专业相关知识的浓厚兴趣,如学文学的,除学文学史、文学理论、文学作品以外,还应对中外历史、地理培养兴趣,有了丰富的历史、地理知识更有利于提高自己的文学修养。

(3)兴趣的培养有利于塑造自己良好的性格。兴趣对性格的影响是很大的,一个人对生活有浓厚的兴趣,能激发强烈的责任感和义务感,能激发正义感和同情心,能使人乐观向上,百折不挠;相反,如果一个人对生活失去兴趣,就会悲观失望,怨天尤人,意志消沉,无所作为。

(4)兴趣的培养有利于提高自己的能力。主要表现在两个方面:第一,要具有某方面的能力,就要具有某方面的知识,而对某方面知识的浓厚兴趣,就会产生对某方面知识的强烈求知欲,就能产生良好的学习效果;第二,一个人能力的提高需要进行反复的训练,而人们对有浓厚兴趣的事才会积极地、反复地去探索和试验,这种探索和试验的深化过程就是自己能力提高的过程。

在大学阶段培养广泛而稳定的兴趣,积极参加各类高尚的兴趣活动,既有利于调节紧张的学习生活,促进身心的健康,又能不断完善自己的知识结构,还可以陶冶自己高尚的情操,提高精神境界,净化美好的心灵。

(三)学习中的自我评价

1.自我评价的特征

(1)评价内容的综合性。大学生的学习任务是一个完整的系统,包括以下六个方面:全面发展、打好基础、实践训练、发展智能、建设学风、健全身心。因而学生在学习中自我评价的内容是广泛而综合的。

（2）评价目的的行动性。大学生进行学习的自我评价是开展自主学习行动的一个重要组成部分，是为了能够在学习动机、学习质量、学习方法、学习态度等方面认识自我、鉴别是非、诊断优劣。其目的是在调整目标、提高质量、改善方法、端正态度等方面有更加自觉、有效的行动。

（3）评价认识的客观性。自我评价虽然是一种自我的主观判断，是主体性认识的过程和结果，但它必须建立在对自己学习状况的客观认识上才能得到。这种认识上的客观性可以从以下诸方面得到：教师给出的考试、考查成绩以及教师的评语；平时习题作业、实验报告、实习报告、设计作业的质量；参与实践教学活动的工程技术人员的评语；班主任、辅导员的评语；同班同学，特别是亲密同学的意见；扪心自问，寻求自我真实的感觉。

（4）评价方法的科学性。评价方法的科学性包括以下方面：一是建立适当数量的自我评价项目，这些项目必须是一些具体可测的方面。项目不求多但求有效，即能够说明自己学习动机、学习质量、学习方法和学习态度实际情况的一些关键方面。二是制订各个自我评价项目的评价标准，即评价好与差的尺度。这种尺度要恰当，不过高也不过低，以培养目标中的基本规格要求为准绳，并且是经过自己的努力能够达到的标准。三是自我认识的信息来源要多一些，信息要准确一些，以使自我评价的可信性高。四是要对各个项目的评价结果进行综合的定性分析，并在总结过去学习优缺点的基础上提出今后的改进措施。五是自我评价必须经常化。每学期一次，每学年一次，或每门课程学完后进行一次。每次自我评价都应与前几次自我评价进行纵向对比。

2. 自我评价的内容

（1）知识掌握的自我评价。在学习新知识之前，应自评一下是否具备相应的知识，学习之后，可依据美国心理学家布卢姆对认知的分类，从记忆、领会、应用、分析、综合等方面来评估自己对知识的掌握情况。将知识点与目标得分率制成简易图表，就可一目了然地知道自己学习上的优势与不足。此外，还可从以下几方面分析自己的情况：是否清楚基本概念的内涵和外延？能否将新学知识和已有知识联系起来？能否对所学知识举一反三、触类旁通？能否在实际条件下灵活运用所学知识？

（2）学习动力的自我评价。学习动力有内在动力、外在动力之分。自我评价表要对内在动力进行分析、判断。其主要包括：学习目标是否明确，有无长远目标和近期目标，对学好各门功课是否充满信心，对所学科目是否有浓厚的兴趣，学习态度是否端正、认真，是否有主动积极的进取精神，有无战胜学习困难的勇气和毅力，学习情绪是否稳定、持久等。

（3）学习策略的自我评价。其主要包括：是否有计划地安排学习活动，能否妥善安排学习时间，能否正确利用各种资料，能否与同学、教师合作学习，是否有预习的习惯，能否集中精神听课,能否及时复习当天的功课并完成作业,对发回的试卷是否能认真分析原因,拟定补救措施,是否有错题集,是否给自己出检测题,能否排除有关干扰,保证学习活动的顺利进行,能否选择并采用合适的学习方法,能否总结自己或借鉴他人好的学习方法和经验,是否对学习或做事常回忆、常反思等。

（4）学习能力的自我评价。学习能力的评价可从以下几个方面进行:获取信息的能力,包括感知能力、阅读能力、搜集资料的能力等;加工、应用、创造信息的能力,包括记忆能力、思维能力、表达能力(口头的、文字的)、动手操作能力、创造能力等;学习的调控能力,包括确定学习目的、制订和调整学习计划、培养学习兴趣、克服学习困难等;自我意识和自我超越的能力。

（四）学习中的意志力

意志是指人在有意识的行动中,同克服内在、外在的困难相联系,而坚持实现行动目的的心理过程。学习意志,则是指学生根据学习目标,在学习过程中自觉实施、调节和控制自己的学习行为,不断排除干扰、克服困难,以完成预定学习任务的心理过程。学习是一个艰苦、细致、耐心的脑力劳动过程,学习中必须具有坚强的意志和顽强的毅力。学习意志是一个人获得优异成绩,实现远大学习目标的重要主观条件。

良好的学习意志是实现学习行为的根本保证。一般来说,在学习过程中良好的意志品质主要包括三个方面:首先,学习自觉性是一种可贵的意志品质,它使人自觉、独立地调节自己的学习行为,完成自定或指定的学习任务,而不需要教师、家长的督促。在学习中能独立思考,有自己的见解,自觉地支配自己的学习活动。其次,能控制和约束自己的言行,这在心理学中称之为"自制力"。它表现在:一是能迫使自己去完成应当完成的学习任务,时常提醒自己去执行已经做出的决定;二是善于抑制干扰学习的欲望、情感,如惰性、诱惑等。最后,学习的毅力是不断坚持同学习上种种困难作斗争的能力。其主要表现是具有克服学习障碍的顽强精神,不怕挫折的坚韧性和持之以恒的耐性。"贵在坚持"正说明了这种意志品质的重要性。

第三节　大学学习的特点、规律与学习观念

为了更好地促进大学生的自主学习,当代大学生不仅思想意识要紧跟时代气息和潮流,而且从技术角度上看,当代大学生也要能正确概括和反思大学学习的客观规律,掌握大学学习的基本原则,用能够反映大学学习规律的现代学习观念统领大学期间的学习,以提高学习的效率,改进学习的方法。

一、大学教学的基本特征

（一）教学目的的特征

进入大学前,同学们学习的是相同的基础学科,即便有文理科之分,但在相同的学科内,

学习的还是同样的基础文化知识。进入大学后,分了不同的专业,这些专业将在很大程度上决定你们未来的职业。因此,大学教学是以培养社会需要的专业人才为教学目的,向同学们提供更专业、更透彻、更科学、更准确、更前沿的专业知识和学习方法的教育。

但是,高等教育的目标是人的全面发展,其最终目的是培养大学生的综合能力。因此,其专业化不同于职业技术学校"一技之长"的谋生教学,而是充分考虑同学们在专业外的知识需求和与社会接轨的社会需求,向同学们提供除专业知识外,包括学习能力、分析能力、解决问题的能力与适应社会变化的创新能力的培养。

(二)授课环境的特征

1.教学班授课

大学的班级,分为自然班与教学班。所谓自然班,即入学时按录取情况划分的班级,有按专业、年级与班级号命名的固定名称,通常由二十到五十人组成;教学班即由在同一时间由同一老师在同一地方授课的同学组成的班级,通常没有固定的名称,一般以课程名称代称。形成教学班的重要原因是选课制度的实施。学校为每个专业都设计有相应的培养方案,大学生修满其中一定比例的学分,便能达到专业的要求,顺利毕业。大学生可以在本专业培养方案中,按照自己的意愿选择每年所学课程、任课老师、上课地点。因此,大学生学习有较大的自由。自由的存在,也就造成不同专业、不同班的同学可能出现在同一个老师的班级听同一门课;而同一个寝室,同一个班级,同一个专业的同学们,则有可能在同一时间段有不同的安排,或出现在不同的教室。

2.不固定的教室

教学班的存在,使大学教育不会再给每个自然班分一个固定的教室,让学生永远在同一个地方听课,而是按照同学们所选的教师,在学校分给该门课的地点上课。教室不固定,使大学生不再拥有自己的固定座位,无法延续在高中养成的将书本通通留在教室的习惯,必须带上课本上路。有时连续的两节课,大学生可能还得背上书包绕学校一大圈,路上的负担增重了。但可以选择座位的新鲜感和自由感,相信一定会让同学们爱上大学的教学方式。

(三)教师的特征

(1)工作的性质增加了教师的神秘感与陌生度,降低了其监督性。因为大学课程设置与教学班的原因,一个老师常常在大学四年中,仅会教授同学们一门课程。而这门课程的教学时间,也常常只有一个学期。甚至课程时间短的,只有半个学期。加上大学的课程设置不如高中密集,一门课往往一周只上一到四次。而且多数大学教师一般上课来,下课就走,又减少了同学们与老师沟通的时间。即使有电话与电子邮件可以联系,但面对来自不同班级、不同背景的学生,仅仅靠课堂九十分钟与为数不多的电子邮件,老师们很难对每个同学都熟悉了解,这大大降低了大学教师对同学们的监督性,使得同学们的自律变得尤为重要。同时,沟通的不足,也使同学们很难真正了解老师,使得大学老师在同学们眼中较为神秘与陌生。

(2)教师授课的风格各异,增加了同学们适应的难度。大学教师的授课有自身的风格。目的型教师会在绪论或导言中向同学们讲明本课程的教学目的,并在日常讲课中反复强调。科学型教师重视科学的概念、严密的论证、本学科的基本规律和方法及本学科的前沿知识。实践型教师重视理论问题的实践背景、实践应用和实践检验。选择型教师鉴于信息量无限和学习时间有限这对基本矛盾,主要讲授基本概念、基本规律、基本原理和基本方法。启发型教师则重视启发学生的积极思维,重视在教学过程中培养学生的思维方法。逻辑型教师在讲课中会体现"提出问题、分析问题、解决问题、得到结论"的逻辑思维。独创型教师更多会向同学们灌输自己的学术见解、研究成果、工程经验和教学体系,不会照本宣科。艺术型教师注重把知识和个人内在的意向外化为语言、动作、表情、态度,使学生领会并受感染。思想型教师会挖掘教学内容和方法中的教育因素,使学生通过听课得到思想收获。领导型教师很重视学风培养,注意自己的表率作用。

(四)教材、课堂内容、授课工具的特征

1.教材多元化

大学教育主要是传授给同学们一种思想,一种学习方法,在专业教学上,也是着重讲授理论基础与研究思想,以鼓励大家不断探索,勇于创新。基于这个前提,大学教育不需要固定的教材。但为了方便同学们学习,任课教师还是会为大家推荐一本较全面的教材。不过,在课堂讲授中,教师更注意专业知识的融会贯通,不会局限于推荐教材的范围。同时,为了方便同学们课后的深入学习,任课教师还会给大家列出多本参考书目。因此,在大学学习,教材是多元化的,思想也是发散型的。同学们要努力掌握学习的方法,在专业学习上,要主动了解专业的前沿动态,不断思考,绝不能死啃书本。

2.课堂内容多且难

教材多元化是课堂内容多且难的原因之一。因为要将一个学科的知识点与学习方法凝聚在短短的几十个学时当中,每分钟的容量是相当庞大的。往往稍微打个小盹或与邻桌小聊两句,就会发现老师的步伐已经横跨你的书本数十页。或者,当老师在讲本学科前沿理论或其自己的研究成果时,稍不专心的学生就会立刻有如坠云雾之感。

因为每节课内容很多,所以,大学生在课堂上,听到更多的是课程的重点、难点及教学思路,往往都是理论化很强的、很抽象的东西,细微的分析很少,特别是教材已经写有的内容,教师往往会让学生在课后自己学习,对同学们的想象和思维能力有较高要求,这增加了同学们对课程内容理解的难度。同时,与中学阶段学习的基础知识都是经过无数次证明的没有任何争议的定理不同,大学学习的很多内容涉及诸多学科的前沿领域,深入研究对象的本质,这些问题常常是未知的或是有很多争议的,没有一个确定的标准来给同学们参考,使得大学课程理解起来又更难了。

3.现代科学技术的应用

大学教学一般采用多媒体,利用投影仪与 PPT 幻灯片授课。这为教师节约了大量用于

板书的时间,使其可以在讲课中增加更多信息与资料来印证其欲传授的观点。在一定程度上,这能帮助大学生理解问题的关键,提高理解速度。而多数教师会同意同学们拷贝课件以做复习之用,为大学生复习提供了方便。但因为幻灯片连续简易的播放方式,使得教师在讲课过程中速度加快,同时,多媒体技术运用使信息量大大增加,大大减少了同学们做笔记的时间,甚至可能出现学生还没看清,教师就切换了幻灯片的情况。而且,部分同学因寄希望于拷贝的课件,课堂上便不再认真听讲,而教师讲课的内容并不会逐字逐句出现在幻灯片上,寄希望于课件的学生往往在课后就会因发现课件上少了很多关键信息而后悔。因此,在现代科学技术进入课堂后,同学们更需要聚精会神地听课。

(五)学生的特征

(1)来自天南地北的同学们,有不同的生活习惯与学习习惯。不同地域、不同环境、不同经历的大学生自然有不同的生活和学习习惯,但任课老师并不能逐一针对大学生的习惯调整教学计划。因此,要高质量听课,大学生必须主动掌握老师的授课风格,同学间互相学习,取长补短,不断改进。

(2)同学们自由的学习状态,使得管理变难,自律变得格外重要。因为学习进程安排不是连续不变的,大学生有了很多自由支配的时间。这虽带给了大学生自由,但增加了老师们的管理难度。同时,教学班中的学生来自不同院系不同班级,坐在不固定座位的分散状态,也增加了老师们熟知学生的难度。因此,我们建议大学生要更合理地支配时间,养成良好的学习习惯,在课堂上充分发挥自律的作用,提高听课效率。

(六)教学反馈的特征

良好的沟通反馈既帮助教师改进授课方式,也能为大学生听课、掌握知识、讨教学习方法创造更好的条件。大学生对教师授课的反馈渠道主要有课堂、电话、电子邮件、约见。课堂的反馈是及时的反馈,电话、电子邮件及约见等形式都是事后的反馈。及时反馈能使同学们将疑惑迅速提交,在最快时间得到答案,但因为速度快,往往自身思考不够全面。事后反馈,常常能通过一段较详细的自我思考的过程,但因为时间的滞后,也会使得反馈的效果不佳。

就目前的情况看来,课堂上,因教师讲课花去了大量的时间,反馈机会非常少。电话与电子邮件则是大学生常使用的反馈方式,但常常因为与老师的生疏,使得这种方式的采用也并不多。约见则相对更少,仅有少数同学会采用。同学们应该加强与老师的沟通反馈,以帮助自己提高。

二、学习规律和原则

学习规律是学习活动本身固有的、本质的、必然的联系。它是学习时必须遵循的基本法则,是制订学习原则的依据。懂得并运用学习规律,才能保证学习质量,提高学习效率。学习原则是指人们在学习活动中必须遵循的准则和基本要求。它是人们长期积累的学习经验及其理论总结,是学习规律的反映。

　　学习规律和学习原则之间的区别具体表现在:学习规律是客观性的,它是不以人的意志为转移的;学习原则是根据学习规律和社会需要,由人们制订的必须遵循的基本要求。学习规律具有普遍性,不管哪个时期、哪个阶层的人进行学习,都必须遵循学习规律;学习原则具有针对性,是由人们主观加工制订的,为不同阶级服务,反映不同的世界观和方法论。学习规律具有必然性,体现着自然的既定特性;学习原则具有一定的"人为性",只能体现当时人们的学习需求。学习规律具有稳定性,是制订学习原则的重要依据,是根本,有很强的继承性;而学习原则具有很强的时代性,只能是学习规律的科学反映,是派生的和具体化的,不一定具有继承性。

　　(一)"学习的不可替代"规律及其派生的"自主性学习"原则

　　1."学习的不可替代"规律

　　学习过程,是学习者在自己的意向主导和控制下的能动的认识过程。它是学习者个人的事情,别人是不可能代替的。别人的经验可以借鉴,但如果没有自己的实践,亦无助于学习;老师课堂讲得有声有色,自己也能听得清清楚楚,但就是没有自己的思考、自己的领悟、自己的贯通,仍然不能说在学习或者已经学习。

　　2."自主性学习"原则

　　正因为学习的不可替代性决定了大学生要学会自主学习。自主学习又包括自觉原则、主动原则、独立原则、专心致志原则。

　　自觉原则要求学生能够自觉地安排自己每天的学习活动,自觉地完成各项学习任务。主动原则要求学生的学习要有热情,要主动获取知识,不等待,不依靠。独立原则要求学生做事有主见,不轻信,不盲从,不人云亦云,能独立完成学习任务。专心致志就是目标专一,精神集中,不见异思迁,不三心二意。

　　(二)"学习受环境制约"规律及其派生的"充分利用学校教育环境"原则

　　1."学习受环境制约"规律

　　学习的主体是学习者个人,个人知识经验的获得和思想行为的变化受到先天遗传和后天环境因素的制约。这里先天因素是指生理方面的遗传基因;后天因素是指社会条件、教育环境和个人健康状况。

　　2."充分利用学校教育环境"原则

　　大学生在学习过程中要充分地利用学校优越的学习环境。它包括:认真听教师讲课,争取教师指导,密切师生关系;利用图书馆成为当前博览群书的战场以及今后建立信息联系的渠道;利用实验室成为钻研理论和锻炼探索能力的基地;利用体育设施、器械增强体质和体能,养成良好的运动习惯,为毕业后长期健康工作打下基础;利用校园内浓厚的学术气氛和学习风气来建立自己的良好学风,利用校内组织的文艺社团活动来发展自己的课余爱好,提高自己的文艺素养。

（三）"学习的知识积累"规律及其派生的"靠已知掌握未知"原则

1."学习的知识积累"规律

现代学习理论认为,学习是获得新经验并引起内在素质与外在行为变化的过程,是不断积累的过程,是循序渐进的过程。这里强调学习是一个循序渐进的过程,意指知识积累到一定程度就为变革打下基础,使人产生更新、改革、创造的本能和欲望,这是由量变到质变的过程。

知识积累规律要求,学习过程中每一个环节都不可缺少,而且每一个环节都必须一步一个脚印。只有这样才能积少成多,才能真正完成学习任务,才能将所学知识纳入自己的知识结构,内化为个人素质。

2."靠已知掌握未知"原则

学习新知识是把新知识结合在人脑已有的知识网络里,形成新的知识网络。因此,大学生要做到:十分重视所学课程的基本原理、基本体系、基本内容、基本方法,将它们作为吸收新知识的已有知识网络的基础;对已学知识要及时巩固和掌握,否则它们不能由"已学"转化为"已知";要努力提高自己的思维力,因为靠已知掌握未知的过程不是简单的知识积累,而是靠联想、推理、判断,通过比较、分析、综合得来的,这就需要具备较强的思维能力。

（四）"学习的认知发展"规律及其派生的"理论联系实际"原则

1."学习的认知发展"规律

学习的认知活动是一个过程,即从现象到本质,从不深刻的认知到深刻的本质的创造性探索过程,它体现了认知的一般过程。

苏联科贝利亚茨基把学习认知过程划分为三个阶段:第一阶段,包括对具体和直观材料的感性认识,以及对抽象概念的认识,或是对现实和生活的初步认识。第二阶段,在初步认识的基础上,对材料进行概括并做出结论,把新的概念系统化,以及使这些新概念加入已学到的某一科目知识和新抽象概念的总系统,形成和加深信念和感情。把知识从学习对象变为大学生的观点和信念。第三阶段,是应用知识来解决实际问题。这一阶段包括学生参加实验、生产实习等,这些教学活动,对于培养实际应用知识的能力,更深入地认识和评价所学理论都是十分重要的。

2."理论联系实际"原则

理论联系实际是大学的教学原则,也是大学学习应该遵循的原则。它符合辩证唯物主义的认识论的原理。

大学学习虽然具有明显的探索性和实践性,但是学生获取的知识仍以间接经验为主,都是没有经过自己直接实践的理论知识。显然,学习间接经验和理论知识,必须要以直接经验和感性知识为基础。理论联系实际有利于学生深刻体会和牢固掌握知识,有利于学生熟悉现代科技和生产实际,从而激发学习兴趣,提高学习自觉性。

大学生在学习过程中必须重视理论联系实际的原则。这条原则要落实到下述四点认识上:学习的目的在于应用;所学理论知识必须用实践(科学实践、工程实践和社会实践)来检验;既要重视理论课程,也要重视实践教学环节;要善于利用一切参与校内外实践的机会,充实自己的知识、技能、能力和素质。

(五)"学习的终身性"规律及其派生的"讲究学习方法"原则

1."学习的终身性"规律

由于人的经验获得和行为变化都具有终身性,所以学习必然具有终身性,即所谓"活到老,学到老";人的生存过程就是一个不断学习的过程,每个人都是在不断学习、不断成长、不断完善中生存的。

2."讲究学习方法"原则

朱熹说:"事必有法,然后可成,师舍是则无教,弟子舍是则无以学。"美国未来学家托夫勒说:"未来的文盲不是不识字的人,而是没有学会怎样学习的人。"达尔文说:"一切知识中最有价值的是关于方法的知识。"有人曾调查过 100 多位获得诺贝尔奖的科学家,结果表明:科学家们几乎一致认为,他们从导师那里获得的知识并不重要,重要的是学习导师思考问题和从事研究的科学方法。另据有关调查结果,学生认为,学习成功的条件中,"掌握和运用学习方法"占 91.53%,"能够吃苦"占 42.23%,"家长的支持"占 31.37%,"原有知识基础"占 28.29%,"教师教得好"占 23.41%。由此可见,学生认同"学习方法+勤奋吃苦"的成功模式。在学习目的明确以后,最重要的就是学习方法了。方法就是效益,方法就是成绩。

学习方法既是完成学习任务而采用手段和措施的总和,又是一种为个人终身学习服务的既定学习秩序和法则。大学生在处理四年学习生活短暂和今后学习内容无限这对基本矛盾时,要清晰地看到:从学习方法与掌握知识的关系来看,学生在学习知识的同时必然学习方法,从某种意义上来说,方法比知识更重要,因为掌握了好的方法,才能获得数量更多、质量更高的知识,对毕业后的工作和终身学习产生深远影响;从学习方法与事业成就的关系来看,爱因斯坦在谈到他获得成功的经验时,写下以下公式:A(成功)=X(艰苦劳动)+Y(正确方法)+Z(少说空话),这深刻地说明了方法与事业成就的因果关系。

三、大学生应具有的学习观念

在了解了从大学生角度提出的学习客观规律和学习基本原则后,大学生就应该建立自己的学习观念,一种能经常激励自己学习的指导性观念。一般认为下列学习观念是重要的。

(一)大潜力、高目标的学习观念

学生的智能潜力很大,远没有被充分发掘出来。因此,学生必须给自己选择更高的学习目标。匈牙利数学家冯·诺伊曼在著名的《计算机与人脑》一书中介绍了他的研究成果。其中关于人的记忆储量,以人的寿命为 60 岁,神经细胞每秒钟接收的信息量为 14 比特(实际上最高可达 25 比特)计算得出,一个人毕生的总记忆储量大约是 2.8×10^{20} 比特。这些信息量相当于七八千万册图书的信息。即一个人的大脑可以"容纳"三四个北京市图书馆(藏书约 2000 万册)。关于人脑的功能,有的研究报告说只利用了十分之一左右;有的说只用了百分之一左右。因此,有人提出:假如这个 1% 利用率是存在的,很可能是人脑的"结构功能比"即人脑在漫长的发展过程中形成了最佳的黄金比——"存百用一"的结构功能关系。"存百"保证了"用一"的锐利性、持久性和可靠性,"存百"又体现了"用一"的基础性、后援性和安全性。总之,人脑的潜力是很大的。

当今社会已进入知识经济和信息网络时代。人的生存方式和思想观念,也正在发生着社会性的变革和时代性的震荡。当今大学生,既面对严峻的挑战,又面临个人发展前所未有的良好机遇。因此,必须彻底转变学习观念,才能适应新的社会和时代的要求。因此在学习观念上,必须实现从获得文凭向求得真才实学方面的转变,眼界应该更开阔,目标应该更高远。过去那种"一张文凭走天下"的情况已一去不复还。社会固然重"文凭",但更重视真才实学,更重视实践能力和个人的综合素质。大学文凭的获得绝不是人生理想的终极目标,更不是获得工作和幸福的可靠唯一的保障。大学新生从入校的第一天起就必须转变思想观念,树立危机感和紧迫感,珍惜大好时光,继续发奋努力,学好真本领,为将来进入竞争激烈的社会、干出一番事业打下良好的基础。

（二）科学的学习方法

掌握科学的学习方法是"学会学习"的关键。科学的学习方法有助于我们在学习中少走弯路,有利于培养和提高各种学习能力,如阅读和观察能力、听课能力、提问能力、写作能力、思维能力、记忆能力、动手能力等,进而可以提高学习效率,引导人们攀登学习高峰。笛卡儿曾说过:"没有正确的方法,即使有眼睛的博学者,也会像盲人一样盲目摸索。结果只能一事无成。"前面曾经提到过爱因斯坦的成功方程式,这个成功方程式也是对他自己整个探索生涯的总结。

科学的学习方法是人的认识规律和学习规律的反映,因此它具有共同性和普遍性,又具有多样性和个别性。

研究和探索适应新时代的学习方法应遵循以下几项原则:

（1）要研究学习规律,掌握基本的学习方法。合乎规律的学习方法是科学的学习方法,它具有普遍意义。比如,科学运用大脑的方法、记忆的方法、时间运筹的方法、循序渐进的方法、联系实际的方法等。

（2）要重视借鉴前人的学习经验。如"学而时习"、"温故知新"、"学思结合"、"学者贵疑"、"不耻下问"、"闻、见、知、行"等。

（3）要注意联系学习的实际,研究具有不同针对性的学习方法。比如不同的学习阶段,学习内容、学习目标、学习对象和学习环境不同,学习方法也就不同。专业性质和课程特点不同,学习方法也有差异。因此,学习方法要因地制宜。

（4）要做到从个人实际出发,扬长避短,建立符合自身特点而又比较科学的学习方法。最好的学习方法应当既是科学的,又是适合自己的。所以人们常说:"学习有法、学无定法。"

（三）勤于实践的学习观念

大学生在学习内容上,必须实现从偏重书本知识学习向实践能力的培养和提高方面的转变。

21世纪是知识经济时代,知识的创新和应用,将成为影响一个国家综合国力的决定性因素。谁拥有一大批具有创新精神和实践能力的优秀人才,谁就能在未来激烈的竞争中赢得主动。书本上的知识固然重要,但书本以外的创新意识和实践能力不可能在书本里、课堂上获得,也不可能在教师的教授中形成,只能更多地在创新活动和动手、动脑、亲自操作中获得。

据有关调查,一个人大学毕业十年,在工作创业乃至日常生活之中,发现问题、处理问题和解决问题所运用的知识和能力,90%以上是在大学毕业以后的时间里得来的。随着社会的不断进步,知识总量的迅速增加,一个人即使在某一学科日夜发愤读书,也不可能把该领域的所有知识全部学完,况且知识还在不断更新。因此,只有培养自己的创新意识和实践能力,才是学习的根本和核心。

（四）创造性学习的学习观念

随着信息时代知识的激增,怎样获取知识以及如何选择知识要比拥有知识更为重要,学习不再强调把确定的事实、系统的概念当作目的,而是着重强调探索知识形成的过程,训练思维能力,掌握获取知识的方法,培养独立解决问题的能力和主动探究的精神以及创新的精神,用批判的眼光去发现有意义、有价值的知识。

创造性学习观是对"传授知识——接受知识"的传统学习模式的挑战。大学生的学习不应仅满足于重复和再现前人或他人的思维和行为的过程和结果,而应在学习过程中获取和发现前人和他人所未能发现和获取的新知识、新技能。对现有的知识应该有新的理解、新的认识、新的思路、新的应用。

（五）全面学习的学习观念

全面学习观要求大学生要处理好德与才,通与专,知识、能力与素质,全面发展与个性发展等方面的关系。在人的发展结构上,必须实现从单纯求知向提高自身综合素质转变。

大学新生在入校后,首先应树立正确的世界观、人生观和价值观,不断加强自己的爱国主义、集体主义和社会主义思想教育,努力提高自己的思想觉悟,牢牢把握正确的政治方向。同时,还应继续发扬中学时代刻苦学习的拼搏精神,努力掌握大学时代应掌握的基础知识、专业知识。还应培养和提高获取知识的学习能力、实践能力以及创新能力。树立全面学习的观念,加强思想修养,塑造完美人格,夯实专业知识基础,锻炼各种技能和能力,促进身心全面发展,培养良好的敬业精神和社会责任感,为将来走向广阔社会、干出一番事业做好充分的准备。

(六)自主学习的学习观念

自主学习观是在教师指导下,学生成为学习主人的必然选择。这种学习观重在创设一定的教育情境,激发学生主动学习的内驱力,指导学生学会学习,是对教师和学生在教学中主导与主体地位的分别承认,也是对当前学校教学不足的有益补充。

因此,树立自主学习观,有助于大学生养成正确的学习态度,乐学好学的情感和积极学习的行为准备;有助于提高大学生的自我评价能力,不断在学习过程中对自身进行审视、反思和评价;有助于发展大学生的智力水平,为个人智能更快更高的发展奠定坚实基础;有助于培养大学生的非智力因素,使他们的学习动机、学习兴趣、情感意志、个性等在学习过程中得到协调发展;有助于大学生掌握良好的学习方法,勇于和善于思考,并相应发挥和创造一系列具体且适合自身需要的学习方法来推动自己学习的进步。

自主学习具有三个主要特征:一是主动学习,二是独立学习,三是无监控学习。

(七)自我调控的学习观念

自我调控是指大学生在自我评价基础上进一步修正自己的学习动机和目标,更好地分配自己的学习精力,调整自己的学习方法。它是学习过程中的反馈。

(1) 自我调控的学习者相信自我调控有助于提高学习效果,对学习有高度的责任感。若没有这样的信念,学习者就不会对学习活动进行计划,对学习过程进行监察,对学习结果进行评价,对学习活动进行调节了。

(2) 自我调控的学习者能系统地运用认知、动机和行为的策略进行学习。他们掌握了大量的一般和具体的策略,知道何时何地以及怎样运用这些策略才能取得最佳的学习效果。

(3) 自我调控学习是一个不断循环的反馈回路。在这个回路中,学习者首先对目前的任务设定目标,然后运用各种策略去实现目标,不时地检查实现目标的情况。如果发现表现与目标一致,就继续原有的学习过程而无须改变;如果发现表现与目标存在差距,就要对学习与动机策略进行检讨与反省并对学习过程进行调整。如此循环往复直至达到学习目标。

(4) 自我调控学习并不要求学习者孤立地学习和绝对独立地解决问题。一个自我调控的学习者在面对复杂的学习任务时,往往善于运用各种资源,包括物质的(如参考书)和社会的(如向更有知识和能力的人求助)。在寻求社会支持时,自我调控的学习者能够把握量与度,他们通常只是要求他人给出一些提示,澄清不明白的问题,最后运用这些信息自己找到答案。自我调控学习者始终认为自己对解决问题负有责任。

(5) 自我调控学习需要学习者付出时间和努力,是一个复杂的心理活动过程。设定学习目标,安排学习计划,选择和运用学习策略,调控学习进程,评价学习结果,调控学习行为,排除干扰,克服困难,每一个步骤和过程都需要学习者有顽强的意志,付出一定的努力,凭借毅力去实现。

第四讲　全新探索:方法与技巧

　　面对新的学习环境、要求、对象和目标,我们的新同学不免会产生困惑和不解。与中学阶段相比,大学学习更多的是依靠同学们自主学习,知识更新更快,信息量更大,学习难度更高。因此,探索和掌握适合于自身的科学学习方法就显得尤为重要。理论课固然枯燥,只要抓重点、听梗概,重视预习和复习,学习效率也会随之提高。课堂笔记尤为重要,我们通过它温故知新,促进知识的掌握,还能提高综合能力。考试作为检查学习成绩和教学效果的重要手段,我们也不能得过且过。认真对待考试是对知识的尊重,也是对我们学习成果的尊重。当然,在学习理论的同时,实践课也不能落下,它是将知识从书本应用到实践的通道,更能让我们强化理论基础、提升综合能力。总之,遵循正确的学习方法和技巧,养成良好的学习习惯,对我们的学习都大有裨益。

　　本讲将重点告诉同学们怎样去掌握科学的学习方法,怎样培养学习能力等问题,以使学生尽快适应大学学习生活,取得良好的学习效果和成绩。

第一节　在探寻学习方法中学会学习

　　学习是人类生存与发展的基本手段,这是国际社会对学习的基本共识。然而,据有关调查,我国有不少大学生不懂学习,不会学习,不能主动学习。因此,大学教育不仅要教会学生知识,更重要的是教会学生如何学习,培养大学生学会学习的能力。学会学习包含了学习动机、学习方法、学习效果、学习习惯等多个方面,目的是达到愿学、善学、乐学、自主学。

一、掌握好的学习方法

(一) 学习成功的关键在于掌握学习方法

　　大学学习成功不在于你学了多少知识,关键是你是否掌握了学习方法。人类知识的更新速度随着社会的发展在不断加速,新知识、新技术、新成果不断涌现。大学一般只有四年,而对知识的学习和积累而言,四年时间是短暂的,最根本的还在于从日常的学习生活中,不断摸索和掌握科学的学习方法，培养独立的自学能力和主动探索知识的能力。对于大学学习，很多同学容易产生这样的误区，认为只要学好专业，拿够学分，顺利毕业就行了。学好专业知识，这只是大学学习的一个方面，也恰恰说明大学生对在大学全面提高自身素质及思考和掌握适合自己的好的学习方法缺乏较深刻的认识。大学的根本任务是培养高素质人才，这就要求同学们不仅要注重知识的学习和积累，更应注重素质和能力的锻炼与提高，特别是学习能力的提高。如果在平时的学习中忽视了学习方法的探索，容易造成许多大学生在苦读四年之后，在走向社会、谋求事业发展的时候，又产生新的不适应和迷惘。正如李开复在给中国大学生的信中谈到，在校学习的目的其实就是掌握最基本的学习工具和方法，将来利用这些工具和方法，再去学习新的东西，与其说上大学是为了学一门专业，不如说是为了学会如何学习，让自己能够"无师自通"。

（二）处理好学习中的矛盾和冲突是掌握学习方法的前提

由于大学学习与高中学习有很大的不同，在学习上自然会遇到许多矛盾、冲突和不适应。如在学习方式上，许多同学认为大学的学习比中学的学习轻松。其实，一般而言，大学通常对学生学习的要求是严格的，学校对学生的日常行为管理是十分严格的，对考试要求也是十分严格的，抓考风就是抓学风已成为大学学生管理的共识，大学对考试作弊处罚也是相当重的。按高校学分制学籍管理办法，没有按培养方案规定修够学分，是不能按期毕业的。很多同学处理不好大学学习自主性、自觉性的特点与学校对同学们学习要求的严格、规范的关系，学习上容易出现"红灯"。另外，随着社会的发展，社会对人才的要求不断提高，不仅要有一定专业知识的积累，在知识的广度和深度上都提出了新的更高的要求。虽然不同类型的高校对人才培养目标存在一定的差异，但总体而言，仍然是按照德、智、体、美全面发展来培养。因此，面对众多的课程安排和全面发展的要求，同学们可能会遇到要学习的东西多与时间少等矛盾。思考和正确处理好学习中的矛盾和不适应，需要对学习方法进行探索和优选，也是形成好的学习方法的基本前提。

（三）找到适合自己的学习方法

大学学习，既包括通过课堂教学获取的知识，也包括自我学习获取的知识、技能和能力等。应该认识到，世界上最好的教育方法就是自己教育自己，自己提升自己。进入大学后，如果大学生自己不积极主动适应新的学习环境，树立自己是学习主体的意识，发挥学习主体性的主动作用，改变学习方法，那么，学习将是极其痛苦的，你的大学生活就有可能在你的学习方法的不适应中悄然流逝。因此，大学生应该从个人性格、学习习惯、思想意识、学习动机等方面做出调整，努力使自己成为一个善于驾驭自己的人，学会独立思考，独立自主克服困难，坚持进取，学会学习，努力锻炼自己。要通过抓住课堂学习、第二课堂活动和社会实践这"三个课堂"，将学习烙在自己的心中、体现在行动上，时刻提醒自己，激励自己，使自己的大学学习变得愉快而幸福，这需要同学们不断探索适合自己的学习方法，提高学习能力。

二、有效探索学习方法,不断提高学习能力

(一) 学会阅读

阅读是指学习主体主动参与学习过程的一种复杂的心理和智力活动,阅读是大学学习的重要一环。同学们在阅读学习过程中,要弄清楚"读什么"和"如何读"两个基本问题。关于"读什么",《中华读书报》(韩晓东)做了一个关于"大学生阅读状况"的调查,2005年《中国青年报》(狄多华)就"网络时代大学生读书状况"进行了调查,这两个调查反映了一个共同的事实:大学生阅读的时间正在减少,大学生读书的心态正在受到网络环境的影响,实用性已成为大学生阅读的重要选择标准。首都师范大学历史系魏光奇教授建议,现在大学生应加强一些文化经典书籍的阅读,如《论语》、《史记》及《西方哲学史》(罗素著)等。青年学者、专家祝勇建议多读经过沉淀积累下来、具有恒久不变的艺术魅力和文化价值的经典,它们可以使我们在文化传承上不致断裂。另外,读当代具有变革意义的杰出作品,这样的作品可以使我们的思维更加活跃,更加富于创造力。

如何阅读,其中最重要的是把握阅读的三个原则:一要读通,要将阅读内容联系起来思考,融会贯通,触类旁通;二要读懂,读书切忌一知半解;三要读活,不能读死书,死读书,注意知识的转化与运用。对于阅读技巧和方法,相信同学们都有自己的法宝,但一些有效的阅读方法同学们都可以进行尝试,会对同学们有所帮助和启发。如可以程序阅读,按照作者—书名—内容提要—目录—序言—内容—结语的顺序,有选择地进行阅读;可以比较阅读,通过综合比较等方法去把握知识的联系,找到带有规律性的东西;可以层次阅读,根据需要,通过浏览、泛读、精读、通读等不同层次进行阅读学习;可以循序阅读,按由浅到深、由简到繁,循序渐进阅读;可以推测阅读,在阅读中抓住关键,展开联想,大胆推测等。

(二) 学会多听

所谓"听",一般是指学习主体被动地接收、理解外部信息的过程。多听对于扩大信息量,接受新知识,开阔新眼界,有着十分重要的作用。来到大学,多听是学习的一种重要方法,多听主要包括:一是多听老师讲的,课堂听讲是同学重要的学习方式,通过"听讲"完成专业等基本知识的积累。二是多听学术报告,大学的学术报告是大学的一大特点,不同研究领域的专家学者汇聚大学,同学们可以在一场场精彩的学术报告中获取知识。只要多听,你就会感受到思想的魅力和知识的浩瀚。

(三) 学会多写

写,作为学习主体的一种学习实践活动,既是主体综合能力的展示,也是促进主体思维活动富于创新的手段。通过写表达思想、记录成长、抒发情感、提高水平。在大学,写什么、如何写也是同学们思考的问题之一。一是做好读书笔记。上课一定要做好笔记,因为老师讲的都是经过筛选、整合过后的知识,是老师思想、学识等的再现,需要学习吸收。走进图书

馆也要做好笔记,俗话说,"好记性不如烂笔头",将自己的学习记录下来,这些是伴随自己成长的一笔财富。二是学习创作。从大一开始,养成创作的习惯,无论是对专业学习钻研的成果,还是自己对生活的感悟等,都需要通过写表达出来,多动笔,勤动笔,写作能力、思维能力的提高就顺理成章。始终不动笔,想提高也难。

三、探寻好的学习方法应注意的几个问题

(一)建立良好的师生关系

大学新生刚进校时,误认为大学教师很神圣,很难接近,有敬畏感;另外,大学老师一般上完课也很少与同学们接触,相互缺乏沟通、交流和了解。这种敬畏心理和师生关系容易对学生的学习产生副作用,最明显的是不愿主动与老师就学习和自己成长中的困惑进行沟通,求得老师的指点和帮助。其实,大学教师一般都能做到平易近人,特别是高校的许多青年教师,与学生年龄相差不大,与学生有许多共同之处,在交流上有共同语言,只要学生主动、积极地与老师接触,都能建立良好的师生关系。通过建立"教学相长"的师生关系,促进良好的师生交往和交流,教师才能取得教学的主动权,学生才能主动向老师求教,获得学习的成功。同时,"平等和谐"、"尊师爱生"的师生关系,有助于学生独立思考、大胆质疑,有效参与教师的教育教学活动,探寻好的学习方法。

(二)积极参加课外活动

课外活动是课堂教学活动的延伸,也是学生掌握知识、提高素质和锻炼能力的重要途径,参加课外活动也是提高学习能力的一个重要渠道。高校课外活动开展是丰富多彩的,学校提倡和鼓励同学们自觉参与学术科技活动、生动活泼的文体活动、有益身心健康的教育活动等,同学们在参与过程中获得各类知识、技能的同时,会进一步培养良好的道德品质,丰富思想情感,形成高尚的情操和文明的行为习惯。同学们应该根据自己的特长、兴趣、爱好,积极主动参加课外活动,但要注意的是在参加课外科技文化活动时,需要把握的是不能影响自己正常的学习、生活秩序,不能挤占自己的学习时间,更不能不上课、不完成作业去搞课外活动。

(三)养成好的自主学习习惯

养成良好的学习习惯对提高同学们的学习能力有重要影响。很多大学新生,由于在基础教育阶段形成了自己的学习习惯,这种学习习惯主要表现在对老师的依赖性较大,独立学习能力相对较弱。在对自学能力要求较高的大学学习中,许多学生难以适应,觉得自己上课听不懂,作业不会做,其原因主要在于这部分学生的学习习惯还没改变,即使勤奋用功可能也难获得较好的成绩,这在大学新生中是相当普遍的现象。再加上心理准备不足,可能会造成其自信心的丧失等问题。因此,同学们要学会在消化理解课堂上的学习内容的基础上,大量阅读相关方面的书籍和文献资料,学会对教师所讲内容提出质疑等,在学会学习中主动改

变依赖性学习习惯,不断养成自主性、主动性的学习习惯,提高自学能力。

(四)合理安排时间,做好学习计划

大学学习,勤奋和刻苦是同学们取得成功的必备要素,也是同学们提高学习能力的基本条件。同学们应针对自己独立支配学习时间相对较多的情况,科学合理地安排好自己的时间,做好学习计划,这是提高学习效率的重要环节,也有助于对学习方法的把握和学习能力的提高。学习、生活要安排得清清楚楚,切莫过得稀里糊涂。同学们可以根据自己的实际情况,在辅导员、导师等的帮助和指导下,制订学习计划和学业规划。如可以从自己要达到的学习目标和知识结构、培养锻炼的能力等,制订四年的总体学习计划,并在此基础上,分年度、学期制订学习的重点等。

从高中学习方法向大学新的学习方法过渡,是每个大学生都要经历的过程。如果大家早有思想准备,积极探索,就能少走弯路,顺利度过这一阶段,这不仅能促进学业成绩的提高;同时,好的学习方法和自学能力也为同学们今后一生的学习打下了良好的基础。

第二节　怎样学好理论课

理论课是一门在实际操作前学习的课程,它着重在学习方法和学习习惯上培养学生,是学生进入实践课之前打下坚实基础必不可少的环节。本节内容将从听课、记笔记、预习、练习、复习、考试等方面介绍理论课学习的方法和技巧。

一、怎样听课

(一)听课的重要性

听课是学生获得知识的一个主要途径。在大学里,获得各门知识的主要途径还是通过课堂授课这一形式。也许有的同学认为既然有了教材,那么就可以自学。这个方法虽然可行,但由于每个同学的学习能力和自觉性的差异,并不适用每位同学。一般来讲,老师们的讲课是做了充分的准备,他们根据教材,参考相关资料,针对学生的实际情况进行有层次的教学,这样的学习具有较强的针对性和实用性。

此外,认真听课,还会帮助学生将知识构成一个有机的体系,特别重要的是,听课还可以弥补知识上的漏洞。老师对这门课的理解和认知往往是高于学生的,他们有着丰富的学习经验,可以从教材中总结出自己的认识和见解,对教材的知识进行升华,再传授给学生。这比仅仅自己自学教材收获更大,即使是老师讲的你自己都懂,多听一遍,也会大大有益于你巩固这些内容和加深对其的理解。这时你不仅学会了知识,而且会学知识了。

（二）听课方法和技巧

1. 生理、心理与物质同时做好准备

生理、心理与物质三方面的准备是大学高效率学习的前提保证。生理上的准备即同学们听课前应保证良好的饮食、充足的睡眠和健康的身体,按时三餐、早睡早起、积极锻炼。心理上的准备则要求同学们在了解大学的课程设置、课程性质、课堂特点,分析大学听课与高中听课的不同后,在老师、学长和同学的帮助下,自我鼓励不胆怯、不畏难,勇敢地面对大学课堂内容多且难的新情况。物质准备,则是要在课前准备好上课的教科书、笔记本、练习册及学习用具,以免在课堂上手忙脚乱,不知所措,影响听课的情绪和学习的效果。

2. 注重抓重点、听梗概

大学的课堂内容多且难,如前文分析,同学们不需要对每个知识点都一一深究,只需要抓住课程的总体框架,学习相应的思考方法即可。听课的策略也是如此,同学们不必对教师讲授的每一句话都细嚼慢咽,这样只会错过后面的精彩内容,反而因为内容缺失导致不能整把握整个体系。大学生听课应主动区分重点、难点。区分的方法如下:一是注意老师讲课的语气、语调,对其加重和拖长讲解的知识点着重记忆;二是注意老师讲课的用时,对其讲解用时较长的知识点着重记忆;三是注意老师讲课时的引证,对其引用较多非课本知识进行强调的知识点进行着重记忆。

当然,这些方法要想事半功倍都需要建立在预习的基础上,并在课后加强复习。同时,针对不同老师不同的讲课风格,同学们还可以在上课前多上学校的学生论坛,多与辅导员、学长们接触,咨询了解任课老师的讲课习惯,抓住他们讲课的风格,以更好地在他们的课堂上把握重点。

3. 重视预习与复习,重点学方法

高效率的听课不仅要求同学们训练自己把握关键点的能力,更要求同学们从听课中学会老师的思考方法,从而举一反三。要把握老师的思考方法,需要大学生结合预习、听课和复习的过程反复思考。预习时,查阅参考书尽力解决自己不明白的问题,然后,将实在无力解决的问题标注清楚,同时标注出自己的思考方法;上课时认真听老师的讲解,将老师的分析要点仔细记录;复习中仔细阅读老师的分析要点,回忆其分析思路,再与自己当初的思考方式做反复比较,从中体会老师的思考方式。

4. 辅以笔记

在听课时辅以笔记既能即时加深同学们对知识点的印象,也能为课后的深入复习准备好相关材料,从而为深入理解和进一步分析创造条件。

5. 课堂上要积极发言,增加与老师互动的机会

上课不仅仅是老师向同学们单向传递知识的过程,也是老师和学生双向交流信息的过程。老师提问,同学们答问是大家从开始读书就一直未变的教学形式。但大学新生对这种

自幼养成的学习习惯反而有些不适应。面对老师的提问，多数时候少有立即主动回答的同学，被指问的同学答问也不够大胆，甚至还有的沉默不答。这主要与大学教师的教学方式、老师与同学们之间及同学们相互之间的熟悉程度有关。大学教师的教学内容是不完全定性的，在一个问题上往往不存在唯一的真理，因此，老师希望启发同学们主动思考，更期待同学们主动发言，以达到思想的争鸣。同时，教师与同学们之间不够熟悉，使得教师难以记住所有学生的名字，这也使得大学课堂上的提问常是面向所有学生，需要同学们主动回答，与中学教育中的指问截然不同。加上教学班同学们彼此间不够熟悉，主动发言的同学常会被人误解为"做作、显摆、巴结"，降低了大家主动发言的积极性。而且，在大学，教师即使指问也多是依照学生名单或是按座次选人，此时的答问情况常被记入平时成绩，无形中增加了同学们答问的压力，使他们不敢积极回答。

问答的教学方式还能锻炼大家的语言表达能力和反应速度，变被动听课为主动参与，从而提高听课效率。因此，大学生不能丢失这种好习惯，也不能失去这种与老师直接交流的好机会。问答教学方式需要学生专心听讲，发言大胆冷静、语言凝练、简明扼要。

6. 课后要注重沟通和练习

前文已经提及，注重沟通反馈能为大学生听课、掌握知识、讨教学习方法创造更好的条件。而练习则能使大学生熟能生巧，不仅懂得了原理，还能实现对知识的运用。

二、怎样记笔记

(一) 课堂笔记及其作用

1. 何为笔记

笔记的由来已久，同学们熟悉的诸多伟人都有记笔记的习惯。马克思便视做笔记为学习和工作的必需，在写作《资本论》时做过一千五百多条读书笔记。俄国作家果戈理一生最大的"嗜好"也是记笔记，被人们称为"笔记迷"。俗话说，笔勤免思，我国老教育家徐特立向青年朋友们介绍的学习经验也是"不动笔墨不看书"。

20 世纪 70 年代，心理学家便开始研究笔记，并对笔记的功能创设了储藏和编码两种假说。笔记的储藏功能假说认为，记笔记的作用主要在于对所记笔记的占有，强调记笔记的外部储藏作用。认为通过对笔记的复习，可以唤起对讲课内容的再认识，巩固所学的内容。笔记的编码功能假说认为，记笔记对信息如何编码有影响，记笔记的活动本身可以集中注意力，促使精细思维和组织记忆的发展，能形成迁移，从而使同学们较好地理解讲授内容。

笔记是一种创造性的思维过程，是将感知转化为联想、分析、综合，再转化为文字表达的复杂思维过程。课堂笔记就是同学们对课堂上感知的、与课堂教学相关的信息进行联想、分析、综合，再转化为文字表达的过程。因为课堂笔记受到课堂时间的限制，且受所听与所看内容不可逆的约束，相对记读书笔记，其思维过程就更加复杂，更需要同学们理解能力、思辨能力、表达能力与总结归纳等能力的综合运用。

2. 课堂笔记的作用

课堂笔记除了有两种心理学假说分析的笔记功能外,还在教学的过程中有着新的作用体现。

(1)促进知识掌握。记课堂笔记能增加课堂的信息储存,能吸引并稳定同学们的注意力,加深大家对学习内容的理解,方便同学们对所学的知识进行复习与回忆,促进大家对知识的掌握。

(2)促进综合能力的提高。记课堂笔记,既需动手,还需动脑,运用学生所学的知识和语言组织、归纳整理等能力将老师所讲的重点、难点记录成文字。整个过程是学生逻辑思维、形象思维与灵感思维的创造性活动,是理解能力、思辨能力、表达能力、总结归纳能力、创新能力的综合体现。同时,记课堂笔记,还能为学生深入分析问题提供参考,激发其学习兴趣,提升学习能力。

(3)促进教学环节的互动和教学质量的不断提高。与读书笔记单向性不同,课堂笔记是学生与老师的双向互动。它既能引导同学们积极参与到教学过程当中,变被动听课为主动与老师进行思想的无声交流,也能使老师从同学们记笔记的神态及笔记的内容中得到许多反馈信息,了解学生的学习情况,及时调整他们的讲课方式、讲课内容和速度进程。

(二)课堂笔记的差异

1. 目的差异

同学们对所学课程不同的学习目的,也会使大家做笔记的方式和效果出现不同。以增强注意力、加强记忆、促进思考和研究为目的的同学,其笔记会相对清晰且重点突出,学习效率较高。以应付考试为目的的同学,其笔记会与教师的原文更加一致,但会略去很多非考点的内容,学习效率会受到影响,尤其是其活学活用效果的体现将大打折扣。因此,同学在学习时,必须端正态度,以学有所成、学有所用作为学习目标,提高学习效率。

2. 成绩差异

分析记笔记的习惯和同学们的成绩,研究者还发现,成绩好的同学在课堂更习惯于记笔记,且不是机械式地生搬硬套,而是结合了自己想法以后的创造性的记录过程。在他们的笔记中,重点突出,思考过程清晰。而且,他们大多数是一门课一本笔记本,且会巧妙利用一些符号来加速记录。成绩相对较差的同学,他们的课堂笔记则显得有些混乱,除地方不固定,有时记在书上有时记在纸上外,他们的笔记也显得相对简略,重点不够明晰,更缺少思考的过程。

3. 学科差异

不同的学科,也造成了课堂笔记的差异。文科生与艺术生比理科生更倾向于记笔记。其实,理科同学对思维方式和解题过程的关注,若能很好地记录下来,将对自己日后的解题思考提供更多的帮助。

（三）记录课堂笔记的技巧

1. 记录方式的技巧

建议大家在记录课堂笔记时，学习采用线性方式和矩阵方式，以提高记录的效率和复习的效率。若老师讲课较从容，时间较宽裕，建议同学们采用准记，既达到加深理解的效果，又能节约课后的时间。但若老师讲课的进度很快，则建议同学们采用略记和补记，将更多的注意力放在听课上面，课后再来完善笔记，并可根据自己的兴趣，将笔记扩充成综合型的笔记。而无论你选择采用哪种方式，都应该为笔记保持宽松的格式，并在旁侧留有足够的空间，以方便书写批注。同时，使用一些有代表性的简易符号、大小写和统一的缩略词来加快记录的速度。

2. 记录要点的技巧

记录每一个要点时，为了达到清晰突出的效果，同学们有必要为每个要点另起一行，并可采用重点标示法，用不同颜色的笔将其标注出来。对比法也是一种较好的记录方法，即在记录时，将相近的观点、相反的观点记录在一起，以方便比较，从而加深印象和理解。比如：做双色笔记，并注意重点突出；针对老师所讲的内容，及时注释和画出重点；使用自己的一套记笔记符号，如"△"、"★"等，进行定向标记。

三、怎样预习、练习和复习

（一）怎样预习

1. 预习的作用

常言道："凡事预则立，不预则废。"农民在耕地前要"备耕"，工人在生产前要"备料"，战士在打仗前要"备战"，这些都是"预"。同样的道理，学生在上课之前，也需要有所准备，除了之前我们提过的生理、心理与物质的准备外，还有更重要的一项准备，那就是预习。预习能使同学们听课更有针对性，更容易听明白课程的重点、难点，有利于对知识点的理解吸收，提高听课效率；也能使大学生更了解自身的兴趣所在，从而更加主动地、认真地听课；还能使大学生更有选择性地听课，提高听课效率。更重要的是，预习能养成大学生自主学习的好习惯，培养大家独立思考的能力，锻炼大家阅读理解、归纳总结和灵活运用已有知识的能力。这样的习惯和能力提升不仅对大学生的在校生活有益，还将使大学生们今后一生都受益无穷。

2. 预习的方法

（1）浏览法。浏览法即在课前对教材内容进行快速的阅读，了解课程的梗概。在浏览时，也要眼、心、手并用，做到眼到心到，心到笔到，这样，才能在短时间内把握住老师上课的大致方向，从而在听课时增强主动性。

（2）参考法。参考法需要较长的时间,即在预习时,采用详读的方式,并结合其他参考教材和相关学科的资料,运用自己已经掌握的一切知识,自行慢慢研读课程的各个知识点,以求在课前形成自己较为全面的思路。因为耗时较长,这种方法同学们一般应在假期和周末运用。这是预习中对自学能力最有促进的重要方法。

（3）着重精读法。着重精读法是浏览法上的参考法。即同学们在浏览书目时,对感兴趣或因理解不畅而影响进一步预习的部分,进行深入精读,综合运用自有知识与各种资料,以期将其弄明白的过程。着重精读后,若能将问题搞明白固然最好,但若仍无法理解,那也不必灰心,同学们只需将这部分标注清楚,并在读书笔记中写下自己的思考过程,以便上课时着重听讲,直至弄明白这些问题。随后,同学们若将老师与自己的思路做比较,还能把握住老师的思考方式,从而通过自学来增加成功的砝码。

3. 预习的注意事项

（1）预习要有所侧重。大学课程较多,上课的内容也多。若对每门课都进行参考法或着重精读法,同学们的时间与精力肯定不够。因此,同学们需要结合自己的能力、专业的方向,有所侧重地在不同的课程上运用不同的方法。如对专业课选用参考法,对公共课选用浏览法,对选修课选用预习笔记法。当然,这样的选择不是绝对的。若同学们对公共课很感兴趣,也可以将浏览法与参考法结合使用。

（2）预习时要做好读书笔记。不仅在课堂上,在预习时也需要做好笔记。预习笔记能帮助同学们分清课程的重点、难点,让同学们在上课和日后复习时回忆起预习有困难的部分,以加强知识的巩固,还能让同学们便于比较分析,从而掌握有效的思考方法。

（二）怎样练习

1. 练习的作用

练习是为了获得熟练的技巧而经常进行的某种行为。作为学生,练习是为了能熟练地运用知识和技能。俗话讲,熟能生巧,反复的练习能使大家自如地运用所学知识,并在运用当中进一步加深对知识的掌控,真正实现其内化。有熟练的技术和能自如运用的知识,能为同学们的综合素质加分,从而在这个知识经济的时代,提升同学们在社会上的竞争力,为自己的成长和就业打好基础。

2. 练习的方法

（1）重视作业。进入大学后,因为学习环境、教学方式的改变,同学们对作业的重要性认识降低了,甚至有的同学仅仅将作业当成了老师交给的"任务",仅仅为了取得平时成绩而完成作业。其实,作业是系统学习不可缺少的一环,它能帮助同学们巩固和消化课堂学习成果,将知识转化为解决问题的技能与技巧,也能训练同学们的科学素养,从而培养起准确、规范、快速思考与解决问题的习惯,还能培养学习责任,随时检验自己的学习效果。因此,在大学中,同学们也必须重视作业,勤于作业练习。好的做作业方法能让同学们增加做作业的兴趣，也能节省同学们用于做作业的时间和精力。

（2）要端正做作业的态度。首先是要彻底抛弃作业不重要、应付老师检查、获得平时成绩等错误想法。要充分认识并时刻提醒自己做作业的重要性，从而使自己有积极的态度对待作业，并主动为自己安排作业。应做好复习，再做作业。做作业时，一定要真正理解了课堂所学后才下手。若对知识点都还没有明了，一边翻书查公式，一边糊里糊涂往作业本上写，这样即便做出来，也只是将知识从书本搬到作业本上，无法真正内化成自己的技能。同时，做作业要与复习相结合。是否已经真正掌握复习后的知识点，同学们在做作业时便可略知一二，但作业做完以后，这些知识点是否不会再遗忘，又或者是否还有新的知识点可以进一步探索，这就需要同学们在做完作业后也要结合复习，以深入思考，进一步掌握知识。

其次是努力实践。复习与作业是将知识进行巩固与加深，让其内化为自己的技能。但同学们若要对这些技能与技巧运用自如，以适应社会的要求，就离不开实践。

实践，是同学们对所学知识的实际运用。它能最充分地考查大家对知识的掌握程度，还能考查同学们对知识的运用水平。提高对知识的运用能力，是同学们今后适应社会的重要基础。一是要注重实验课程。著名科学家丁肇中曾经说过："自然科学不能离开实验的基础。"因此，大学中不少专业课，尤其是理工类的课程中，都配套开设了实验课。同学们应该充分珍惜这些实验课的机会，在课程中通过动手操作，既学习有关的实验知识和技能，验证所学的理论知识，同时，借实验的机会提高观察、思维与实践能力。二是要珍惜课外参观、实习机会。就业市场上，用人单位对实践经验的看重，也对高校办学提出了新要求。因此，即使是文科的课程，老师们也会尽力安排社会实践，如为同学们组织参观企业，为同学们介绍实习机会。每一次的组织策划，都要花费学校和老师很多的心血。而这些机会在同学们毕业以后是难以重现的。因此，面对这些来之不易的实习机会，同学们一定要珍惜，充分投入。

（三）怎样复习

1. 复习的作用

复习是对所学知识的重温和进一步的整理思考，是学习环节中最为重要的一环。我国明末清初的学者顾炎武，每年便要用三个月的时间来复习其在另外九个月中读过的书。通过复习，可以增强大学生对知识点的记忆，加深同学们对知识的理解，提高同学们对所学知识的兴趣，并为大学生学习新知识做好铺垫。

2. 复习的方法

（1）按记忆的规律进行复习。早在 1885 年，德国心理学家艾宾浩斯经过系统研究，便总结出了人的遗忘规律。如图 4-1 所示，从中可以看到，在学习刚结束时遗忘就开始"工作"了，而且它的效率极高，能在短时间内将好不容易装进脑袋的知识，飞快地偷走。因此，首次复习最好在课堂上就进行，同学们可以利用课间五分钟，也可以在下课后抽出十分钟，还可以有效利用节约出的上课时间及时就重点问题进行简单复习。

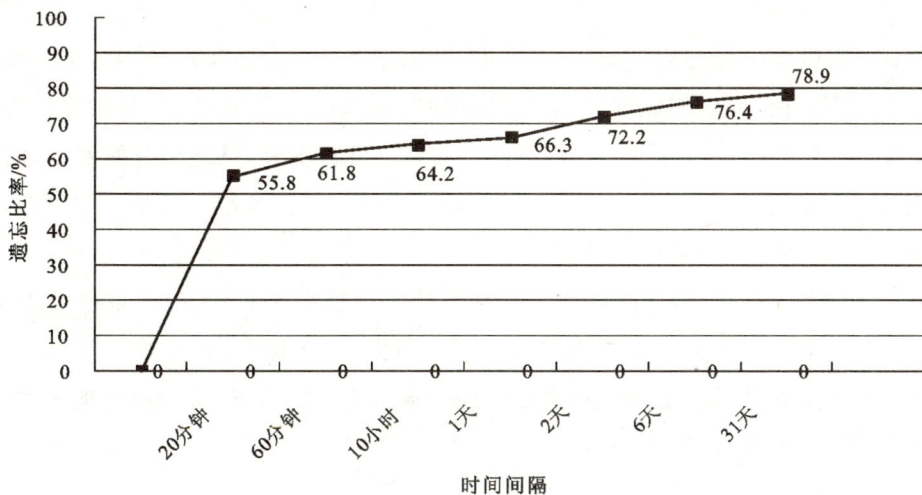

图 4-1　遗忘规律曲线

从图 4-1 中,除了可以发现遗忘的速度之快,还可以看到遗忘的工作进程并不均匀。最初遗忘速度很快,以后逐渐缓慢。因此,我们便可以按照它的工作规律,找到攻克它的方法,采用先密后疏的方式,有规律地进行复习。将头两次复习安排得相对集中,每次复习的遍数相对多一些,随着对知识掌握的加深,再慢慢增加复习的时间间隔,减少每次复习的次数。这样,在第一次刺激留下的痕迹尚未消失时,紧接着第二次重复刺激,第三次重复刺激……如此循环反复,慢慢战胜遗忘。

(2) 整理课堂笔记,参阅经典教材,做好复习笔记。记课堂笔记的过程,本身就是对知识点的再思考,也就是一个简单复习的过程。但单是记课堂笔记,受到时间和压力的影响,同学们难以深入分析问题,因为时间和空间的限制,课堂笔记并不能保证永远都是准记,也不能保证重难点体系清晰。但是,为了能对知识了解得更透彻,同学们又必须结合课堂所学。而课堂所学的很多记忆又都反映在课堂笔记当中。这就要求同学们在复习时,需要对笔记进行整理,分析清楚知识的体系、重点与难点,从而在这一过程中对问题进行深入的分析思考,将其一一消化。

而复习时结合经典教材也将使同学们事半功倍。在经典教材中,编著者已经将很多知识点进行了整合,并进行了分析,同学们在预习和听取老师的讲解后,在复习时再次学习教材,既能更容易地理解教材,又能从教材的分析中更深刻地领悟知识。

在复习过程中,坚持做复习笔记,把复习时的思考和分析记录下来,不仅有利于下一次复习,还将使同学们进一步加深对问题的理解和分析。

(3) 集中与分散相结合的原则。复习比较长的知识点时,时间太集中效果并不好。同学们应该把难点适当分散,以做到各个突破。但复习的知识点较短时,或者复习的课程系统性很强时,又或者是面对考前的总突击时,同学们就需要采取集中的方法,高密度、高强度地实现知识的记忆突破。

（4）复习时应多学科交叉。单科集中的"攻坚战"容易造成大脑的疲劳，反而降低同学们的记忆力。复习时，同学们应该多学科、不同内容交替进行，一张一弛，实现轻松记忆。

（5）有选择性地深入前沿理论。仅对已有的理论进行掌握，只是研究的基础，同学们还需要有创新性地进行对知识的探索。这就要求大家通过复习，找准自己的兴趣所在，从而有选择性地深入该领域，关注其前沿状态。

（6）养成与老师、同学沟通的好习惯。众人拾柴火焰高，一个人的力量是微小的，在复习时也是一样。若在一个问题上不小心钻进了牛角尖，没人提点，将很难顺利脱身。因此，同学们复习时也应该注意与老师和同学的沟通。通过有效的沟通，虚心听取他人的意见，将能使大家的复习有更高的效率。

四、怎样正确对待考试

（一）考试的重要性

考试作为检查学习成绩和教学效果的主要形式之一，是教学和学习的重要环节，具有不可忽视的作用：第一，考试是提高学习质量的手段。考试可以促进学生及时复习功课，巩固、扩大和加深所学知识，培养精确细致、刻苦认真的学习态度。第二，考试是学生自我调节的基础。学生通过考试及时反馈了解自己学习的效果和优缺点，就会受到激励，增强学习自觉性和学习兴趣，便于依据矫正性信息调整自己的学习。第三，考试对教学具有重要功能。教师通过考试，能够比较全面地了解学生的学习实际，为制订教学计划、调整教学方法和实施因材施教奠定基础。学校通过考试，了解教学效果，便于总结研究，采取措施，加以改进。第四，考试使学生家长了解子女的学习成绩，便于配合学校督促指导学生学习。第五，考试还可以作为选拔、培养、使用人才的一种有效工具。

（二）正确对待考试

1. 树立正确的考试观

对于考试，应持一种辩证的态度来看待：一方面，应该看到其重要作用；另一方面，也不能过分夸大其作用，以致进行"应试教育"。过去，校园中流传着这样的话：考、考、考，教师的法宝；分、分、分，学生的命根。这种对考试的扭曲的理解，会严重影响同学们学习的积极性，造成厌学情绪和逆反心理，甚至助长考试舞弊。对大学生而言，要树立正确的考试观。应该认识到：不重视考试、抵触抱怨、被动应付、舞弊作假都是不对的；为考试而考试、以分数高为学习目的、做分数的奴隶、被考试和分数牵着鼻子走等也是不对的。同学们应该在牢固掌握基础知识和基本技能的基础上探讨正确的考试对策和科学的应考方法。

2. 考试的准备

（1）要抓好平时的学习，不要"临时抱佛脚"。"临时抱佛脚"的复习方式是死记硬背，这种死记硬背的复习方式,对于应付一些客观选择题可起到一定作用,但对于要发挥想象力、创造力的考题就没有丝毫效果。因此,要充分重视抓好平时的学习,课堂上认真听老师讲课,课后注意及时消化、吸收,巩固课堂上的知识。按时完成老师布置的各种作业。每学完一章,除了要做好必要的练习,还要进行自我总结,写读书心得,进行自我测试。学完一章要这样做,学完一本也要这样做,这样学到的知识才比较牢固。

(2)要制订好考试复习计划,科学合理安排好时间。在大学,每个学期的期末都要考几门课程,而且一般要集中在期末一两个星期内进行。因此,要根据学校考试安排和自己的情况制订好复习计划,把每天的复习划分为几个阶段,分别复习不同的课程。各门课程的复习要交叉进行。若是考完一门课后再复习下一门,时间往往来不及。

(3)系统复习与突出重点、难点相结合。在复习过程中首先是进行系统复习,将一本书各章节的内容进行归纳总结,全面系统地掌握这门课的基本框架、基本概念和基本原理。其次是掌握重点、难点。如果复习时不分难易,不分重点,每次都面面俱到,结果就会越学越多,越学越忙,脑子成为"一锅粥"。因此,在进行系统复习后,要能区分哪些内容是自己比较熟悉的内容,要进行多次反复的复习,多做练习,多思考。遇到弄不懂的东西及时请教老师和同学。在重点复习阶段,可将学到的知识条理化、系统化,用简明的语言和图表概括起来,并且对学习过程中做过的练习再多次进行消化,这样效果会更好些。

3. 调整考试心理,以最佳状态应试

考试心理对考试结果具有不可忽视的影响。在诸多心理因素中,"必胜"信心和"适度"紧张是必要的和重要的。在考试前,用积极的心理暗示来对抗消极的心理暗示,从而树立起"必胜"的信心,对考试成功是十分有利的。经常口头或在心里用坚定的口气对自己说:"没有人比我聪明!我也不比别人笨!我也行!这次考试我一定能成功……"这样,事实一定会证明:你真的成功了!

在树立"必胜"的信心的同时,还要知道,虽然考试中的过度紧张对考试成功不利,但"适度"的紧张却有助于发挥出自己的水平。因为"适度"的紧张能使人处于一种临战的最佳状态。在考试遇到难题时,"适度"的紧张也常使人思维敏捷,容易找到解题的突破口,即所谓的"急中生智"。明白了这一点,也会使我们不必为一点儿紧张而过度担心。

4. 诚信考试

诚信是现代人最靓的名片。"信以待物,宽以待人",这是先辈们教育后代如何做人处世的至理名言。诚实应考,遵守规矩,这是校园文明对诚信的呼唤。大学生群体是一个可塑性很强的群体,如果放弃了自身的努力而寄希望于考试投机,无形间就淡化了道德自律和遵纪守法的观念,养成浮躁、极不务实的不良习惯。

而考试不仅是对每位应考者专业学科知识的系统考察,同时也是对个人心理素质和道德修养的考验。在对每个学科知识的全面复习和保证考前良好的心理状态的同时,道德分越来越被人们所重视。故有"君子慎独"，所谓"慎独"强调在独处时，依然坚持自己良好的道德水准，绝不做出违背道德和个人原则的事情。中华传统美德中的"诚"也在这一点上充分体现出来。

面对考试，应认真学习考试规则，考试应带的东西务必带齐，以免影响考试。做好扎实的复习工作，不要有任何作弊的侥幸心理，即使考试不及格还有补考或重修的机会。要抵制抄袭作弊，在学习生活和工作中诚信为人、诚信做事、诚信于社会。要坦然面对考试，在公平健康的竞争中检验自己，做一个诚实守信的大学生。

第三节　怎样学好实践课

目前，社会各行各业对大学生实际动手能力的要求较高。大学毕业生到企业，相对于技术工人来说，他们的优势是有理论教育的背景，但比较缺乏实践操作能力。事实上，用人单位非常渴望接收既有理论基础又有实际动手能力的高校毕业生，毕竟，人才和知识才是竞争的核心，是企业发展和技术创新的不竭动力。由此可见，大学生在校期间学好专业实践课，提高实际动手能力是十分重要的。

从培养学生综合素质、提高实际动手能力的角度分类，大学实践课主要分为专业实践课（实验、设计、生产实习等）和社会实践课（学生第二课堂活动、假期社会实践、社会调查等）。在这里，主要探讨专业实践课的学习。

一、学好实践课的重要性

（一）强化理论基础和提升能力

大学的基础课和专业课学习固然重要，但如果不与实践相结合，只能是事倍功半。多年的教学实践已经证明，同学们在抓理论课学习的同时，更要注重理论联系实际，注重实践，在各类实践环节中提升对专业知识的理解与认识，从而提高思辨能力的认识水平。

（二）培养求真的学风和务实的作风

实践是检验真理的唯一标准。同学们在实践过程中，通过亲自动手，实践验证，把理论知识运用于实践中，亲身体验知识的真理性和客观性，这不仅锻炼了实践技能，还提高了对专业知识的认知水平，培养了不断追求真理的学习风气。在实践过程中，同学们有了更多更深的交流、沟通、组织和协调，有利于培养实事求是的作风和客观科学的态度，而且更重要的是培养了严谨求实、精益求精、勤奋刻苦以及坚忍不拔的毅力和意志力，为今后工作形成良好的工作作风打下基础。

(三)培养创新意识和创新能力

实践教学是高等学校教育教学体系的重要组成部分,是培养学生创新精神和实践能力的重要途径。实践课是学生认识世界、改造世界和创造世界的工具,也是培养人才的必要条件。它不仅担负着训练学生实践操作的具体任务,培养学生将理论与实践知识相结合,提高综合动手能力和专业素质,而且更重要的是通过实践学习,培养学生自觉和独立思考探索、归纳分析、综合交叉、求实创新的意识。同学们应该结合专业特点和自身实际情况,在课程实验、课程设计、教学实习、毕业实习、毕业论文(设计)等环节中遵循规律,以培养发现、分析、解决问题的能力及严谨的科学态度和操作技能,激发求知欲,锻炼综合把握和运用学科群知识的能力,特别是在探索性、设计性、综合性实验和毕业论文(设计)中,培养同学们的创造性、探索性能力。

二、大学专业实践课的特点和基本方法

不同的学科专业对大学专业实践课教学有不同的要求,一般包括实验教学、设计教学、实习教学。

(一)实验教学

实验教学是通过在实验室中做实验,观察事物的现象、变化,获取知识和验证知识的一种方法。只有理解实验教学的全面内容,学生才能弄懂科学原理,掌握实验技术,学会用实验方法解决实际问题。由于实验室作业具有简化、纯化、强化的自然过程以及可重复性的特征,实验教学的特点主要表现在:通过人为地确立影响因素,对可再现的对象进行验证和研究;在专门安排的时间内进行验证和研究;能够用改变对象成分的办法进行验证和研究;借助仪器装置揭示和分析反映对象的数据;应用统计方法对数据进行处理;运用实验结果验证理论原理。

实验教学的基本做法是根据教学要求制订实验方案,准备实验条件,进行实验,观察实验现象,取得和分析处理实验数据,得出实验结论并写出实验报告的完整过程。这个过程是递进的、连续的,缺少任何一个环节都不是一个完整的实验,也达不到实验要求和实验目的。因此,同学们要严格按照以上六个步骤来完成每一次实验课。

(二)设计教学

设计教学是通过设计作业(课程设计、毕业设计)使学生面对模拟或实际的社会需求,运用所学的科技知识,提出自己的技术设想和可付诸实施的方案、图示和说明,在较大程度上培养学生的自学能力、解决问题的能力、组织和创新能力,作为检查学生在某一阶段或者整个在校期间的学习效果。设计教学的特点表现为有明确目标(社会在某些方面的需求)、多方案性(对同一目标构思出多种方案,进行分析比较,确定最佳方案进行设计)、多约束性(受数、理、化基本规律的限制;受资金、人力、物力、技术条件的限制;受生产设施和材料来源的

限制；受美学、法律等因素限制）。

设计教学的基本做法主要有：采用多方法、可扩展的题目，以便发挥同学们的创造性；考虑各种约束条件以便训练同学们综合运用所学知识解决问题的能力；同学们要在设计中重视检索资料、运算、绘图、科技写作等方面的技能训练，运用好的设计方法、规范化的设计程序和正确的设计结果来写（或画）出符合工程设计要求的设计说明书、计算书和设计图纸。

（三）实习教学

实习教学的作用是贯彻理论联系实际的原则，使同学们学到实际的生产技术和管理知识；同时，通过生产实习可以对同学们的专业知识、技能的实际水平、为祖国建设服务的专业思想以及劳动纪律与职业道德进行综合性的社会检验。其特点是同学们以实际工作者的身份，在现场工程技术人员和教师共同指导下直接参与生产过程，完成一定的生产任务，通过实际工作学习知识和技能，培养综合能力。

实践是将知识转化为能力不可缺少的途径，人的认识的升华和动手能力的提高也离不开实践活动。大学不仅是青年学生学习科学文化知识的殿堂，而且是培养能力，展示才华，增加自身潜在价值的广阔舞台。随着现代科学技术的迅猛发展，人类社会正在由学历社会向能力社会发展，社会上的用人观念也在转变，用人单位在招聘人才时，不单是看同学们的文凭和学历，更重要的是考查思维和动手能力，看是否有真才实学。实践教学是培养同学们实践和动手能力的主要途径，因此，在专业实验课、计算机操作课、实习和毕业设计等实践教学中，同学们要克服重理论轻实践、重知识学习轻动手能力培养的错误观念，强化实践意识，重视实践教学的每一个环节，充分发挥个人的主观能动性，在实践教学中要力求做到严谨认真，一丝不苟，把知识学习同实践锻炼有机结合起来，从而将自己的知识优势转化为能力优势，使自己的人才价值不断升值。

大学的学习是全方位、多层次的学习，不仅包括书本知识，同时也有实际动手能力的练习，因此，同学们需要好的学习方法，需要持之以恒，需要动手实践，这样在面对纷繁复杂的大学生活的时候，才能够从容应对。同学们，学会和掌握一套你自己的学习技巧，全面培养你的学习能力，那么，请相信成功就在眼前！

第五讲　全面理解:培养与管理

　　大学是一个新的环境。进入大学,你们会发现大学的学习不再像中学一样,学校不再为你制订好你所有的学习计划,老师不再手把手地教你,督促你学习。学习选择余地也更大,比如阅读哪些图书,参加哪些选修课等完全由你自己决定。同学们会发现大学的时间更加自由,但是,在提供了开放的学习平台和更加自由的学习环境的同时,对于刚入校的你们,也面临着新的问题:课程如何选择,专业培养有哪些要求,各个专业有什么区别,网上选课如何操作,"学分制"是什么……这一系列新的问题都将困扰着刚进校的你们。因此,本讲将向大家介绍大学的培养体系、学分制管理的有关情况及大学教务管理系统的使用等内容,希望能帮助同学们尽快适应大学的学习生活,提前制订好学习计划,顺利地完成大学学业。

第一节　大学的培养体系

一、专业——理想与现实之间

（一）专业无冷热,兴趣放第一

　　如何选择一个最适合自己同时又最有前景的专业,成为同学们比较关注的问题。曾有一位同学在论坛里留下了这么一段求助留言:"苦学一年历史,无奈不感兴趣。最近闲来无事,思考转系问题。可惜机会有限,英语不可企及。决心既已下定,锁定日语法语。两者优劣参半,一时全无主意。"可见其在专业问题上的苦恼程度。

　　那么什么是冷门专业,什么又是热门专业? 其实专业的"冷"与"热"可谓"风水轮流转",没有一个绝对判定标准。过去几年社会上流传的所谓热门专业现今还热不热? 放在几年前,答案毫无疑问是肯定的。但随着社会岗位需求逐渐发生变化,如今热门专业录取分数已逐步步入"中流",这与这些专业的就业形势有密切关系。

　　如果仅从就业角度来看,冷门专业与热门专业的形成在一定程度上是由市场上人才供求关系决定的。当某个专业的人才供过于求时,该专业即成了所谓的冷门专业;当供不应求时,则成了热门专业。不过有几点需要特别注意：

一是专业与职业不同。以前人们经常提到专业要对口,其实,现在再回过头来看,10年、20年前毕业的大学生,他们所从事的工作与以前所学的专业一致的大概只有20％。专业与职业有很大差别,不是因为学的不是热门专业就意味着你就失去了在热门行业发展的机会,因为热门行业同样有不同类型的工作,需要不同专业的人才。

二是知识与能力不同。在学校里所学的知识,与自己的能力是两回事,关键是要在未来的工作中灵活运用这些知识。现在很多学校都开设了第二学位和辅修专业,这样也能把冷门专业的学生变成热门专业的学生。即使没有第二学位,通过学校里的学习,培养自己的能力,也能从事热门行业的工作。而这些能力不仅仅是指专业知识,也包括智商、情商、沟通能力、交际能力等。

三是现在与将来不同。人们现在所说的冷门、热门可能会从收入方面考虑,而一个人现在的收入与将来的发展是不一样的,这就是短期目标与长期目标的差别。如果一个人真正热爱一份工作,即使它看上去好像是冷门的职业,也可能会有很好的发展。

可见,"冷门"与"热门"并不是绝对的,只要有正确的态度,具备一定的能力和良好的心理素质,"冷门"与"热门"在一定的条件下可以转化。正如人们常说的：英雄不论出身。而且,专业的"冷"、"热"是相对的,它们之间并没有明显的分界线,在一定时期以后,它们可能会互相转换。因此,建议同学们应从自身兴趣爱好和未来发展的角度看待专业。

兴趣是最好的老师,同学们选择的专业如果与自己的兴趣相吻合,就会有自主学习的内在动力,未来就业竞争力就强。虽然"天道未必酬一切勤",但是天道绝对只酬勤。换句话说,努力不一定有结果,但只有努力才可能有结果。哪怕某一个专业炙手可热,同学们也只有经过不懈的努力才能取得成功。而且大学生毕业以后能有多大的发展空间,并不取决于其专业是否热门,而是取决于他在专业学习中是否掌握了分析问题、解决问题的方法。因此,专业冷热其实已毫无意义。既然如此,为什么不将抱怨专业的精力用来培养兴趣、专心学习呢？因此,不要把专业看得太死,读不成自己心仪的专业就万念俱灰,要相信不管在所谓的"热门"专业还是"冷门"专业,都有自己施展才能的空间,俗话说得好：既来之,则安之。同学们应该具备这种心理素质。

（二）尽快适应自己所选的专业

大学生对所选专业不感兴趣,是普遍存在的现象。绝大部分新生入校时对所学专业缺乏客观、正确的认识,甚至一时感到迷茫,很多人进校后立即着手转专业,其实他们中大多数人并没有十分明确的目标,而是在各个专业间摇摆。不喜欢自己的专业怎么办？一些新生因各种原因没能进入自己的理想专业,面对自己不熟悉甚至不喜欢的领域,该如何学习呢？高年级学长学姐们的经验是：除非你有特别明确的目标,一般情况下不要轻易转专业,而应尽力了解自己所学的专业,适应自己的专业。

步入大学是同学们人生的一个转折点,会面对很多以前没有经历的事情。大学就是半个社会,在这里可以学习知识和做人,如果现在就选择逃避,等到大学毕业了在社会上打拼的时候,同学们就会更不适应。因此,刚进入大学时,同学们可以通过以下方法来适应自己所选的专业。

1. 改变片面认识,深入了解专业

在现实中,可能并不像同学们自己所想象的那样存在着严重的专业定向与自身特长爱好不一致的问题,专业定向方面的困扰更多是由于自己对专业认识不全面而造成的。当同学们对自己所学专业感到并不尽如人意的时候,千万不要轻易地下结论,应通过各种途径加深对相关情况的了解。同学们可以找本专业的老师或高年级同学进行咨询,倾听他们对本专业情况的介绍,同时应该更多地接触专业理论知识,甚至在可能的条件下,亲自参加一些自己所学专业的相关实践活动,在实践中加深对专业的了解。

2. 改变原有态度,培养专业兴趣

从同学们的实际情况来看,的确有一部分同学存在专业定向上的偏差,对于这部分同学,你们应该针对自己所学专业的特点,通过改变原有的认知,努力培养专业兴趣。可以通过了解以下情况来达到改变对专业原有认知的目的:同专业的成名人物可真不少(可通过多了解一些本专业的成名人物传记获知);所学的专业就其就业前景来看是十分乐观的(可通过毕业年级同学寻找工作的感受得知);从事本专业工作的收入还不错(可通过行业收入调查获知);本专业的学习还是有一些有意思的地方(可通过多参加知名学者、教授的讲座,多听专业课名师的课堂教学获得);其他的专业看来也不都是尽如人意的(可通过与其他专业同学的交流而获知)等等。

(三)转专业:前途是光明的,道路是坎坷的

也许有一部分人因为调剂等原因确实进入了不适合自己的专业,转专业无疑是一次机会。但伴随着机会而来的,有责任、义务甚至风险。大学的学习是一种非常专业、系统、艰难的过程,不是一蹴而就的。大家应注意到,很多同学在做出转专业的决定之前,仍缺乏对自我、对专业的了解,以致其转专业的行为带有较大的盲目性。有些同学学了新专业后才发现此专业并不适合自己,产生抵触心理;还有的同学因为跟不上学习进度,最终选择放弃。因此,不管是转专业之前的充分准备,还是转专业之后对新专业的适应,都需要同学们花大量的时间和精力。西南科技大学2016级材料科学与工程专业的小赖同学转到自动化专业后曾谈道:"材料专业是我们学校的'热门'专业,就业前景也不错,不过通过一段时间的学习,对学校的其他专业有了更深的了解,我对自动化与控制专业产生了浓厚的兴趣。之后我更加努力地提高自己,经常泡图书馆,为转专业做准备。"

目前各高校普遍都有转专业的相关政策,一般来看,要想实现转专业的想法,一是要有优良的学习成绩;二是要有对新专业的深入了解,之前应当学习过相关理论课程;三是要有

不怕吃苦的劲头,要利用比同专业同学更多时间去学习落下的专业知识,这样需占用更多的课余时间。因此,从转专业过程来看,它充满了挑战,面对激烈的竞争,同学们需花费大量的时间和精力,首先学好本专业课程,争取高分。

当然,只要同学们在大学期间积极进取、掌握基础知识、全面提高自身综合能力,无论选择就读哪个专业,将来也一定会在自己的专业领域有所建树。

二、培养方案——人才培养的纲领性文件

（一）高校人才培养方案体系介绍

人才培养方案是学校保证教学质量和人才培养规格的重要文件,它反映了学校的教学水平、人才培养目标和要求、培养模式、教学计划等,是学校组织教学过程、安排教学任务等工作的重要依据,是指导同学们完成大学学业的纲领性文件。通过它,同学们可以知道大学期间将会学习哪些课程,哪些是必修的,哪些是选修的,课程分为哪些模块,各个模块应该取得多少学分等。因此,读懂自己专业的人才培养方案对于每一位同学来说都是至关重要的。

纵观各高校本科人才培养方案,简单来说,主要包括以下两方面内容:一是培养目标,即本专业培养什么规格的人才,能从事哪方面的工作;二是专业培养要求,即应该具有哪些基础学科的知识,掌握本专业哪些基本理论、基本知识、基本技能和方法,了解哪些相关学科知识,具有哪些实际工作能力和所需达到的计算机及外语水平。

具体内容大致包括:修业年限及授予学位名称、培养目标、专业特色、主干课程、采用双语教学的课程、选课指导、实践环节及要求、学分分配、专业教学计划、各学期应修学分分布等。例如,清华大学和复旦大学作为中国的研究型大学,在对本科人才制订培养方案时,提出了建立在通识教育基础上的宽口径专业教育这一基本理念,其目标不仅是要培养具备理论知识和专业技能的人,更是要培养具备远大目光、通融识见、博雅精神和优美情感的人。在这一模式下,为学生构造出合理的知识结构,有利于发展全面的人格素质与广阔的知识视野。对比研究型大学,教学型或者教学研究型大学的培养方案则更侧重培养学生的应用能力和实际动手能力。这类大学占高校的绝大多数,兼有精英教育和大众化教育的特征,着重培养应用型人才。比如西南科技大学,其最新版本科人才培养方案明确提出:"努力培养品德优良,身心健康,基础宽厚,专业扎实,视野宽广,具有强烈社会责任感、创新精神和实践能力的应用复合型人才和创新型人才。"

总体来看,高校人才培养方案是各高校人才培养的纲领性文件,一般都强调以通识教育和专业教育相结合,实行在宽口径专业内灵活设置专业方向,以拓宽基础学科范围和基础教学的内涵,体现学科交叉融合。有了它,将为同学们构建起满足个性发展,适应社会需求的培养体系。

（二）制订自己的学习计划

学校的人才培养模式和培养方案给同学们创造了个性发展的弹性空间,这就需要同学

们熟悉本专业的人才培养方案,然后根据自身实际情况拟订自己的学习计划,通过不同课程的组合,实现不同的人才发展目标。

当然,同学们在此过程中需要注意一些问题。首先,应注意毕业学分的基本要求,因为有了分层次的弹性空间,如果在个人培养计划中全部选择最低层次的课程学分,则不能达到毕业基本学分要求。所以同学们在选择课程时,学分高低的课程搭配要合理,不能避重就轻。其次,还要注意选修课程的总学分要求。再次,还要重视与辅导员、专业教师等的沟通。由于同学们的知识结构基本上都是围绕高考建构的,选课经验和能力有限,缺乏知识结构设计,有的同学在设计和选择自己的课程时往往凭一时感觉或投机取巧,选择容易通过的、易学的、印象好的课程;也有的同学在选课时无所适从,在无人指导的情况下走入误区,导致自己的课程结构、培养体系杂乱无章。因此同学们应积极与老师沟通,在老师的指导下进行学业规划,科学合理地设计大学学习目标和任务。

三、课程选择——规定动作与自选动作的结合

(一)大学的课程设置

根据学校人才培养方案,我们把课程类型分为四类,如果加上实验、实习和设计,整个课程体系就包括五个部分,宛如一道营养全面、搭配合理的"美餐",如图 5-1 所示。

图 5-1　课程设置类型

当然,在我们享受这道"美餐"时,应注意:

(1)要认识到公共课的实用价值,努力把对公共课的间接兴趣转化为直接兴趣。总的来说,大学生对公共课的学习积极性普遍不如专业课,有相当一部分同学对待公共课持消极应付的态度,学习目的不明、动机不强。很多时候,同学们的学习兴趣主要看老师的教学水平,只有老师的课讲得生动活泼,同学们才愿意听,有兴趣学,一旦老师讲课不符合自己的"胃口",就不想认真学。同学们应端正对公共课的学习态度,充分认识公共课对自己的实用价值和重要意义,认真学好这些课程。

(2)对专业课的学习,应该目标明确,主动克服困难,不断提高学习兴趣。在学习专业课时,同学们的学习目标需明确、具体,即想朝着哪个专业方向努力,在此基础上不断提高学习动机和兴趣,主动克服各种学习困难,同样应做到直接学习兴趣和间接学习兴趣的结合。

（3）对选修课的学习,应注意克服仅仅停留在表层了解与获知的现象。同学们对待选修课一般兴致较高,认为选修课可以开眼界、长见识、扩大知识面。而且选修课的学习要求较为宽松,大家较少产生逆反心理。因此选修课在同学们心目中的地位和分量一般不如专业课和公共课,能认真学习的同学不多。表现为学习目的较模糊,学习动机不强,上课时注意力不易集中。同学们在选修课的学习过程应注意不要仅仅停留在表面,尤其要杜绝为了获取学分才选修某些课程或"选而不修"的不正常现象。

（4）实习是大学教育过程中一个极为重要的实践性教学环节,通过实习,同学们可以在社会实践中接触与本专业相关的实际工作,增强感性认识,培养和锻炼综合运用所学的基础理论、基本技能和专业知识,去独立分析和解决实际问题的能力,把理论和实践结合起来,提高实践动手能力,为同学们毕业后走上工作岗位打下一定的基础。

（二）选修——兴趣优先,兼顾学分

同学们在选修课程的时候,需要根据自己的兴趣和爱好进行选择。面对各种课程类型和知识领域,通过选修学习,可以满足大家的学习需要和愿望,让同学们在大学学习的海洋里自由遨游。

与严格的必修课要求相比,选修课的选择显然更是一门艺术。大学学习期间课余时间相对来说比较多,所以,利用业余时间选择自己感兴趣或能够扩大知识面的课程进行学习,无疑可以扩大知识面、提高综合素质。学校开设选修课的本意也是为了让同学们开阔视野,实现专业培养目标。然而,很多同学没有真正意识到这一点,认为选修课只要凑够了规定的学分就行,这是不对的。

无论选修课还是必修课,"修"的过程是其本质所在。按照托尔斯泰的话说就是:"浪漫的因素都是相似的,不浪漫的因素各有各的现实问题。"对于所有注重选修课的学生来说,最浪漫、最享受的地方莫过于选修了自己想选的课并且从中体验到了乐趣,收获了知识。但这是一种比较乐观的情况,同学们面对的情况往往没有这么理想。

经过调查,课程学习过程中的失望情绪主要来自两个方面:其一,没能选上理想中的课程,为了学分只好去上不感兴趣的课程;其二,虽然选上了理想中的课程,但在上课的时候,发现实际的授课内容与想象中的不同。前者自不必说,首先在心理上就有排斥,学习动力显然不足,于是,不认真听讲甚至逃课便成了惯常做法。至于后者,或者由于自己对课程名称的误解,或者由于老师授课内容的偏差,导致兴趣逐渐减退从而也不那么认真了。处于上述两种情况之间的,还有一种比较"聪明"的方式。有的同学虽然没有选上自己感兴趣的课程,但是仍旧去听课,并不以学分为意。究其原因,许多同学认为,除了自身兴趣外,老师的授课内容和方式是一个很关键的因素,好的授课内容和方式应当是不拘泥于一种形式,通过不同方法将知识传授给学生。因此,无论同学们是否选到自己感兴趣的课程,都应该深入其中,与老师进行良好的互动,也许走过几道"关卡",就会发现其实里面"别有洞天",回味无穷。

第二节　大学的学分制管理

同学们踏入大学校园不久,就会听到一个新名词——学分制。那么,什么是学分制,学分制有哪些用处,如何适应学分制管理……这些都是需要同学们在正式开始大学学习之前必须知晓的。下面,将向同学们介绍高校学分制管理的有关情况及特点,以帮助大家更好地适应大学的学习。

一、学分制

培养学生的创新精神,彰显学生的个性越来越成为时代对教育的需求。学分制正是为了满足同学们多样化的学习需求,培养个性、提高就业能力而采取的一种弹性学制,它充分体现了以学生为主体,尊重学生个体差异,注重个性发展的现代教育理念。

（一）学分制的由来

学分制于 19 世纪末首创于美国哈佛大学。《中国大百科全书》中对学分制的定义是:高校以学分来计算学生学习分量的一种教学管理制度,一般以每一学期的授课时数、实验和实习时数以及课外指定的时数为学分的计算依据,根据各门课程的不同要求给予不同的学分,并规定各专业课程的不同的学分总数,作为学生毕业的总学分。

如果用一个比较形象的说法就是:学分制如一个教育超市,学生选课像在市场选购商品,可以根据自己的兴趣爱好、学习潜质等安排学习,是攻读一个还是两个学位,提前毕业还是推后毕业,是否跨专业、跨学科选修课程等都给同学们提供了选择的权利。

当然,学分制并不意味着绝对自由的选课制度。学分制创立之初,在哈佛大学实行不久就暴露出了一些问题。例如,有 55% 的人只选修初级课程,有 75% 的人所选修的课程根本就没有中心。到了 20 世纪 80 年代,为了防止学生选课的盲目性,哈佛大学将课程分为选修课(Elective)、专业课(Concentration)和核心课程(Core-course),每一类课程都有大量可供选择的课程,但学生必须在各类课程中选修规定门数的课。这种结构化的课程体系对社会需要和学术标准都有所反映,从而克服了放任学生自由选课的偏差。

（二）学分制与学年制的区别

学年制教育模式,即用教学时数作为学习分量的衡量依据。在学年制教育模式下,教学计划是统一和固定的,不会因为学生个体(基础和智力水平等)的不同而发生变化,所有同学都接受基本相同的教育。20 世纪 90 年代以前,我国的大学教育基本是实行学年制教育。新生进入大学之后,会按照录取的专业编入相应班级,课程一致,基本没有选修课,要求所有同学按照既定的学习进度完成各门课程。表 5-1 是学分制与学年制的区别。

表 5-1　学分制与学年制的区别对照表

项目	学分制	学年制
计量单位	学分	教学时数
课程	可选择	不能选择
目标、过程管理	强化目标、放开过程	强化过程
教学计划与学习进度	弹性	刚性
学习生涯设计	主动,可自我设计	被动、固定
收费	强调按学分收费	强调按学年收费

(三)实施学分制的意义

1. 符合以人为本的全面发展观

长期以来,受计划经济思想的影响,我国传统的高等教育模式过于强调整齐划一,对于教育教学管理统一得过死,缺乏灵活多样的机制。在新的历史时期,社会对人才需求在时间、空间、类型、规格上的多元化特征更加突出,更加强调对个体的尊重,把实现个人发展与社会进步紧密联系起来。学分制是以学生的发展为中心,适应学生的个体差异的弹性教学制度,充分体现了当代以学生为主体的教育观念,从而满足了学生和社会的多元化需求,是"以人为本"的生动体现,开阔了同学们的学习视野,为实现个体全面发展奠定了良好基础。

2. 让学生享有更多的自我设计与自主选择的权利

在学年制教育模式下,统一的学习时间、内容、进度和规格,过于强调教学过程的严整性,忽视了学生的个体差异,培养出来的毕业生适应面比较窄、就业面比较单一;而在学分制教育模式下,同学们按照不同的兴趣爱好、文化基础、就业目标,选择不同的课程与学习方式成为一种可能,这样培养出来的学生"一专多能",适应面较宽、就业机会较多,同时享有更多的自我设计和自主选择的权利。如西南科技大学 2005 级制造科学与工程学院的小刘同学对于自己的专业兴趣不大,但他对信息工程专业有着浓厚兴趣,学习愿望强烈。于是,他利用课余时间积极学习了该专业相关课程,曾多次找辅导员表达自己的想法,希望能转到通信工程专业学习。在经过本人申请,学校选拔后,经转出学院和转入学院的审批同意,按照学校转专业有关文件,顺利实现了其愿望。

3. 能更好地激发同学们的学习动力

学分制提出的自主选择、强调个性的教育教学理念满足了同学们对学业进行自我设计的愿望,充分调动了学习积极性。如上述的小刘同学,由于学分制的实施为其提供了转专业的机会,因此他分外珍惜这次机遇,发奋学习,实现了理想。当然,转专业的前提必须是品学兼优,这就离不开自己平时点点滴滴的积累,包括对原专业和新专业课程的学习等,只有在自己做好充分准备的前提下,机会才会垂青于我们。很多实现了转专业、辅修第二专业、学习第二学位的同学都对自己的学业进行了认真规划,增强了学习积极性和主动性。

4. 督促学校不断提供更多优质教育资源

学分制的实行,核心是选课制,因此必须提供丰富的课程资源,这是学分制实施的前提和保证。教师数量和教学水平、课程开设数量、实验条件、图书馆条件等都应予以保证,学校需要在这些方面创造良好的条件。因此,实行学分制对学校来讲是一种挑战,这就督促高校必须在软、硬件环境上下更大工夫,花更大投入,不断增加教育资源数量,努力提高质量,满足同学们的切实需求。

二、学分制下广阔的学习空间

在学分制体系下,我国高校给同学们提供了充足的选择适合自己发展的学习机会,虽然不同省份的不同高校情况不尽相同,但总体说来,有以下几个共同点(以西南科技大学为例)。

(一)弹性学制

弹性学制是指在学分制的基础上,学生学习内容和年限具有一定选择性和伸缩性的教育教学模式。它的最大特点在于我们既可以提前毕业,也可以滞后毕业(即延长学习时间)。具体而言即在弹性学制下,学制如为四年制的,学习年限可以为 3～6 年;学制为五年制的,学习年限可以为 4～7 年。与此同时,在弹性学制下,高校还要求我们各学期的课程分布应比较均衡,避免出现某个学期课程太多或太少的情况。下面就具体介绍一下弹性学制管理中的几个同学们非常关心的问题。

1. 提前毕业

不同大学申请提前毕业的条件不同,但大多有以下几点:

第一,同学们在修业期限内,需要提前修完所学专业教学计划规定的课程,并且达到总学分,德、智、体考核合格。

第二,有的学校是以学年为单位,而有的高校是以学期为单位;有的学校接受提前半学年毕业的申请,有的不接受。因此,建议大家提前了解清楚学校相关政策,在允许的时间及时提出申请。

第三,申请提前毕业的同学需要先向学院提出书面申请报告等相关材料,由学院主管教学的老师审核之后,报学校教学管理部门批准。只有学校教学管理部门审核通过后,才可以由学院安排和提前毕业相关的有关事宜。

2. 延长学习年限

如果有些同学到毕业之际没有修够毕业要求的学分,可以提出延长学习年限的申请,编入同专业低年级班级学习。如果在学分制规定的学习年限内,课程修读考核后仍有不及格的课程或者毕业学期课程(含毕业实习、毕业设计、论文)考核不及格,或者未修完教学计划规定的各类课程学分的同学,将按照"结业"处理。在延长学制的学年中,每年需要向学校申请选修不及格的课程,学校安排统一考试,所有课程考核合格后才发毕业证书。如果有同学在修业期满后,仍然有课程没有通过,没有达到毕业的标准,学校将按"肄业"处理。

3. 休学

同学们如果有各种原因需要暂时中断学业,经学校批准可以办理休学手续。一般休学年限不超过两年,原因包括生病、应征入伍、留学、创业等。休学时间以学年为单位,休学期间如果同学们自行来校上课取得的成绩将无效。休学同学在办理休学手续后,学校将保留学籍,该同学不享受在校生各种待遇,不能评奖学金,不能享受助学贷款。休学期满后如果该同学需要继续休学,应当办理续休手续。休学期满,在学校规定期限内未提出复学申请或者申请复学经复查不合格的,应予退学。

(二)转专业

前文中已经介绍了关于转专业时专业选择的问题,这里再介绍一下转专业的普遍要求和流程。

其实,不同学校转专业的条件和时间不同。比如西南科技大学,2018年该校对转专业申请条件大幅度放宽,学生可以根据对专业的认识和兴趣爱好提出转专业申请(除个别专业,如建筑、城市规划、艺术体育类、外语类专业等有特殊要求外)。总体来看,放宽转专业限制已经成为一种趋势,同学们将会有更多的专业学习选择自主权。在这里需要提醒大家,各学校对转专业的要求是不一样的。转专业后,原已获得的学分经学校确认后仅有部分学分会纳入新专业的个人培养体系,同学们还需对新专业有关课程进行"补课",这对同学们来讲将要花费比其他同学更多的时间和精力,要做好这方面的心理准备。

(三)双学位和辅修

首先,给同学们介绍一下什么是"双学位",什么又是"辅修"。随着我国经济的发展,国家急需跨学科和特殊专业的人才,为了满足需要,教育部在部分高校设立双学位。双学位指第二学士学位。一般来讲,"辅修"是双学位的前提,各高校一般都规定:在校期间,修满主修专业规定的必修课和选修课学分,同时完成辅修专业计划规定的学分,就可以获得"辅修专业证明书"。"双学位"即在此基础上,如果同时完成主修课和辅修课两个专业的全部必修课和选修课,而且符合学校毕业和授予学位要求,即可获得双学位。

其次,各高校对修读辅修专业的规定不尽相同。比如西南科技大学规定:申请辅修第二学位的学生应是学习成绩优良、学有余力的二年级本科生,必修课平均学分绩点在2.5以上,在当年11月(第三学期)向双学位专业所在学院提出申请,经接收学院审核同意后报学校教学管理部门审批。取得双学位专业修读资格的同学需依据该双学位专业培养方案和教学要求,在两年时间内按照主修专业的方式、方法和学校有关学分制管理规定参加有关课程学习、考试(考核)、实习、实验和毕业设计(论文)等教学环节,达到要求后方可获得第二学位。

（三）交换生

交换生又称学校间学生交流计划,"学生交换"是以提高不同地区、国家人民间的相互理解、尊重,培养青年大学生国际视野和综合能力为宗旨的项目。比如西南科技大学也有校际学生交换项目。是按照与国(境)外院校签署的校际学生交换、联合培养合作协议,双方互派学生到对方学校进行不超过一年时间的学习(包括教学实习、课程学习、合作研究等),双方互认学分,交换生互免学费,联合培养生缴纳学费(其他费用自理)的项目。选派原则是"学生自愿报名,学院择优推选,学校集中评审,学生签约派出。"对选拔交换生的标准为学习成绩优秀,且按培养计划要求无不及格课程,具有扎实的专业知识和较高的外语水平,在本校期间学业及表现优良,无违法行为或严重违纪行为并符合交换院校的其他特殊要求等。学校派出的校际交换、联合培养学生在国外学习期间仍为在籍学生,应完成学校教学计划规定的课程,其毕业条件和校际交换项目涉及的课程及学分,由国际合作与交流处负责与教务处等会商,根据校际协议条款,以及接收院校的通知或者成绩单予以认定。

三、学业预警及学业警示

虽然学分制下的学习空间是非常广阔的,但是对于学分制来说,未达到相应的学分要求,在完成学业过程中会对未达到要求的同学进行学业预警或学业警示。学业预警是指对大家的学习状态和学习效果进行预警,通过学校、家长、学生三方之间的沟通、协调,从而促进大家努力学习,改进方法,顺利完成学业。学业警示是对已受到学业预警且未有效改进的学生予以学籍警示。

比如西南科技大学学业预警的标准,各个学院的规定是不完全相同的。但是基本条件为:上一学期不及格课程达 15 学分及以上,必修课不及格课程达 3 门,选修课不及格课程达 4 门,会将学业预警情况反馈给学院辅导员,辅导员会单独找学生交流。

学业警示比学业预警更加严重,学业警示则是在第 6~12 学期的前三周内,教务处将根据学业预警的条件,将达到学业预警条件的学生给予学业警示。会根据不同学期不同程度给予不同次数的学业警示,会将学业警示通知书寄给家长。虽然听起来有点害怕,会让同学们觉得这有点类似于高中时期"请家长"。实际上,同学们也不用太过于担心,这样做只是为了达到使家长和学校共同监督,以便使挂科多的同学们调整学习状态,提高警觉,顺利完成学业的目的。

第三节　网　上　选　课

推行学分制的学校都实行选课制,可以说选课制是学分制的灵魂。对于习惯了中小学分班上课方式的大学新生们来说,选课是一件陌生而又新鲜的事。大学的课程令人眼花缭乱,课程体系结构也复杂多样。要想在大学里顺利完成学业,一定要充分了解选课制度,才能掌握学习的主动权。

一、选课制

选课制,也称课程选修制,即允许同学们对学校所开设的课程有一定的选择自由,包括选择课程、任课教师和上课时间,选择适合自己的学习量和学习进程。所谓学习量,指的是一个学期内想要学多少学分的课程;所谓学习进程,是指在多少学期内学完应修的学分。学习量和学习进度关系到同学们最终能否毕业,因此如果说学到知识和本领是大学学习的核心目标,那选课就是完成这个目标的重要前提,由此可见选课的重要性。

二、选课模式

学分制实行程度不同的学校对选课的开放程度不尽相同。例如,学年学分制的学校,选课的自由度有限制,专业课程基本不参与选课,仅开放公选课;有的学校则走在学分制的前列,各类课程都允许选课,从必修到选修,从专业课到公选课,不但选时间,还选老师,有相当高的自由度。入学以后,学校大都会向同学们发放选课的规章制度,如《选课指南》或《选课手册》之类的读本,因为关系到选课的方方面面的规则,同学们应仔细学习。

另外,开放选课的学校一般会有一套网上选课系统,使用选课系统选课需要有一定网络知识和计算机操作能力。随着计算机的普及,相信大部分同学具备这样的能力。没有接触过计算机的同学也不用担心,大学入学第一学期,各高校一般都会开设计算机知识普及课程,相信选课系统的操作一定不会难倒同学们。

弄清楚选课的规则,搞明白选课的基本操作,选课的最基本问题也就解决了。

三、选课技巧

怎样才能选好课,选对课呢?有不少同学面对选课往往一头雾水,大学四年也没有弄明白,没有很好地规划,走了很多弯路,白白浪费了宝贵的大学时光,有的同学甚至因为选课问题无法按时毕业,耽误了自己的前程,影响了自己的人生。

选课是一门大学问,选到适合的课程,把学习时间安排得井井有条,不仅能让同学们学到很多的知识,也有助于同学们取得优良的学习成绩,拥有愉快而充实的大学生活,终身受益。

（一）熟悉方案,提前计划

选课有一个非常重要的依据,就是培养方案。入学后,同学们一般都会拿到该校的《本科人才培养方案》。培养方案是同学们构建合理的知识结构,顺利完成学业的重要前提。因而,读懂培养方案,常读培养方案是个良好的习惯。在每次选课之前,同学们要是能认真阅读培养方案,提前做好选课计划,比对培养方案查漏补遗,会对自己有很大益处。只要做到心中有数,有备而战,定能从容不迫。

我们的建议是给自己做一个学习进度表,列出每学期必须学哪些课程,想要学哪些课程,然后对照表格选课,并且给自己标记出哪些选了,哪些没选,用来提示自己后续的学期需补上。学期结束考试成绩登出后,再把课程的成绩标记出来,提示自己哪些及格了,哪些不及格,哪些课程该重修,等到再次选课的时候,学习进度表就是选课最好的指挥棒。如果对电子表格软件(Excel)使用熟练,同学们还可以利用自己的学习进度表计算学费,计算绩点,方便又快捷。

(二)适度调节,宁多毋少

由于目前各高校普遍采取了按学分收费的制度,即超出总学分要求的学分还需要另外收费,实行学费和学分挂钩,于是同学们常常纠结于自己是不是选多了,其实在选课的时候,多选一两个学分,不宜过度计较;少选一两个学分,麻烦就大了。毕业学分只要有一个小项达不到要求都会影响到能否顺利毕业,所以宁多毋少。

当然,我们每个人的精力和时间都是有限的,不可能马不停蹄、日夜不休地学习。所以在选课时也不宜一味贪多,尤其在低年级的时候就选很多高年级的课程,这是不合适的。一个原因是,如果没有某些低年级课程的基础就学后续课程,学习起来会比较吃力,不容易学懂也不容易拿高分;第二个原因是,自己的精力无法保证学习的质量。我们有很多实例,贪多的同学,在低年级选了太多高年级的课程,结果不仅没有能够拿到学分,反而留下了很多待重修的课程,使得自己在高年级时学习的压力越发大了。凡事都有规律,课程开设的顺序有其特定的规律,循序渐进、逐步积累才是学习的真谛。

另外,选课时更不要贪图某门课程简单,或者某个老师被师哥师姐们传说考试很容易,学分很好拿;某个老师是考试"杀手",要求严格,于是就避重就轻,避难取易。其实真才实学才有含金量,学自己需要的知识才是最重要的。

(三)掌握规则,求人不如求己

同学们刚刚结束了严格而又紧张的高中生活,都渴望轻松而自由的学习生活。但并不是每个大学生都能真正拥有这种生活。我们要想在大学里学得轻松、自由,前提是要遵守相应的行为规范。为了管理的规范和有序,学校对选课都会有严格的规定,同学们应该认真遵守。自由总是相对的,掌握规则就能如鱼得水,不守规则只会处处碰壁。很多同学往往忽视学校的某些规定,等到出现问题,才到处找各种理由乞求院系和学校能网开一面,可是往往为时已晚。要避免这种情况的发生,最好的办法就是了解乃至熟悉各种规定,并善加利用,防患于未然。建议同学们一定要认真学习与选课相关的规章制度,随时留意学校教学主管部门(如教务处)以及所在院系的网站及各种教学管理方面的通知,增强紧迫感,不要将自己的命运交到别人的手里。

总之,在拥有更多选择的大学学习过程中,选课是一门艺术,只有做到知己知彼,才能确保在学习中掌握主动。希望前面的介绍和建议能对同学们有所帮助。一切成功的关键在于明确自己的真正所求。学你想学的，做你想做的，只要有机会尝试自己感兴趣的事情，就要义无反顾。在大学里，机遇随处可在，而且对每个人都是平等的，只是看你能不能充分地利用它了。

　　不管是课程体系还是培养模式，大学的学习都与中学有着本质不同，大学里有专业和专业方向，课程又分为必修、选修，同学们可以辅修第二学位，也可以在达到一定条件后进行转专业，衡量学习效果时除了考试成绩外还有所取得的学分和学分绩点，制订学习年限时还可以选择缩短或延长学习年限，选课时可以根据自己的喜好灵活选择……毫无疑问，大学给我们一个自由、开阔的空间。自由最大的好处莫过于它能给予我们更多的发展机会和可能，只要努力去争取，任何奇迹都是可以创造的……

　　但这种自由并不意味着无要求、无纪律，正所谓"因教而学"，大学里有严格的考试和学籍管理制度，课程考核除了卷面成绩还有平时成绩，学分不够不能毕业，要学的课程必须先在网上选课，学习出问题有学习预警，网上选课时有学分限制和年级、专业限制等。可见，大学生活紧张而富有挑战，甚至从某种角度来讲要求很苛刻。同学们应按照学校的要求制订有效的学习计划。通过本讲的学习，希望同学们可以明确自身学习任务和要求，摆脱在大学里"无所事事"、"茫然"的状态，遵守学校的规定，将压力变动力，主动适应大学激烈竞争的环境。

第六讲　亲密接触:网络与学习

随着现代信息技术的发展,人类知识更新的周期越来越短,需要随时学习的各类知识和信息也越来越多。人们对学习的要求体现出大众化、终身化和个性化的特点,这就要求教育能够提供全方位的服务,保证任何人在任何时间、任何地点都能接受教育,这是未来教育的根本目标。现代计算机技术、网络技术、通信技术、多媒体技术、数据库技术和人工智能技术等的发展,为这种教育需求提供了强有力的技术支持和技术保障,于是网络教育(Network Education)应运而生。也正是由于网络教育这种新的技术手段和教育教学模式的出现,我们可以充分利用各种网络学习资源,增加教育普及程度,提高自主学习质量,才有可能构建一个面向全社会的终身学习体系。多数同学对网络教育及网络学习资源的认识、利用还存在一些疑问,因此,本讲将讲解什么是网络教育、网络教育的发展及教学特点、网络教学模式、网络学习资源特点及如何正确利用网络学习资源等,以便同学们对网络学习与网络学习资源有全面的认识和把握。

第一节　网络教育与网络教学

一、网络教育概述

(一)什么是网络教育

关于网络教育目前还没有一个被普遍接受的概念。不同的学者从不同的角度出发提出了自己的观点,在综合各种观点的基础上,从网络教育过程和网络教育环境的角度出发,一般认为网络教育是利用计算机、网络和多媒体技术为基础的信息技术最新成果,是在现代教育学思想的指导下对传统教育模式的革新,是一种全新的教育模式。网络教育是以学习者为主体,以计算机技术、多媒体技术、通信技术和 Internet 网络等技术为主要教学手段和传播媒体,运用图像、文字、动画、音频和视频技术相结合的一种新型的交互式教育教学活动。

网络教育与传统的学校教育相比具有时空不限的特点,任何人可在任何时候、任何地点去获得需要的知识,这使得终身教育和终身学习成为一种可能。在网络教育中,教师和学习者的角色相对传统教育发生了变化,这将改变教师的作用和师生之间的关系。在网络教育中,教师从传统教育中的知识传授者转变为学生学习过程的组织者、指导者和评价者,教师作为学习者的学习伙伴在合作学习过程中发挥作用,此外网络教育环境下的教师还是网络教学的研究者和网络学习环境的管理者。而学习者也不再是单纯的知识接受者,而转变成为自身认知结构的建构者。学习者的主动性在网络教育环境下将真正得到发挥,学习者自我控制学习的内容和进程,自主决定评价的方式。因此,网络教育从根本上改变了传统学校教育的时空观念和师生角色观念,同时也改变了传统学校教育的教学组织形式和教学模式。

(二) 网络教育发展现状

1. 国内网络教育发展

我国的网络教育始于 1994 年实施"中国教育科研网示范工程"。1999 年 1 月 3 日,国务院转发了教育部《面向 21 世纪教育振兴行动计划》,启动了现代远程教育工程。

我国网络教育近年来发展十分迅速。已经由最初教育部批准的 4 所院校(清华大学、北京邮电大学、浙江大学、湖南大学)发展到目前为止的 68 所,加上中央广播电视大学共有 69 所高等学校开展网络教育试点工作。网络教育注册学生数逐年增加。高校网络教育已经形成一定规模,并且开发使用了大量的多媒体教学资源,逐步形成了网络环境下的教学与管理方式,同时吸引了大量社会资金投入网络教育,促进了高校信息化建设。

目前我国网络教育所采用的模式大致可以分为远程实时授课模式和远程课件模式两种。前一种模式可以简单表示为:直播课堂+网上自学课件+讨论答疑+教学站辅导。后一种模式则可表示为:自学课件+网上讨论答疑+教学站辅导。在学制上,主要实行弹性学分制。

2. 国外网络教育发展

就网络教育和现代远程教育而言,英国可以说是开放式大学的开先河者。英国的开放大学是一种面向全社会、全世界的全方位开放的大学。实行免试入学,实行学历教育和终身教育相结合的办学机制,采用学分制。从小学教育到高等教育、研究生教育,每个层次的教学内容都应有尽有。网络远程开放式教育已成为英国教育系统的一个重要组成部分。

英国政府早在 2002 年底以前,就建立了全国教育网络,使全国的学校免费与因特网相连,给每个学生配备电子邮件地址。英国政府还把 1998 年定为网上教育年。至今,英国全国各级学校都建立了自己的网上学校。

美国是世界上网络远程教育规模最大的国家。美国的远程教育发展迅速,正在实施第二代 Internet 工程,加快网络运行的速度。美国的网络文凭和学位与传统学校颁发的文凭和学位一样得到国家和社会的认可,越来越多的名牌大学通过 Internet 招收学生和颁发文凭。据不完全统计,有近一半的高校向全社会提供各种网络远程教育,接受网络教育的学生约占入校学生的三分之一。美国早在20世纪80年代就开始应用网络媒体进行现代远程教学，网络教学已逐渐成为美国继续教育的重要组成部分和培养各类人才的重要形式。目前，美国网络教育已覆盖美国高校的所有学科和专业。美国提供网络教育的高等学校有两个特点，一是公立高等学校中提供网络远程教育的高校所占比例远高于私立高等学校，二是规模大的高等学校提供网络教育的比例高于规模小的高等学校。美国在为学生提供网络教育的同时，需要考虑各方面的因素，例如为学生提供更为方便的课程选择、从地理位置角度扩大教学范围，还有的高校看中的是增加经济效益。另外，网络教学可以为教师和学生提供更灵活的互动空间，有利于学生运用知识形成能力，并且有丰富的网上资源可供学生调用，有利于培养学生的自学能力。

澳大利亚远程教育是肯迪大学在1976年开始的，到20世纪80年代末澳大利亚的远程教育已逐步成熟，澳大利亚建立了高等教育统一的远程教育"立交桥"体系，各种不同类型的教育机构之间的沟通和合作比较成熟，特别是非官方代理机构"Open Learning Australia"（OLA）包含各种类型和层次的教育实体，学生通过TAFE学院提供的课程完成职业技术和技能培训，获得职业资格证书。

加拿大"教育部长理事会"（CMEC）是一个政府间的协作机构，由各省教育部长组成，负责制定并实施跨地区的网络教育项目。该机构发布了一份关于网络教育过程中完善学分转换体系的声明，即在加拿大境内，学生在任何一所大学所获学分在其他大学也予以承认。

如今，在亚洲、欧洲、美洲、大洋洲的许多国家和地区，现代远程教育快速发展，尤其是网络高等教育。如马来西亚开放大学、香港公开大学、澳门亚洲国际开放大学等正在大力开拓亚太地区开放与远程教育市场。香港公开大学自1989年开办以来，已为超过10余万人提供了学历教育、短期课程培训等，并开设了部分学科门类的博士、硕士学位教育。

可以预见，随着科学技术的不断进步和人类社会发展的需求增长，网络远程教育系统将越来越多地开展广泛的国际合作，网络教育将实现全球化。

二、网络教育下的网络教学

网络教学是一种新生事物，是一个开放的概念，就是在先进理念指导下，运用网络学习资源，在教师指导下，促进学生积极自主学习，加强师生交流，加强师生协作研讨，优化教学过程。因此网络教学概括起来就是：网络作为教学的工具，网络作为教学的资源，网络作为教学的环境。

（一）网络教学的特点

对于网络技术背景下的教学走向，有学者认为教学目标将由维持走向创新，教学时间由封闭走向开放，教学内容由间接走向直接，教学模式由共性走向个性。利用网络实施教学有以下几方面特点。

1. 网络教育使学习和教学更加灵活

基于 Internet 的网络教育中的教学可以不受时间、空间的限制,任何人在任何地方、任何时间只要具备上网条件都可以通过网络自由地、有选择性地学习,可以查阅世界上著名图书馆的藏书,还可以向国内外的专家们请教。在 Internet 上可以利用电子邮件、在线交谈(QQ 与微信)、视频在线互动等方式实施教学及信息反馈、交流。教师将教学要求、教学内容以及教学评测等材料编制成多种形式的文档存放在 Web 服务器上,同学们通过浏览这些页面来达到学习目的,当遇到疑难问题时,可用电子邮件方式(QQ 与微信)请教教师,教师则再通过电子邮件(QQ 与微信)对同学们的疑难问题给予解答。有时同学们和教师之间还可以通过网络的在线交谈方式进行实时交流。

在教学过程中,同学们还可在网上阅读一些教师提供的参考资料,就像我们在学校图书馆中查找资料一样。另外,同学们不仅可以在网上同教师交流,还可以通过网络同其他同学或专家进行探讨,教学活动可以全天 24 小时进行,每个同学都可以根据自己的实际情况确定学习的时间、内容、进度,可以随时在网上下载学习内容或向教师请教。但是,这种教学模式对同学们学习的主动性、自觉性要求较高,而且要取得好的教学效果必须有一套能充分体现教学特点,并适合网上信息表达与传输的图、文、声并茂的优秀电子教材及与教材紧密配合的信息资料库,从而组成一个完整的网上教学系统。网上实时授课利用先进的网络技术,通过 Internet 实现了同学们与教师、同学与同学之间的交互,在教学手段上又进一步使得网络平台、校外学习中心相辅相成,共同为同学们提供良好的学习环境。网络远程教育对于上班族来说,是最理想的选择,他们可以利用业余时间在家里学习。

2. 突出可重复性,满足学生个性化学习需求

网络教育的目标是服务于同学们的自主学习。为满足同学们较为复杂和个性化的需求,充分应用网络技术提供的便利与先进手段,同时吸收传统教育的精髓,力图在教学手段上有所创新与突破,提升教学服务质量。网络教育多采用课件方式,每门课程的课件制作是集中多位校内优秀教师集体合作的成果,同学们一次没有听懂,可以反复播放,可以通过课程学习导航系统辅助学习,直至弄懂为止。

3. 信息量大,共享性强

网络远程教育是一种多元化教育,在利用教学教务管理平台进行有的放矢的答疑的同时,还利用在线视频和在线交流进行教学互动,同时所有信息都分门别类地储存起来,制成网页,共享信息,使资源充分利用。

4. 转变教学模式,适应个性发展

通过网络学习,同学们可以根据自己的知识和能力层次较自由地去发现和解决问题,进行探索性学习,从被动接受灌输的地位转化为主动参与和积极探索的主体地位。教师可以通过网络资源,成为同学们学习的组织者、指导者、帮助者和促进者。

5.信息获取和选择能力的培养得到加强

人类社会已经进入网络时代、信息时代和知识经济时代，网络正成为人们获取信息和知识的主要途径之一。计算机和网络的知识与技能对于参加网络教育的同学不再是课程的学习，而是作为学习的工具来掌握，因此，参与网络教育的同学运用计算机和网络的能力会更强，获取知识和技能的能力更强。

6.培养学生具有较强的协作精神和交际能力

在网上虚拟的校园，与分布在全国乃至全世界许多素未谋面的同学和教师实现双向互动或实时全交互的远程方式交流，需要耐心和团队协作精神，同学们的交际能力和语言表达能力会得到很好的锻炼。

（二）网络教育的教学模式

教学模式是指在一定的教育思想、教育理论、学习理论指导下，在大量的教学实践基础上建立起来的相对稳定的教学活动的结构框架。网络教育作为第三代远程教育，正以其跨越时间和空间、信息共享、知识更新快等特点，深刻地影响着我们的学习和生活方式，并逐渐被接受和成为主流教学模式之一。

网络教学是通过网络系统与计算机的结合，将教师对教学的设计思路与多媒体技术以及人-机交互统筹考虑，将教学信息开放化，使教师和学生在网上进行教学和交流，从而使教育形式不再有地域和空间的限制，是一种多样化、开放式的教学模式。

在这种教学模式中，教学的四个要素的地位发生了较大的变化，学生成为学习的主体，是知识的主动建构者，而教师只是教学过程的组织者、指导者、帮助者和促进者，教材是学生主动建构意义的对象，而媒体则是一种认知的工具，这种模式与现代社会对人才的培养目标相适应，真正体现了信息化时代的特点。

同时，在这种教学模式下教师成为学生学习的指导者和信息的导航者，他们的主要职能是指导学生正确获取信息的方法和技巧，组织、指挥学生学习，协调同学之间的智力交流；学生成为学习的中心和教学活动的主动参与者，可以根据自己的知识水平、爱好以及自学能力的强弱选择适当的学习内容，通过自己的认识将所学的信息重新编排，变成自己的知识，通过检索、学习、构思将有关信息组合起来，形成自己的观点。同时，还可以利用网络提供的明显优于教师的丰富信息资源进行自学，达到"学会学习"的目的。

第二节　网络学习资源介绍

信息时代的学习观，应是根据自己的基础和兴趣，主动地、积极地开展理论和实践学习，逐步完善自己的知识体系。这种学习建立在信息的基础之上，并且以网络作为学习环境，在此称之为"网络学习"。现代网络技术的不断发展和网络学习资源的丰富多彩使现代网络信息资源的利用渗透到教育的各个领域和环节，为教育现代化、教育社会化和学习自主化的发展提供了强大的技术支持和资源保障。目前，网络学习资源及其网络化学习正在迅速改变着我们的学习内容和学习方式。

一、什么是网络学习资源

对于学习资源，美国教育技术与传播协会（AECT）将其定义为"帮助个人有效学习和操作的所有东西"。我国有学者认为，学习资源是指能够影响和改变人们认知结构发生变化的一切内外部条件。也有专家认为，学习资源是指一切能够与学生发生有意义联系的人、物、设施和信息的总和。

网络学习资源的概念有广义和狭义两个方面。广义的网络学习资源是指在 Internet 中可以用来帮助个人有效学习和操作的任何东西，它主要包括网络人力资源、网络信息资源和网络环境资源。其中网络人力资源包括学科教师、教学辅助人员、学生，以及能通过Internet联系到的各个领域的专家、学者等；网络环境资源包括网络物理空间的各种硬件设备、设施，以及各类计算机系统软件、应用软件、网络教学平台等；网络信息资源指网上蕴藏着的各种各样的知识、消息等，包括电子书籍、电子期刊、Web 课件、网络课程、网络新闻组等。而狭义的网络学习资源主要是指网络环境中给予知识传播的各种信息资源。

通常情况下的网络学习资源是指学习者利用计算机网络手段开展网络化学习活动的各种网络信息资源。这里所指的"学习者"是指利用网络学习资源进行网络化学习的人，如果离开了网络手段和网络学习资源进行学习，只能算是传统意义上的学生或受教育者。且学习者学习的内容和方式有别于传统的学校、课堂、教室、书本、实习或课外实践活动。

二、网络学习资源的类型

常见的网络学习资源，有网络课程、网络课件、搜索引擎、考试网站、各类交流工具和平台、电子图书、电子期刊等。

（一）网络课程

简单地说，网络课程是基于 Web 的课程，即在因特网上通过浏览器来学习的课程，其学习过程具有交互性、共享性、开放性、协作性和自主性等基本特征。常见的课程资源包括：国家精品课程网站、中国开放教育资源协会网站等，这些网站为广大的学习者提供了方便和机会，受到了大学师生及社会学习者的欢迎，学生可以到网站上查询与专业相关的课程参考学习。

（二）网络课件

网络课件是课件的一种，但也是比较特别的一种课件，因为它是应用于网络环境的，并且往往是结合网络课程来开展网络教学的。网络课件是基于 HTML 设计制作的,加上 JavaScript、Flash 等各种技术,对一个或几个知识点实施相对完整教学,具有一定的教学功能的教学软件。一个优秀的课件,不仅能够让你轻松地获得生动的知识,还能让你获得技能、实践和经验,这是其他传统教材、电子书和 PPT 都无法达到的。从某种意义上来说,网络课件是现代远程教育的核心组成部分,例如课程教学中的各类 Flash 动画短片、操作演示、简短的讲解等。

（三）搜索引擎

搜索引擎作为获取网络学习资源的重要工具,为网络学习的实现提供了便利。中文搜索引擎有百度、360 搜索、搜狗、有道搜索等,这些搜索引擎的出现和普及,可以说为每个现代人的信息获取方式带来了天翻地覆的便利和快捷。当我们在学习中遇到问题时可以在搜索引擎的搜索框中输入关键字,也许会很快搜索到相关的参考答案。学会使用搜索引擎将对网络化学习有很大的帮助。

（四）考试网站

在互联网中,如专业培训、考研、英语考试、计算机考试等各类专题网站层出不穷。在这类专题网站中,我们可以获取考试的报名、考试时间、模拟试题、考试辅导讲义、课件等信息资源。

（五）交流平台

网络交流平台就是以互联网作为交流分享的平台,综合利用网络载体,进行思想交流。运用 QQ(群)、微信、微博、Facebook 等网络交流载体,提高交流的广泛性,最大限度地实现社会化网络信息的可选择性、平等性。

（六）电子图书与电子期刊

高校图书馆为同学们提供了所需要的各类课程的参考图书,在数字图书馆中查询我们需要的图书,然后安装浏览器就可以下载和阅读,可以快速、便捷地找到参考资料,同时也免去了购买参考图书的费用。

电子期刊是同学们学习的重要参考资料,特别是对了解本专业学科的发展现状和毕业论文写作有重要的参考作用。在图书馆只能阅读近几期的期刊,要想阅读以前的期刊或在众多期刊中查找资料,可通过数字图书馆进行查阅。

（七）慕课

慕课(MOOC),英文直译"大规模开放的在线课程"(Massive Open Online Course),是新近涌现出来的一种在线课程开发模式。慕课从 2013 年在中国快速发展,给我国传播教育带来了冲击和变革。慕课有顺应大数据潮流、创新知识结构碎片化、打破时空局限以及打造多元化教学方式等优点。这些课程与传统的大学课程一样循序渐进地让学生从初学者成长为高级人才。课程的范围不仅覆盖了广泛的科技学科,比如数学统计、计算机科学、自然科

大学新生课堂(第2版)

91

学和工程学,也包括了社会科学和人文学科。

目前在高校,慕课发展快速。比如西南科技大学慕课(http://swust.xuetangx.com/)拥有独立的网络慕课平台,涵盖有机化学、工程热力学、数据结构、法语入门、财务分析与决策等72门专业课,为传统教育注入了新鲜血液,使教师与学生看到了大信息化下的新型教学方式。

三、网络学习资源的功能

网络技术的不断成熟使得网络正以前所未有的速度进入人们的生活。随着网络技术在教育教学中的应用,人们越来越多地认识到了网络对传统教育教学和学习方式的冲击,毋庸置疑,网络学习资源的出现对我们的学习起到了巨大的促进作用。

(一)有利于拓展和延伸学习资源

网络学习资源使学习资源得到了拓展和延伸,电子书籍是传统书籍的拓展和延伸,电子期刊是传统学术期刊的拓展和延伸,网络课件是传统教材和教学资料的拓展和延伸,网络课堂是传统课堂教学的拓展和延伸,网络远程教育是传统学校教育的拓展和延伸,网上考试和辅导是传统考试和课外辅导的拓展和延伸,网上虚拟实习是传统实验室实习的拓展和延伸。因此,网络学习资源作为传统学习资源的拓展与延伸,使学习资源更加丰富。就目前而言,网络学习资源与传统学习资源同时并存,互相补充,共同发展,有效促进了学习资源的不断丰富,为开展自主学习提供了方便。虽然传统学习资源在教育活动中仍然居于主导地位,是我们获取知识和培养技能的主要载体,但是网络学习资源从各个方面深刻影响着传统学习资源的发展与变革。

(二)有利于实现个性化学习

现行的课堂教学在一定程度上束缚了"因材施教"的可行性。一个班几十名同学,采用相同的教材,受相同教师的相同教育,做相同的作业,接受相同的考试评价,所以经常有"有人吃不饱有人咽不下"的情况发生,基础好、领悟能力强的同学的聪明才智没有得到应有的发挥,基础差、领悟能力弱的同学无法达到教学要求,丧失学习信心。网络学习资源的丰富性为同学们选择适合自己的学习资源提供了可能,我们可以根据个人实际情况,选择适合自己的学习资源进行学习,充分体现了"因材施教"的原则,保证每个同学都得到不同程度的提高,确保了教育的时效性。

(三)有利于提高学习效率

网络可以作为我们自主学习的重要工具,从提高基本的学习效率到完成较复杂的研究任务都可以利用网络,从而帮助我们提高学习的质量和效率。例如,利用网络技术从网络资源中查找、收集、评价信息,获取实验数据以及展示、汇报、交流研究成果;利用虚拟世界模拟研究现实问题,提出解决策略和方案等。再如学科网站的出现,为同学们提供了专门学习某类知识的平台,我们可以根据自己的兴趣爱好和特长,有针对性地、选择性地开展学习。其实,网络作为一种学习工具,就像我们手中的字典、词典、计算器一样,所不同的是网络除了具有上述学习工具的特点以外,还具备双向互动、实时在线和自动更新的特点,为学生自主学习提供了良好的环境。

(四)有利于实现学生的合作式研究性学习

素质教育提出把实现同学们合作式研究性学习作为一项重要的任务,在传统的课堂教学过程中,学生受地域、时间等限制,合作学习不能发挥应有的效率,而网络学习的实时在线和交互功能使合作式研究性学习成为可能。例如,学生通过网络通信技术与同伴、专家及其他读者合作,发布作品并进行交流。利用网络技术的 BBS 和电子邮件开展合作学习交流,把自己的观念和信息有效地传播给其他人,接受评论等。我们还可以建立个人主页或小集体主页,创设个性化的学习平台展示自己的学习成果等。

(五)有利于教育社会化的实现

计算机网络为教育走出校园、迈向社会提供了强有力的技术支持,网络学习资源使传统教育资源真正跨出了学校的围墙而成为全体社会公众的共同财富和共享资源,这是一个全新的教育社会化、信息化的过程,网络学习资源是一个开放式的庞大网络信息资源共享体系,涵盖了全球不同国家、不同民族、不同语种、不同教育层次和学校类型的教育资源。教育正快速从学校走向家庭、走向社区、走向农村,从一个国家走向另一个国家,走向任何网络技术普及和延伸的地方。

第三节 正确利用网络学习资源

作为一种新型的大众传播媒介,计算机网络以其方便快捷的沟通交流方式极大地满足了人们对信息资源共享的需求,大幅度提高了工作效率。处于大学阶段的学生是网络沟通与交流的主要参与者,富有理想和激情,敢于探索和追求,具有开拓和创新精神,在现实社会中,学生以开放的姿态把自己纳入网络之中,广泛地参与网络生活的方方面面。正确利用网络学习资源,将会对学生的人生观、价值观产生深远的影响。

一、大学生网络资源需求

(一)大学生网络资源的需求特点

1. 网络需求涉及面大

学生的需求涉及面大,利用的网络资源涉及各个方面,从生活常识到专业知识,从免费资源到付费资源,从文本、图像到视频、数据库,无所不及。

2. 网络资源需求不够充分,帮助有限

学生对网络资源的需求虽然很大,但是网络资源对我们的作用与帮助表现出不充分性。学生更加注重网络资源的丰富性,但是,由于网络资源需求不够充分,导致丰富的网络资源并没有解决学生学习与生活中遇到的问题。网络资源利用率低,网络资源需求不够充分,使学生受到的网络资源帮助有限。

3. 不同年级需求不同,有阶段性特点

大学期间不同年级对网络资源的需求不同。年级越低,对网络的依赖性越大,但网络技能较差,网络资源利用率低,对网络的信任度较高,安全意识薄弱。年级越高,所需网络资源与专业的相关性越强,利用网络学习资源的人数越多,掌握的专业知识多,对网络资源的辨别力强。

4. 对网络资源的需求以娱乐为主

学生对网络资源的需求主要以娱乐为主,真正充分利用网络资源开展自主学习的同学比较少。学生对网络资源的需求中聊天位居主导地位,其次是看新闻及娱乐,只有少数同学能够主动地利用网络资源开展自主学习。另外,学生喜欢在网络环境中展开互动,利用微信、微博、贴吧、QQ 及 QQ 空间等具有个人性、开放性和交互性资源的越来越多。

(二)影响大学生网络资源需求与利用的因素

1. 信息意识

信息意识是指对信息的敏感捕捉、分析、判断的自觉程度。学生对网络资源需求和利用的不充分性是由于信息意识薄弱,没有及时利用网络信息资源的素养。良好的信息意识是认识信息、利用信息的基础与保障。

2. 搜集信息能力

学生对网络资源需求和利用的不一致性源于大家的搜集信息能力偏低。能够通过网络或数据库获得学习资源的同学只占一小部分,绝大多数同学没有意识到网络资源给学习带来的方便。这就要求学校有必要对学生网络资源的学习进行系统培训,提高网络搜集信息能力。

3. 自主学习能力

相当数量的同学表现出自主学习能力比较差,不能有效地开展自主学习,在网络资源使用过程中缺少对网络资源的洞察力,由此产生的各种问题导致学生不能充分利用有价值的网络资源。但随着年级的升高,学生的知识水平随之提高,就业与考研压力也迅速加大,大家自主学习能力开始加强,能够更正确地看待网络,更合理、更充分地利用网络资源。

4. 网络资源获取的便捷性

网络资源的获取是否方便直接影响学生对网络资源的利用,网络的飞速发展使大众化信息资源呈爆炸式增长,且获取利用比较便捷,而专深的、高质量的专业性、学术性资源缺乏,且获取利用时困难重重。因此,学生对网络资源的需求和利用呈现出"广泛性与不充分性"。在数量庞大的网络资源中快速获取自己所需信息,主要依赖于网络搜索引擎。但现有的搜索引擎存在误检率和漏检率高、查全率和查准率低、专指性差等缺陷,使学生对网络资源的需求与利用出现了不一致。

二、大学生网络学习资源利用现状

第 41 次《中国互联网络发展状况统计报告》显示,截至 2017 年 12 月底,我国网民规模达 7.72 亿,普及率达到 55.8%,超过全球平均水平(51.7%)4.1%,超过亚洲平均水平(46.7%)9.1%。我国网民规模继续保持平稳增长,互联网模式不断创新、线上线下服务融合加速以及公共服务线上化步伐加快,成为网民规模增长推动力。中国互联网行业整体向规范化、价值化发展,同时,移动互联网推动消费模式共享化、设备智能化和场景多元化。作为网民主体之一的学生能否正确利用网络学习资源,直接关系着网络文明和学生的成长发展。

(一)网络学习资源利用存在的问题

1. 网络学习资源利用不够充分

学生对网络学习资源的利用同样不够充分,大一、大二的同学相对其他年级虽然有充裕的课外上网时间,但是习惯依赖上网来打发自己的空闲时间,很少真正利用网络来提高自己的学习。大三、大四受近几年大学生就业压力增大及考研等因素的影响,虽然利用网络学习资源获得考研与就业的信息意识较强,但是时间与学校网络平台的限制导致对网络学习资源的利用依然不够充分,并且学生对于搜索引擎的利用较多,而对电子书籍、电子期刊等的利用还比较少,或者说缺乏应用电子书籍、期刊的意识。

2. 网络检索能力有待提高

受教育条件的影响,没有经过网络检索能力锻炼的同学,即使有着网络学习资源利用的意识,但受检索能力的束缚,网络资源的检索心有余而力不足。不少同学不懂得网络数据库的检索方法和检索技巧,对检索结果的筛选同样存在能力欠缺。可见,学生的信息检索能力较差。所以,我们有必要学习网络信息检索的方法和技巧,提高自身学习和科研能力。

3. 信息筛选能力不强

互联网上拥有着丰富的网络资源,数量多且庞杂,在网络信息的搜集过程中,要充分发挥搜索引擎的作用,搜索引擎是重要的信息组织工具。但众多的搜索引擎都是面向社会大众的,检索结果信息量过大,搜索到很多无关的内容,查准率较低。此外,Web 的覆盖面有限,缺乏针对性,查全率较低,且杂乱的内容往往还充斥着各种诱惑信息,转移学生的注意力。同样,在使用图书馆的电子数据库进行检索时,没有掌握一定的检索技巧,也会检索大量的结果。大多数情况下,学生并不能成功地找到自己所需要的信息。所以,为了提高学习效果,有必要提高对信息的判断能力。

（二）存在问题的原因

1. 缺乏网络学习资源利用意识

受传统的学习方式与信息搜集方式的影响，在学习资源的利用过程中，仍然局限于利用纸质书籍，学生查找资料时首先想到的是到图书馆查阅印刷资料，对于利用电子数据库查询没有形成习惯，没有感觉到现代信息技术的发展给网络学习带来的方便，由此导致的网络学习资源利用意识欠缺使学习效率依然较低，学习方式陈旧。我们应该意识到，丰富的网络学习资源使得课下学习效率更高。

2. 网络知识相对匮乏，自主学习能力不强

大多数同学网络知识相对匮乏，自主学习能力不强，这是导致网络学习资源利用低的原因之一。受传统教育的影响，大学生普遍存在网络知识匮乏的情况，一方面是对于现代信息技术的不了解，表现出对网络应用的盲目性；另一方面是对网络技术、网络学习资源的检索方法不了解，没有掌握网络学习资源利用的技术，这直接导致了网络学习资源利用的匮乏。学生日常自主学习能力不强，习惯了在老师的约束环境下学习，没有养成自主学习的良好习惯，在没有教师监督的情况下，对于没有自主学习能力的同学，开展网络资源环境下的自主学习显得没有可行性。

3. 高校图书馆的作用没有得到充分发挥

高校图书馆作为信息搜集与知识学习的主要场所，在学生网络学习资源的利用与信息检索能力培养中起着重要的作用，网络学习资源的检索教育的基本物质条件是网络信息源、计算机和网络基础设施，这些基本物质条件是有效开展网络学习资源利用与信息检索教育的基础。大多数高校图书馆有着网络资源、信息资源和人才资源等诸方面的优势，现代化的网络设施和丰富的馆藏资源本身就是进行信息检索教育的活教材，因此，需要充分发挥高校图书馆在对大学生们进行信息检索教育中的独特而又重要的作用。

4. 高校网络学习资源的应用指导欠缺

面对学生网络学习资源利用存在的问题，各高校都在加强学生网络学习资源应用的指导。首先，加强对学生网络学习资源应用的广泛宣传，树立学生利用网络学习资源的意识，培养大家利用网络学习资源开展自主学习的能力；其次，加大网络知识与资源检索技能的课程培训，通过课程的培训，不断提高网络信息素养与网络学习资源的检索能力；最后，搭建完善的网络学习资源检索平台，除了高校图书馆之外，有效地搭建各种有利于学生利用网络开展自主学习的平台，为学生利用网络学习资源提供方便。

三、如何正确利用网络学习资源

网络能给人们的生活带来很大的帮助，同学们通过网络接触到前所未有的广阔空间，能更加有效和广泛地获取信息，学习知识，交流情感和了解社会。但是，网络空间又以令人眩晕的色彩诱惑着涉世不深的学生,使得部分学生遭遇到一定的迷茫。因此,如何正确利用网络学习资源是同学们面临的现实问题。

（一）加强自控能力,正确对待和辨别网络信息资源

正确对待和辨别网络信息资源是利用好网络学习资源开展学习的基础。在网络信息时代,往往存在很多不可控性、隐蔽性和虚拟性的网络信息资源,同学们由于自控能力不强、自律能力差,容易经不起网络不良信息的诱惑从而导致网络道德问题的出现。此外,我们应该努力培养自控能力、开展自我教育,树立自我管理意识。在学习中努力培养自己用辩证唯物主义思想分析和解决实际问题的能力,明辨是非,提高对网上各种信息的选择能力、辨别能力和分析能力。

（二）提高信息检索能力

针对网络信息检索能力不强的问题,可以通过以下几种方式快速找到需要的信息。

1. 正确地选择搜索引擎

搜索引擎是指根据一定的策略、运用特定的计算机程序从互联网上搜集信息,在对信息进行组织和处理后,为用户提供检索服务,将用户检索的相关信息展示给用户的系统。目前搜索引擎主要包括两种,一是全文索引,二是目录索引。全文索引引擎是名副其实的搜索引擎。它们从互联网提取各个网站的信息,建立数据库,并能检索与用户查询条件相匹配的记录,按一定的排列顺序返回结果。目录索引虽然有搜索功能,但严格意义上不能称为真正的搜索引擎,只是按目录分类的网站链接列表而已。用户完全可以按照分类目录找到所需要的信息,不依靠关键词进行查询。

2. 选择合适的检索系统与数据库

数据库检索包含电子文献、数据、事实、图像、声音等各种媒体所载信息的检索。一个检索系统包括若干个数据库,进入检索系统以后,可以通过主题分类目录提供用户选择,根据每个分类数据库下面的不同主题分类选择自己需要的数据库。比如西南科技大学,可以登录学校图书馆,利用数字图书馆提供的"CNKI"、万方、维普、超星数据库和其他一些资源数据库,大量阅读自己感兴趣的书籍和期刊。

3. 选择合适的关键词

关键词的选择不能过于宽泛,否则系统会反馈数以万计的检索结果,失去检索意义。我们在进行检索时,尽量不要选择通用关键词,应选择经常需要的各学科内具有特定概念的专业术语作为关键词。

（三）提高信息筛选能力

所谓信息筛选,是指对大量的原始信息及经过加工的信息材料进行筛选和辨别,从而有效地排除其他不需要的信息,选择需要的信息。网络信息资源的筛选应遵循以下原则:一是计划性原则,即有计划、有目的地进行信息选择;二是针对性原则,即针对自己需要的网络信

息合理界定筛选的范围，再根据需要进行进一步筛选；三是科学性原则，即选择科学的搜索工具与检索手段进行网络资源的筛选。另外，在网络信息资源的筛选中，要以真实性、权威性、时效性作为信息筛选的价值标准。

（四）保持心理健康

部分同学上网容易受到不良信息的影响，这与学生心理健康有很大关系，积极向上的学生往往能够有效地避开不良的网络信息，而心理上相对不是特别积极向上的学生往往容易受到一些不良信息的影响。在目前大学教育管理中已发现诸多利用网络存在问题的情况：有的同学逃课上网，有的同学沉迷于网络游戏，有的同学沉迷于网络中的庸俗文化而不能自拔……学生的法律意识、道德意识、自律意识等受到冲击和挑战，心理上相对也不是特别积极向上的学生极易成为被网络左右的俘虏。保持心理健康，真诚对待他人，以乐观积极的态度面对生活，才有可能避免受到不良信息的影响，充分合理地利用网络信息资源。

（五）提高自主学习能力

能否高效利用网络学习资源取决于学生的自主学习能力。在利用网络学习资源过程中要加强自身各方面能力的建设，提高自主学习能力。在利用网络资源开展自主学习过程中要集中注意力，要有恒心，遇到了难以解决的困难要敢于挑战、敢于询问，并加强与老师和其他同学的沟通，在沟通中寻求帮助。

网络信息时代直接改变着我们的学习模式，不仅网络教育应运而生，而且对传统教育也影响巨大。通过本讲的学习，我们了解了什么是网络学习，有哪些资源可以利用，如何正确利用。在以后的学习和工作中要利用好网络和网络学习资源，同时我们要有选择性地使用网络，切忌盲目迷失于网络不能自拔。对于那些能够拓宽我们的思维，开阔我们的视野，充实我们的知识等方面的网络内容，应认真地去看、去学，学会搜集整理。明确上网目标，合理安排好时间，正确处理课堂学习与网络学习的关系。

第七讲　梦想实现：创新与创业

　　党的十九大明确提出："要坚持就业优先战略和积极就业政策，实现更高质量和更充分就业，注重解决结构性就业矛盾，鼓励创业带动就业"，为高等学校做好新时期的就业工作指明了方向。面对新的形势，新的要求，近年来，高校通过大力实施推动创业、扩大就业战略，搭建服务平台，优化创业环境，拓展创业空间，建立了创业促进就业的工作机制，营造了推动大学生创业的良好氛围。

　　在大学生中积极开展创新创业培训，以创业带动就业，是实施积极就业政策的重要举措，是稳定就业形势的有效途径。创新、创业已经上升为国家发展的重要战略之一，无论是从政策层面给予支持还是从经济层面给予补贴，甚至是基于大学生群体的创新、创业课程的开设，培训的深化以及各类大学科技园的创立和创新、创业赛事的举办，无不展示出创新、创业在国家层面上的重要性。作为中华民族伟大复兴中国梦的开拓者与实践者——当代大学生也应该顺应时代的发展潮流，紧紧抓住国家创新、创业政策的新机遇，敢于创新，实现自我。

第一节　创新、创业与职业发展

　　当今社会是一个知识极大丰富的时代，各种新的元素影响着我们固有的生活，这其中以创新、创业为基本动力的时代特征正变为社会的发展驱动力，带动着整个知识经济的发展。当然创新、创业也是从国家层面给予各种各样的支持，无论《中华人民共和国国民经济和社会发展第十三个五年规划纲要》（简称"十三五"规划纲要），还是中国共产党第十九次全国代表大会报告中都对创新、创业有着不同的阐释。

　　"十三五"规划纲要强调，创新是引领发展的第一动力，必须摆在国家发展全局的核心位置，深入实施创新驱动发展战略。另外，"十三五"规划纲要指出，加快建设质量强国、制造强国。中国共产党第十九次全国代表大会报告中同样提出加快建设创新型国家的理念。要瞄准世界科技前沿，强化基础研究，实现前瞻性基础研究、引领性原创成果重大突破。加强应用基础研究，拓展实施国家重大科技项目，突出关键共性技术、前沿引领原创性技术、现代工程技术、颠覆性技术创新,为建设科技强国、质量强国、航天强国、网络强国、交通强国、数字中国、智慧社会提供有力支撑。加强国家创新体系建设,强化战略科技力量。深化科技体制改革,建立以企业为主体、市场为导向、产学研深度融合的技术创新体系,加强对中小企业创新的支持,促进科技成果转化。倡导创新文化,强化知识产权创造、保护、运用。培养造就一大批具有国际水平的战略科技人才、科技领军人才、青年科技人才和高水平创新团队。

一、创新、创业定义及其特点

1. 创新与创业的定义

创新在当今时代下是一个十分受关注的主题,在各行各业的发展与进步中都会提到"创新"一词,而创新带给我们的变革不仅存在于思想上,更深刻影响着实践的进程,而关于创新的定义,不同的领域有着不同的描述。总的来说,创新是指以固有思维模式为基础,提出有别于常规或常人思路的见解,利用现有的知识和物质为出发点,在既定的环境中,为了满足个人理想或社会需求,而改进或创造新的事物、方式、思维或体系,并能获得预期结果的行为。创新是一种思维的变革,更是一种实践的历练,通过创新我们期待着整个社会的巨大变化,这些变化直接影响着我们的生活与未来,所以说创新是当代社会发展的驱动力,更是社会进步不可或缺的推动剂。

创业是基于创新思想对于未来职业发展规划而诞生的一种新型的就业形式,当然创业也存在于社会的各行各业中,创业者对于创业的想法与胆识也在无数成功的创业案例激励下更加普遍与深入。其实创业就是指创业者对自己拥有的资源或通过努力对能够拥有的资源进行优化整合,从而创造出更大经济或社会价值的过程。根据美国芝加哥大学阿玛尔·毕海德教授对于创业的划分,创业可以概括为以下五种,即边缘企业创业、冒险型创业、与风险投资融合的创业、大公司内部创业以及革命性的创业。而大学生的创业其实更加趋向于是冒险型创业的一种,所以说大学生创业充满着冒险与未知,但是只要具备良好的知识并锻炼出相关的经验,创业其实也没有看上去那么可怕。

2. 创新、创业的特点

创新、创业看上去是相互独立的,但是其实两者之间有着很密切的联系,只要深入地学习与了解两者的内涵与意义,我们就会发现创新、创业密不可分。也就是说,创新是创新、创业的特质,创业是创新、创业的目标。而创新、创业也本身具有自己的特点,概括起来,包括以下四个方面。

(1)创新、创业具有独创性。创新、创业是一种思维的产生,更是一种实践的推进,但是无论是从思维还是实践层次来说,都会产生新的产品,这种产品可以是新的思维,也可以是新的服务或者是新的事业,这些"新"都是独创的,绝无仅有的,是一切未来可能性的前提条件。

（2）创新、创业具有影响性。创新、创业是一种新的尝试与新的发展,而所有新事物的诞生与发展一定会伴随着影响力的产生,而影响力的大小正决定着创新、创业的未来前景与成功与否。创新、创业对于个人、家庭甚至是整个社会都有着深刻的影响,而这种影响正是自我价值的正向体现,也可以使每一个创业者找到创业与生活的意义。

（3）创新、创业具有积极性。创新、创业是一种主动追求并期待完成的主动性体现,这种主动追求卓越或力求变化的想法正是创新、创业积极性的重要体现。当然我们知道创新、创业不是一种被动要求下的无可奈何,创新、创业必须是自己积极主动追寻的人生价值体现,这种自我督促、自我追寻、自我执着下的坚持不懈才是创新、创业的内涵。

（4）创新、创业具有困难性。创新、创业的道路本就不是一帆风顺的,在创新、创业的前进途中必然会经历各种各样的艰辛与困难,很多创新、创业者在开始创新、创业初期对于困难预知不足,最终导致了困难出现时无法正视而失败。创新、创业中面对困难我们一定要做到及时反馈,寻求帮助并自我成长,只有在无数次的苦难挫折中成长,才能最终获得我们期待的成功与目标。

二、创新、创业能力及培养

（一）创新、创业能力

大学生是这个时代的主人,想要随着时代的潮流前进,就必须了解当今时代的特征,顺应时代的发展,而创新创业正是时代发展的新生事物,想要更好地贴合时代,就必须具备创新、创业的思维以及能力。那么创新、创业的能力具体体现在哪些方面? 总的来说,可以从以下八个方面来理解。

1.整体规划能力

在创业过程当中,创业者需要时常提出一些计划或创设一些事情。而在制订计划的过程中,不仅需要对当前问题提出相应的解决方式,更需要结合各种各样的其他因素,形成切实可行的计划步骤,并将所有的可能性逐条列出。对于任何事情的规划能力不仅仅局限于问题本身的顺利解决,更需要的是创新式的全面发展观,从整体上规划未来发展的方向与路径,所以整体规划能力是创业初期必不可少的先决条件,可以让创业者更靠近创业成功之门。

2.决策制定能力

作为初期创业者,创业团队中需要一个极具领导力的掌控者,而掌控的前提是必须具有一定的决策制定能力。在一个初创的创新创业团队中,筹备之初就会面临各种各样的决策,这时候作为决策者的你的一言一行都引导着团队的前进。初期创业者可能会在创业开始时广泛地征求身边有经验者的建议,但是一旦进入创业发展期后,创业者就必须要通过自己的智慧和胆识去做出各类的决策。当自主地做出决策时,谨慎是必不可少的,一旦优柔寡断可能就会失去一个绝佳的商业机会。所以说决策制定能力是一个创业者在未来创业道路中前行的指引力。

3.全局管理能力

任何创业者在创立企业之后,都需要制定各种制度,制度是保证创业者成果按照既定目标顺利前进的基础。制度的数量不需要太多,只要让所有相关者都能够明白其意义,并且严格执行就是好的制度。创业者需要针对自己团队实际情况建立各种有效的管理制度,包括企业文化、人员配置、员工培训、绩效考核等。同时,针对市场的不断发展变化而改进相应制度,只有这样才能够让创业者及其团队立于不败之地,拥有发展的主动权。因此全局管理能力,不止局限于制度的创设与执行,更多的在于运用制度来完成管理内部事务功能的意图,以此展现创业的持续动力。

4.谈判沟通能力

创业者在创业期间与人进行交流是必不可少的,在人际交往过程当中,与人谈判的情况更是屡见不鲜。谈判对创业者的要求是严格且多样的,在谈判中要求创业者具有一定的语言表达能力、观察分析能力、博弈探究能力等。创业者要想在谈判当中占得上风,就必须要有强大的谈判沟通能力。而强大的谈判沟通能力能够让创业者在谈判过程当中直接获得更多的利益,这就是创业者的必备能力之一。

5.危机公关能力

在创业过程当中不可避免地会发生一些突发事件,而大部分突发事件的发生是迅速且无预兆的,这时候对于此类事件的有效处理就是我们危机公关能力的最好体现。然而危机事件总是会发生,当其发生的时候,需要创业者积极应对而不是消极逃避。当然,创业中突发事件的解决方法是否得当,直接影响着后续创业企业的发展。危机公关做得得当,那么反而会向顾客传递负责任的形象,是一种隐形的广告宣传。相反任何一件突发的事件,处理不得当,也会使公司以及创业者形象一落千丈,甚至失掉继续发展的前景。所以认真对待每一件突发事件并将其处理好,让顾客更加认同你以及你的能力,甚至是你的企业,再借由消费者之口,为公司的不断壮大积累好的口碑。

6.自主学习能力

创业者在创业过程中不仅需要了解自身具备的能力,更需要了解自己所处的时代以及时代的发展脉络。在当今这个飞速发展的时代,创业环境随时都在发生巨大的变化,市场和行业的竞争日益激烈,竞争无处不在。大到一个企业,小到个人要想向前发展,努力进取,那么就必须比竞争对手更快地掌握更多的知识。所以终身学习是这个时代的代名词,而终身学习中自主学习更是获得知识的必经之路。想要让自己处于不败之地,除了不断地学习,扩充自己的知识储备别无他法。对于大学生创业者而言,除了书本的理论知识,更要重视提升其他方面的综合能力,毕竟社会并没有看起来那么简单。

7.人际交往能力

创业的基础在于我们整个社会,而社会是由不同的人所构成的,所以想要成功创业,就必须具备和不同人打交道的能力,这就是人际交往能力。良好的人际交往能力,不仅能给自己的人生带来很多便利,更能够帮助创业者走向成功。大学生创业者在开始创业后必将会接触到形形色色的人,而接触的人大多与自己有着利益关系。所以从创业最开始就要学会跟各种人打交道,运用自己的才识、言语与人格魅力广结人脉,给自己编织一张巨大的人际网。当然在与资深前辈交流中,我们要不断地挖掘对方的优点并认识到自己的不足,为更好地扩充人际网和培养良好的人际关系逐步前行。

8.自我调适能力

创业者是快乐的,也是孤独的,很多时候我们会与内心深处的自己作斗争,很多时候也会想要放弃,因为绝大多数的创业过程不是一帆风顺的,遇到困难如何调适自己也是创业者必备的能力之一。"逆商",正是我们需要具备的能力,如何在逆境中生存,获取适应逆境的能力十分关键。那么创业者如何保持乐观而积极的情绪,这就需要长时间的历练和打磨,并抱着一种永不言弃的精神。

(二)创新、创业能力培养

除了解创新、创业的具体能力之外,当代大学生如何培养自己创新、创业的相关能力也是需要我们探索与挖掘的重要内容。关于能力的培养,从知识的学习到实践的探索,无一不需要自己的努力与尝试,所以关于创新、创业能力的培养,同学们可以从以下四个方面开展。

1.以团队项目实践为载体,增强创新意识和创业精神

课外的社会实践以及公益活动也是大学生活的一部分。学生创造性地投身于各种社会实践活动和社会公益活动中,通过参与各种创新、创业主题活动,各类创新创业竞赛以及多样的社会公益性活动的方式,形成以专业为载体,以活动为组织形式的"创业教育"实践团队来激发大学生的创新意识和创业精神。通过积极地参加各种活动,可以直接加强同学们对于创新创业的初期主观体验,在实践中逐渐增强创新意识,并更深刻地体会创业精神。

2.以创业教育课程为基础,提高创业能力和创业素质

大学生创业过程中,最常遇见的问题便是创业意志强烈,但缺乏相应的创业知识,或者说成体系的创业知识是大学生创业者急需的。以创业教育为核心内容的教育课程就成为创业中必不可少的一部分。在创业课堂上学校可考虑采用创业案例进行教学,向学生直观、生动地展示成功创业者的创业精神、创业方法、创业过程和创业案例,以课程为基石培养学生良好的创业意识,树立全新的就业观念,启发学生的创业思路,拓宽学生的创业视野,增强学生的创业素质。

3.以创业实践活动为辅助,增强创业信心和创业勇气

大学生创业过程初期急需成功的激励,所以鼓励大学生多途径参加各种专业竞赛和科研活动,如"挑战杯"中国大学生课外科技作品竞赛和创业计划竞赛、创业计划大赛等,来培养学生的创新意识和创业能力,锻炼学生的观察能力和思维能力,增强学生的想象空间和动手能力,全方位提升大学生创业的能力。只有营造浓厚的科技创新氛围,才能使更多的创新人才崭露头角。其中实践是培养学生创新能力的重要环节,只有在实践中多看、多思、多问并不断总结吸取教训,才能从实践中摸索出真理。

4.以学校创业园为依托,建构创业平台和创业实体

大学生创业初期的创业场所一般会在学校内,所以在校园内设立"创业园区"很有必要。现在大学的各类创业园非常多,在创业园中学生可以提出项目申请,方案通过后的学生可以在创业园中开办自己的企业并进行运营。或者由学校统一组织开办模拟公司,让学生参与其中进行运营,以此来锻炼学生的实践能力、专业技能和创业意志,其运作程序符合企业行为,为学生提供了体验创业的平台。当然,创业园的运作需要老师们的悉心指导和经验传授,在主动管理权下放的过程中助力于学生的创业发展,帮助其解决创业中出现的各种问题。

三、创新、创业能力与职业发展

(一)职业发展的定义

职业发展是指大学生为实现自身期望或寻求理想的职业发展途径,有意识地思考未来职业发展目标,并结合求职部门的需求不断丰富自我职业知识、提升职业能力、努力开发自身潜质的行为和过程。

(二)创新、创业能力与职业发展的关系

大学生的职业发展影响着大学生未来人生的方向与成就体验,而大学生职业发展与大学生创新、创业能力之间有着很密切的联系,职业发展需要一定的能力来支撑完成,而创新、创业能力又是大学生能力体系中必不可少的一项,所以想要完成未来的职业发展,创新、创业能力的培养是关键的一步。

1.创新、创业能力是职业发展的重要基石

创新、创业能力的培养是为了提高大学生自主创业的基本能力。其实就创业本身而言,它也是个体未来职业发展中可以选择的一条道路,所以说创新、创业能力的培养同样也为职业的发展提供了坚实的基础。只有具备了选择一条职业道路的能力,才可以在这条道路上持续前行,即使创业的道路艰辛无比,但是我们所获得的能力是在不断增长的,这些能力的培养也是大学生未来职业发展中宝贵的财富,是职业生涯前行的动力。

2.职业发展是创新、创业能力的未来预期

职业发展包括职业目标的制定、职业方向的选择、职业能力的提升以及职业成果的预期

等阶段,而每一阶段的顺利完成都可以让学生更好地达到自己所期待的未来,所以说职业发展是一条持续的道路,没有尽头,需要我们不断地摸索前行,而这种充满期待发展之路正需要创新思维的引入,让每一个大学生的未来职业发展具有多样性和挑战性,所以创新、创业能力也就成了在寻找职业发展道路过程中所急需获得的能力,因为具有创新式发展的道路本身就具有无穷的吸引力,为了满足目标的完成,大学生就必须在向着目标进发的道路上获得更多的能力。所以说职业发展是我们对于未来道路的预期设想,而创新、创业能力正是以职业发展作为未来预期目标而奋进。

3.创新、创业能力与职业发展是相辅相成的

创新、创业能力是一种需要培养的、循序渐进式发展的能力体系,职业发展是职业道路前进中需要我们思考并奋斗的一个过程性阶段。创新、创业能力指引着职业发展的前进道路,而职业发展促进创新创业能力的逐步形成,两者之间关系密切,不可分割。所以说创新、创业能力与职业发展相互依存,相互促进。

第二节　创业计划实施

创业是一种创新的思维模式,面对有限的资源,利用创业者的智商、情商和胆商,发现和创造创业机会,并与外界环境、政策趋势相互作用的一种特殊社会活动。目前中国的创业活动正处于活跃状态,新一轮的创业高潮正在形成。然而,与此同时,中国创业企业的失败率却高达70%以上,企业平均寿命不足三年,七成企业活不过一年,如此"各领风骚三五年"并非中国特有的现象,在创业教育起步早、创业体系较为成熟的西方国家也同样面临着这样的困境,相较之下,其失败率却低得多,即一年内失败的初创企业仅占35%,而经营时间超过五年的企业也能达到30%。因此创业之路能否走得顺,初创企业能够顺利生存,重点在于创业过程。

一、创业过程划分与创业要素分析

总的来说,创业过程指的是创业动机强、素质能力过硬的创业者从产生创业想法、识别创业机会到组建创业团队、整合创业资源直至创建新企业并获取回报的过程。

创业过程通常可以分为以下六个环节。

1.产生创业动机

创业动机是引起和维持个体从事创业活动,并使活动达到某些目标的内部动力,是鼓励和引导个体为实现创业成功而行动的内部力量。创业的主体是创业者,创业活动能够成功的基础在于创业者的创业动机是否长远。心理学研究领域将动机的产生归因于人类的需

要,美国心理学家亚伯拉罕·马斯洛在 1943 年在《人类激励理论》一文中提出了人类需求层次论,即马斯洛需求理论。马斯洛将人类需求从低到高按层次分为五种,分别是:生理需求(为维持生存的基本需求)、安全需求(满足生理、心理上的基本安全需求)、社交需求(希望得到相互关心和照顾的需求)、尊重需求(有稳定的社会地位、得到社会的认可)和自我实现需求(实现个人理想、抱负,最大限度发挥个人的能力),只有低一层次的需求满足了才能产生高一层次的需求。显而易见,对于创业动机来说,只有产生高阶层的创业需求,才能制订出提升自我、回馈社会的创业计划,而将创业目标仅仅局限在短期利润的收益,而缺乏长远预期目标,那么创业计划很有可能会被扼杀在摇篮里。

一个人能否产生正确的创业动机,成为合格的创业者,一般受两个因素、四个维度的影响:内在因素——追求成功与自我实现的作用,外在因素——家庭的影响与社会的支持。内在因素即需求的产生,高阶层的需求激励长远目标的制定。外在因素即外在创业环境的作用。政府的政策、金融支持、市场开放程度、法律制度的健全等宏观环境因素对创业者的创业动机起着较大的促进作用。同样正气的社会规范与纯良的家风也是鼓励创业者树立创业目标,取得创业成功的基础支持。

2.选择创业项目

一个成功的企业始于好的创业机会、正确的创业理念,好的创业项目是成功的基础。一般来说,创业者产生的创业想法应符合四要素——3W+1H,即销售什么(What),向谁销售(Who),满足哪种需求(Which),如何销售(How)。值得注意的是,并不是满足四要素的创业想法都能最终成为很好的创业项目,这是一个必要不充分条件。创业四要素是对产生的创业想法初筛的工具,而该想法最终是否能成为创业项目则需要用 SWOT 分析法、市场评估进一步验证。

寻找创业项目的方法一般有以下几种:

(1) 问题导向法。

问题导向法也可叫作自身需求法,即从实际生活中自己遇到的困难着手分析,寻找创业机会的方法。这样的机会在我们生活中大量存在,需要我们用敏锐的眼光去发现、探索。比如 2014 年,北大毕业生戴威发现像他一样刚迈入职场的毕业生被上班出行问题困扰着,经济实力不强的职场新人每天搭乘的公交车往往距工作单位还有一段距离,为了准时打卡上班,他们要么再早起半个小时,要么迟到,意识到这个问题的戴威联合几个朋友创立 ofo,提出了"以共享经济+智能硬件,解决最后一公里出行问题"的理念,创立了国内首家以平台共享方式运营校园自行车业务的新型互联网科技公司。

（2）环境分析法。

环境分析法是对自身所处环境中所有的资源和机构重点考虑，进一步寻找创业机会。一般可以从以下几个方面进行思考。

自然资源：分析创业者所处的地方或者家乡拥有哪些资源可以用来制作不会破坏自然环境的产品。例如，家乡特色的美食和小吃，创业者目前所处的地方没有，可以考虑创办类似的美食或小吃企业。西南科技大学信息工程学院通信工程专业 2015 级学生赵某，利用家乡特色剪纸技术创业，创办了"互联网＋个性化剪纸定制"企业，他们建立了官方网站、微信公众平台、电商合作平台、手工艺文化交流学习社区，提供个性化人物肖像定制服务和中高端剪纸艺术品推广销售服务。公司运营后不仅向大众普及了剪纸常识，还通过海外电商平台，成功拓展了彩色套层剪纸等高端剪纸艺术品海外文化产品市场。

机构：创业者所处的地区是否存在类似学校、医院、政府等大型机构，这些机构可能会存在修理、清洁的需求；也许还存在办公用品、家具、食品或纸张的需求等。创业者可以通过市场调研、拜访客户等方式探寻是否存在创业机会。例如，西南科技大学文学与艺术学院 2006 级学生赵某，在校期间发现 U 盘、电脑等电子产品使用频率越来越多，而当时该类产品价格普遍较高，限制了消费市场。一次偶然的机会，周某发现了一家电子产品批发企业，对比市面上的价格，该企业提供的产品价格低、质量高，具有较大的客户市场，于是 2008 年周某成功创办了诚德数码店，2010 年发展了 4 家分店。

出版物：从各类印刷材料、出版物等中寻找创业机会。创业者可以在图书馆、书店等地方查找热销书目清单、期刊和杂志，并从中得到一些启发。如从育儿、母婴类畅销书中，找到育儿咨询师、母乳喂养师创业项目。

（3）市场调研法。

通过实地调研、走访你准备创业地区的企业情况，了解是否存在创业市场与生存的空间。

（4）互联网查找法。

随着科学技术的不断发展，互联网与我们的联系越来越紧密，大数据、智能云、信息化的时代已经到来。创业者可以运用网络数据资源，寻找创业机会。

B2B（企业对企业）的网站：阿里巴巴、中国制造网、敦煌网等。

B2C（企业对顾客）的网站：淘宝网、易趣网、有啊网等。

同样，创业者可以利用百度等搜索引擎进行资料的检索与搜集。

3. 整合创业资源

创业资源是企业创立以及成长过程中所需要的各种要素和支撑条件，是新创企业在创造价值过程中所有的特定资产，包括有形资产与无形资产。有形的资源一般包括物质资源、财务资源、技术资源等；无形的资源一般包括人力资源、组织资源等。

几乎所有的创业者都不是先有资源再去创业的,而是在创业的过程中寻找资源、整合资源。大量实践证明,创业资源的整合是成功创业的重要途径。

(1) 人力资源。

人力资源一般包括创业团队的组建与管理、企业员工的招聘与培训等。

创业团队是由技能互补、目标一致的创业者组成的特殊群体。一支优秀的创业团队应具备以下五个特征:知己知彼、才华各异、单一核心、目标一致、彼此信任。创业团队可以分为:领袖型创业团队、伙伴型创业团队和核心型创业团队。

① 领袖型创业团队。

领袖型创业团队是指团队中有一个核心人物充当"主导"作用,一般该主导人先拥有了技术或者资金,在市场调研论证的基础上,寻找与项目相关的专业人员参与,其他合伙人充当其支持者角色。一般领袖型创业团队具有组织结构紧密、决策效率高等优势,但同时也存在过于集权、决策风险大的特点。

② 伙伴型创业团队。

伙伴型创业团队是主要由目标一致、兴趣相同的伙伴们根据自身优势分工的团队,创业初期各位成员基本扮演协助者的角色。一般伙伴型创业团队具有较强的感情基础,在组织决策时一般采用集体决策形式,但同时也存在没有明显核心、向心力差、多头领导、决策效率低的现象。

③ 核心型创业团队。

核心型创业团队在伙伴型创业团队与领袖型创业团队的基础上演化而来,它兼具伙伴型创业团队与领袖型创业团队的优势。核心型创业团队拥有一位核心成员,其地位不是主导型人物,而是整个团队的代言人,具有一定的威信。

(2) 财务资源。

任何企业的生产经营活动都需要资金的支持,如果在企业创办和经营的过程中没有足够、持续的现金供给,保持现金流正向运行,那么该企业则有可能面临着亏损和破产的危险。因此对于企业来说,尤其是新创企业,如何正确地预测出启动资金以及有效地融集资金则是创业者必须关注的重点问题之一。

那么创业者如何正确地预估创业的启动资金呢?一般来说包括固定性投入资金与流动性资金两个部分。固定性投入资金一般包括企业用地和建筑费用(造房、租房、买房等费用);购买机器、车辆、办公家具等设备费用;开办费、装修费、培训费、印刷费等其他一次性费用的支出。新创企业需要运转一段时间才能盈利,因此创业者一定要测算、预留出一定数量的流动资金用于购买原材料、支付工资、房租等,保证企业正常经营运转。

创业者在正确计算、预估启动资金后,则需要充分利用已有条件开拓融资渠道,筹集有效资金。融资渠道一般有以下几种:

① 私人的资本投资。这是最常见的融资方式，一般是个人的积蓄，或者是从朋友或亲戚处借款。这种融资方式具备容易筹得、债权人的权益得到保障等优点。

② 向银行机构贷款。一般来说，创业者可以采取抵押贷款和担保贷款的方式向银行机构申请贷款。创业者可以用其不动产（如土地、房屋等）进行抵押，同时还可以用股票、债券等银行承认的有价证券，以及金银珠宝等不动产进行抵押。担保贷款则是指向银行提供符合法定条件的第三方保证人为还款保证的贷款方式，担保人可以是符合国家规定条件的自然人，也可以是专业担保公司。这种向银行机构的贷款方式具备资金充足、正规、有保障的优势，但银行对申请人的资质审核较为严苛，不易申请。

③ 向非银行机构贷款。一般是指向农村信用社、典当行、保险公司、小额贷款公司等机构贷款，这种贷款方式便利、快捷，资金到位快，但存在利率高的风险。

④ 风险投资的股权融资。风险投资指的是由专业机构对极具增长潜力的新创企业进行投资，并参与其管理的权益资本。它的投资对象一般是初创期、未上市、新型高科技企业，以控股权方式投资，与投资企业共担风险、共享收益，3～5 年后适时转让股权获取收益。这种投资方式资金充足，投资机构将对投资对象进行技术层面、管理层面等全程的指导，支持性强。但是风险投资仅对新型、高科技企业进行投资，且审核较为严格，创业者一般不易申请成功。

⑤ 天使投资。天使投资是自由投资者或非正式投资机构对有创意的创业项目或小型初创企业的一次性的前期投资。天使投资最早出现于百老汇，特指富人出资资助一些具有社会意义演出的公益行为，帮助年轻的演员实现他们的梦想。天使投资的投资项目可以是一个没有商业实体的创业项目，也可以是新创办的小微企业。

⑥ 政府的扶持基金。创业者还可以利用国家的扶持政策，从政府层面获取融资支持。根据企业的规模、项目等，政府基金支持方式主要有贷款贴息、无偿资助、资本投入等。同时各省市区的扶持政策也不尽相同，创业者可以结合自身情况，利用好相关政策，获取政府基金支持。

（3）其他创业资源。

创业者在做好人力资源、财务资源整合的同时，还应对物质资源、技术资源、人脉资源等其他类型的资源进行梳理，为新企业的创立做好充足的准备。

4.撰写创业计划书

创业者在经过创业项目的选择、创业团队的组建、创业资源的整合，正式开办新企业之前，还应撰写一份详细的创业计划书，一方面帮助创业者再次梳理创业思路、检验创业准备，另一方面它是创业融资过程中投资者决定是否投资的重要参考资料。

5.创建新企业

在新企业创建之前，创业者需要完成公司厂址的选择、设备的购置、员工招聘、企业注册、市场营销计划等,事务繁杂,因此创业者应制订一份详细的行动计划,将需要完成的事情详细列出,并指定负责人员以及完成时间,便于对创业进度进行检查,以免有遗漏现象。

6. 新企业的生存与成长

创业容易守业难,新企业一旦运转起来,创业者的工作会非常繁重,在激烈的市场竞争中,创业者应做好企业内部的日常管理,如营销管理、生产管理、财务管理等,并做好企业的未来工作计划;同时创业者也应了解企业成长的一般规律,对企业生存阶段、公司化阶段、集团化阶段和集团总部阶段四个发展层次具有深入的了解,便于找准关键点,转型发展。

二、创业计划书

创业计划又称商业计划,是引领创业的纲领性文件,是创业者具体行动的指南。一方面,创业计划让创业者自己明晰创业思路,归类、检验每一类工作进度,是判断创业项目是否可以实施的依据;另一方面,创业计划使投资方明白这个项目的价值,是创业融资的重要参考资料。

创业计划书一般分为封面、目录、摘要、正文、附件五个部分。

(一) 封面

创业计划书的封面一般要求风格简洁大方,将公司名称、负责人姓名、联系方式等写清楚即可,比如“×××创业计划书”。

(二) 目录

目录是正文的索引,在该部分中应按照章节顺序逐一排列每章大标题与每节小标题,各章节标题、对应页码写清楚,目录一般不超过 3 页(图 7-1)。

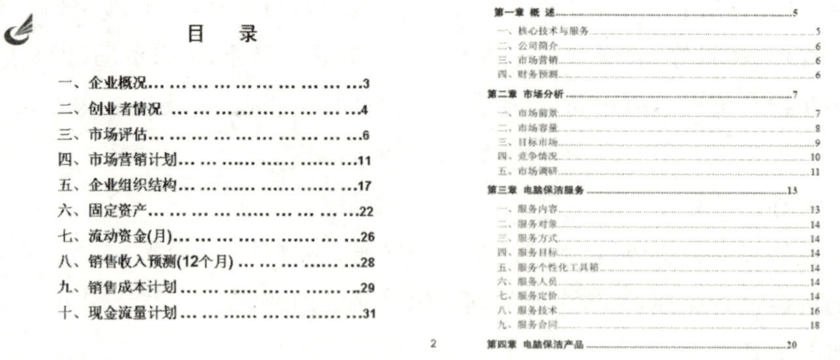
目　录

一、企业概况……3
二、创业者情况……4
三、市场评估……6
四、市场营销计划……11
五、企业组织结构……17
六、固定资产……22
七、流动资金(月)……26
八、销售收入预测(12个月)……28
九、销售成本计划……29
十、现金流量计划……31

2

第一章 概 述……5
一、核心技术与服务……5
二、公司简介……6
三、市场营销……6
四、财务预测……6
第二章 市场分析……7
一、市场前景……7
二、市场容量……8
三、目标市场……9
四、竞争情况……10
五、市场调研……11
第三章 电脑保洁服务……13
一、服务内容……13
二、服务对象……14
三、服务方式……14
四、服务目标……14
五、服务个性化工具箱……14
六、服务人员……14
七、服务定价……14
八、服务技术……16
九、服务合同……18
第四章 电脑保洁产品……20

图 7-1　目录

(三) 摘要

摘要应浓缩概括创业计划各部分内容要点,勾画企业轮廓。它是计划书浓缩精华版,通常不超过 3 页,可以放在最后来写。

（四）正文

一般来说,创业计划书的正文应该包括企业概况、创业者情况、市场评估、市场营销计划、企业组织结构、固定资产、流动资金、销售收入预测表、销售成本计划表、现金流量计划表十个板块的内容。

（1）企业概况:企业概况是对创办企业经营方向的概括,包括企业简介、现状及前景的描述;主要经营或服务范围和特点的描述;所属行业,企业类型,企业文化等。

（2）创业者情况:这个板块需要创业者将以往的相关经验、教育背景以时间顺序写清楚。

（3）市场评估:在市场评估中,创业者需要对目标顾客、潜在顾客进行清晰的描述;通过市场调研对市场的容量及本企业的市场占有率进行预测并评估出市场容量变化趋势及前景;同时应用 SWOT 分析法对竞争对手的优势、劣势、机会和威胁四个内容进行分析。

（4）市场营销计划:创业者应掌握市场营销 4P 的知识,对所属产品（服务）内容与特征、价格（包括分析对手的价格,预测成本,确定销售价）、企业选址及理由、促销方式的选择进行详细的描述。

（5）企业组织结构:具体描述出企业拟注册的组织形式、拟订的企业名称、员工安排（图 7-2）以及企业的责任等内容。值得注意的是,企业的组织结构图最好以树状图的形式进行描绘,这样比较简单、直观。

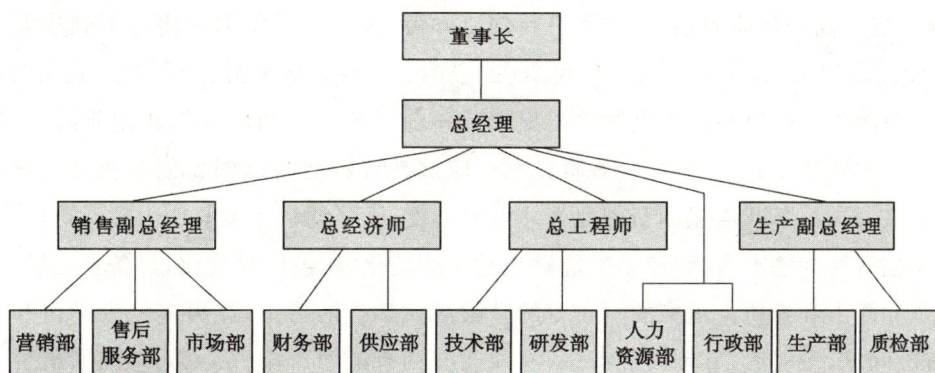

图 7-2　公司组织机构架构图

（6）固定资产:创业者应详细列出开办企业所需的资产清单,如工具和设备明细,交通工具明细,办公设备明细,固定资产折旧概要。

（7）流动资金:创业者应认真核算企业开办所需的流动资金,列出原材料、包装材料明细,其他经营费用明细等。

（8）销售收入预测表、销售成本计划表、现金流量计划表:这三个表格均与企业开办所需的现金计划相关。销售收入预测表是创业者结合市场调研情况对企业一年的销售额进行预测评估;销售成本计划用于了解企业或新项目的盈利情况;现金流量计划用于创业者了解企业每月资金的运转情况,检验是否有足够的现金满足流动资金的需要,保证企业正常运转。

（五）附件

附件是创业计划书的额外补充材料,其中包括创业者的简历、市场调研的计划与调研报告、产品图纸、其他说明等需要补充的材料。

创业的道路并不是一帆风顺的,具有创业梦想的大学生在寻求自我实现的道路上会遇见各种困难,你们应认真剖析自我,端正创业动机,了解创业流程与创业政策,将创业梦想转化为行动,用创业计划为企业的经营活动提供依据与支撑。在实践的过程中,不断激发创新精神与能力,实现综合素质能力的发展。

第三节 创业政策

一、国家鼓励创业的政策

长期以来,我国传统的教育主要是以知识教育为主,忽视了学生的主体性、能动性、创造性,普遍出现了高分低能的现象,特别是在创业方面,我国大学生创业比例不到毕业生总数的 1%,而在发达国家,这个比例一般为 20%～30%,存在巨大差异。现如今,我国的高等教育正在以前所未有的决心和力度倾注于提高民族的创新能力和培养创新创业人才,从教育发展的要求和轨迹来看,中国高等教育正在由应试教育转变为以创新创业教育为核心的素质教育上来,同时,不断增强创新创业人才培养力度,既强调学生竞争能力和择业能力,又以创新性和创造性为基本内涵,使学生能够自觉预测变化、积极应对变化,具备自主学习、自主创新创业的能力和素质。国家的真正目的是激活大学生的活力,让更多的大学生开始思考问题、解决问题,多实践,有创新的意识,从而改变固有的思维模式。那么,国家出台了哪些鼓励创新创业的政策呢? 大学生有哪些途径可以锻炼创新创业能力,提高自己综合素质,或者直接投身创业活动呢?

2015 年,国务院颁布了《关于大力推进大众创业万众创新若干政策措施的意见》,提出推进大众创业、万众创新,是培育和催生经济社会发展新动力的必然选择,是扩大就业、实现富民之道的根本举措,是激发全社会创新潜能和创业活力的有效途径。大学生是实施创新驱动发展战略,推进大众创业、万众创新的生力军,是打造经济增长的新引擎。同年,国务院办公厅印发了《关于深化高等学校创新创业教育改革的实施意见》,瞄准 9 项改革任务,提出了 30 余条具体措施,以期建立健全课堂教学、自主学习、结合实践、指导帮扶、文化引领融为一体的高校创新创业教育体系,促使高校人才培养质量显著提升,学生的创新精神、创业意识和创新创业能力明显增强,投身创业实践的学生显著增加。《关于大力推进大众创业万众创新若干政策措施的意见》明确提出要"强化创新创业实践",解决大学生创新创业认识不足、实践平台短缺、指导帮扶不到位等问题。2017年,为进一步系统性优化创新创业生态环境,强化政策供给,突破发展瓶颈,充分释放全社会创新创业潜能,在更大范围、更高层次、更深程度上推进大众创业、万众创新,国家再次发布《国务院关于强化实施创新驱动发展战略进一步推进大众创业万众创新深入发展的意见》(国发〔2017〕37号)。

(一)促进大学生创新创业的做法

大学生创新创业的有效实施与开展,需要高校完善创新创业教育体系,搭建学生创新创业平台。如:西南科技大学作为国家级大学生创新创业训练计划实施高校,认真组织实施国、省、校三级"大学生创新创业训练计划",提升大学生在创新训练、创业训练和创业实践方面的综合能力;设立两级"创新基金项目",对大学生创新活动进行支持和帮助;在全校范围内开展和实施"苗子工程"项目,挖掘和培养一批学生创新创业苗子项目;同时,学校积极组织大学生参加各类学生科技创新竞赛,如教育部"互联网+"大学生创新创业大赛、科技部中国创新创业大赛、大学生科技创业大赛、全国大学生机器人电视大赛、全国无线电测向锦标赛竞赛、全国大学生电子设计竞赛、"创青春"青年创新创业大赛等,通过比赛,锻炼学生创新创业能力,营造创新创业氛围。

学校全面实施创新创业实践学分认定工作,将大学生参加的第一课堂外的科学研究、技术开发、学科竞赛、文学艺术创作、创新创业等活动,如科研项目、学术论文、人文艺术、学科竞赛、体育竞技、技能认证、创新创业等纳入学生综合测评体系,全面提升大学生参与各类创新创业实践活动的积极性和主动性。

学校通过"青春的力量"系列活动之"青春创梦"大学生创业大赛路演活动等,全面展示学校优秀创新创业团队的创新创业理念、创新创业成果和创新创业规划,加强创新创业宣传,塑造创新创业典型;每年定期举行"学生科技活动表彰大会",对表现优秀的大学生及团队进行表彰,全面引导学生树立创新观、创业观,起到一定的示范带头作用,能够有效激发学生创新创业积极性。

学校把完善创新创业教育体制机制作为深化学校创新创业教育改革的支撑点,集聚创新创业教育要素与资源,形成统一领导、齐抓共管、开放合作、全员参与、全校关心支持创新创业教育的良好育人环境,人才培养过程中把"三创"——创意、创新、创业三者有机地融合在一起,以创意为灵魂,创新为核心,创业为目的,构筑了极具特色的创新创业人才培养体系,发挥人才培养高地作用,打造全覆盖分层次"三位一体"——"金字塔形"大学生创新创业教育平台、多元化创新创业活动平台和创新创业孵化平台(图7-3)。

(二)发挥"大学生创新创业俱乐部"支撑作用

建设"大学生创新创业俱乐部"是很多高校集中开展学生创新创业的有效形式。如:西

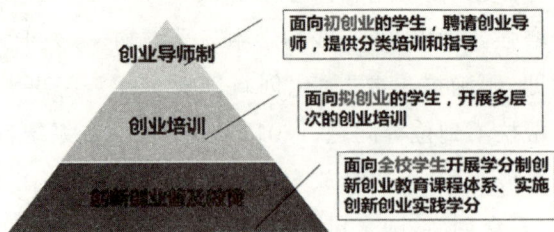

图 7-3　"金字塔形"创业平台

南科技大学"大学生创新创业俱乐部"作为四川省首批示范俱乐部,通过健全领导体制、制订政策制度、建设支撑平台、丰富活动内容、落实帮扶机制等方式,全面开展创新创业活动,不断将学校的综合智力资源优势与其他社会优势资源相结合,积极营造浓厚的创新文化和良好的创新环境,支持和引导大学生创新创业活动。

一是开展创新创业教育,定期邀请知名企业家、创业成功人士、专家学者等,培养学生的创新创业意识、精神、能力、思维等,通过开展理论学习、实际操作等形式,分阶段分层次地进行创新思维培养和创业能力锻炼的教育,大力提升学生的创新创业能力和水平。

二是组织创新创业沙龙,按照"每季有主题、每月有活动、每天有咨询"的方式,定期开展创新创业主题沙龙活动,内容包括创新创业论坛、讲座培训、规划大赛、经验交流、创业项目推介等,为大学生之间,大学生与企业家、创业成功人士、专家学者、创业导师、金融投资经理人、政府部门负责人之间随时沟通、深入交流、学习研讨提供平台,通过举办各类创新创业沙龙活动,帮助学生学习创业者的经验,通过交流,碰撞思维火花。

三是培育创新创业项目,全面征集和培育创新创业项目,对项目进行指导、帮助、验收和考核,深入挖掘学生的创新创业能力,形成一批创新创业的成果,如专利、新产品、新装置、计算机软件等;定期举办大学生创新创业竞赛活动,寻找创新创业苗子。

四是实施创新创业服务,为大学生创新创业提供法规政策咨询、行业发展前景预测、投资融资服务、专家技术指导等服务,引导学生合理、有效地开展创新创业活动;通过一对一、一对多指导的方式为创新创业项目提供专家技术指导,提高项目运行效率;依托创新创业平台、企业孵化器,为学生创新创业项目提供专业指导服务。

五是孵化创新创业成果,推动优秀创新创业成果进行创业孵化和创业实践体验,为成果孵化提供资金支持、场地支撑、政策服务、专业技术指导等;积极落实各级政府的扶持政策,协助和指导学生办科技型中小微企业,为学生创业就业提供帮助。

六是营造创新创业氛围,加强舆论宣传,发挥导向作用,通过报刊、广播、校园媒体、网络资源等广泛开展创新创业宣传;树立和表扬一批创新创业典型,切实发挥示范作用;加强创新创业指导,激发学生创业热情,引导学生树立科学的创业观、就业观、成才观;将大学生的创新创业工作纳入学生的综合测评范围,激发学生积极性。

二、创业赛事及案例

(一)创业赛事简介

1."创青春"全国大学生创业大赛

"创青春"全国大学生创业大赛被誉为中国大学生创业的"奥林匹克"竞赛。2013年11月8日,习近平总书记向2013年全球创业周中国站活动组委会专门致贺信,特别强调了青年学生在创新创业中的重要作用,并指出全社会都应当重视和支持青年创新创业。党的十八届三中全会对"健全促进就业创业体制机制"作出了专门部署,指出了明确方向。为贯彻落实习近平总书记系列重要讲话和党中央有关指示精神,适应大学生创业发展的形势需要,在原有"挑战杯"中国大学生创业计划竞赛的基础上,共青团中央、教育部、人力资源和社会保障部、中国科协、全国学联决定,自2014年起共同组织开展"创青春"全国大学生创业大赛,每两年举办一次。

竞赛分别在2014年(武汉)、2016年(成都)举行,以2014年为例,大赛下设3项主体赛事:第九届"挑战杯"大学生创业计划竞赛、创业实践挑战赛、公益创业赛。其中,大学生创业计划竞赛面向高等学校在校学生,以商业计划书评审、现场答辩等作为参赛项目的主要评价内容。创业实践挑战赛面向高等学校在校学生或毕业未满5年的高校毕业生,且已投入实际创业3个月以上,以经营状况、发展前景等作为参赛项目的主要评价内容。公益创业赛面向高等学校在校学生,以创办非营利性质社会组织的计划和实践等作为参赛项目的主要评价内容。

2.全国"互联网+"创新创业大赛

全国"互联网+"创新创业大赛由教育部、中央网络安全和信息化领导小组办公室、国家发展和改革委员会、工业和信息化部、人力资源和社会保障部、国家知识产权局、中国科学院、中国工程院、共青团中央主办。项目要求能够将移动互联网、云计算、大数据、物联网等新一代信息技术与经济社会各领域紧密结合,培育基于互联网的新产品、新服务、新业态、新模式。发挥互联网在促进产业升级以及信息化和工业化深度融合中的作用,促进制造业、农业、能源、环保等产业转型升级。发挥互联网在社会服务中的作用,创新网络化服务模式,促进互联网与教育、医疗、交通、金融、消费生活等深度融合。参赛项目主要包括以下类型:

(1)"互联网+"现代农业,包括农林牧渔等;

(2)"互联网+"制造业,包括智能硬件、先进制造、工业自动化、生物医药、节能环保、新材料、军工等;

(3)"互联网+"信息技术服务,包括工具软件、社交网络、媒体门户、数字娱乐、企业服务等;

（4）"互联网＋"商务服务,包括电子商务、消费生活、金融、旅游户外、房产家居、高效物流等;

（5）"互联网＋"公共服务,包括教育文化、医疗健康、交通、人力资源服务等;

（6）"互联网＋"公益创业,以社会价值为导向的非营利性创业。

3."中国创翼"青年创业创新大赛

"中国创翼"青年创业创新大赛由中国宋庆龄基金会、人力资源和社会保障部联合主办,以"共圆中国梦、青春创未来"为主题,包括主体赛事:创业创新路演赛,专项赛事:"欧格玛"杯大学生营销策划赛。参赛对象为年满18周岁但不超过40周岁的境内高校青年学生、社会青年、港澳台青年以及海外留学青年。大赛坚持公益原则,通过比赛,发现和选拔一批优秀青年创业创新项目,建立青年创业创新项目库;合理运用政府公共资源和充分动员社会其他资源,为优秀青年创业创新项目提供创业培训、创业指导、风险投资、园区孵化等对接服务,加速项目的落地和发展壮大;营造政府鼓励创业、社会支持创业、青年奋发创业的良好环境,推动以创新引领创业,以创业带动就业。

（二）创业典型案例

2018年1月6日,中国人民大学牵头,北京师范大学等30余所高校、企业和社会组织联合发布了《2017中国大学生创业报告》。报告显示,中国高校已逐步形成了若干个具有代表性的创业生态系统模式,中国高校创新创业教育呈现百花齐放的景象。根据报告,大学生创业意愿持续高涨:26%的在校大学生有强烈或较强的创业意愿,与2016年相比,上升了8%,更有3.8%的学生表示一定要创业。越来越多的创新典型案例涌现,下面以西南科技大学为例进行说明。依托国家大学科技园学生科技创业平台,是高校为大学生创业提供场地支持、政策扶持和创业指导等创业孵化服务的重要举措。如:近年来,西南科技大学先后培育和扶持了天羽航科技、扶摇飞行器、长根网络科技、碳素云科技、牛斗网络科技等56家学生科技创业企业;培养了制造学院学生谢福林、蔡楷旋、詹伟,生命学院学生李长根,经管学院学生蒋军,土建学院学生崔艺,文艺学院学生刘悦,理学院学生陈浩,信息学院学生王泳衡等一批学生创新创业典型,起到了一定的示范带头作用。

1.天羽航科技有限公司

2013年11月,西南科技大学2014届机械制造及其自动化专业大四在读学生谢福林创办绵阳天羽航科技有限公司,专门从事无人飞行器设计开发、控制系统研发、制造、销售。目前主要致力于旋翼飞行器的机架设计及加工、固定翼设计及加工、中端无人机解决方案及整体开发、产品外壳设计和多轴飞行器控制算法的研究以及提供无人机空中拍摄、测绘、城市3D漫游等相关技术服务。

2015年5月12日,《科技日报》以《送餐无人机,天上真的会掉馅儿饼吗》一文报道了学生科技创业企业天羽航科技的智能无人机;6月30日,绵阳广播电视台《创业前沿》栏目"寻找绵阳人身边的创新创业故事"第四期邀请了学生科技创业企业天羽航科技、藏远农业科技、臻土农业科技等进行展示;8月6日,中央电视台财经频道《经济半小时》栏目对天羽航科技研发智能无人机的不平凡创新路进行了深度报道。2016年2月4日,《光明日报》以《"孵化"梦想》为题报道了天羽航科技学生创业团队在青年创业"梦工厂"西南科技大学科技园实现创业梦想的故事;2月18日,中央电视台财经频道《经济半小时》栏目对天羽航科技做了深入回访报道,社会各界对学校学生科技创新创业能力给予了广泛肯定。

2.四川微视觉科技有限公司

四川微视觉科技有限公司是在原绵阳微光科技、四川微视觉文化传媒有限公司、西南科技大学微纳光学实验室的基础上成立的一家致力于新型互动现实技术研发的高科技研发企业,公司成立于2015年,注册资金300万,目前有员工13人。公司主要从事VR/AR/MA技术开发与内容发布、全息显示技术与投影技术研发、互动体验控制技术研发、新型视觉显示技术研发、三维动画设计、软件开发等业务。

公司现由9人组成研发团队,其中硕士2人,本科7人,并另外有5名博士、教授作为团队技术开发指导老师,公司与西南科技大学理学院达成技术开发合作协议,与成都巅峰共创集团、成都光驰科技有限公司达成战略合作协议,目前公司拥有发明专利4项,实用新型专利1项。公司目前基于VR技术开发应用于互动漫游式房屋装修平台、三维一体式售楼系统、酒店会议三维设计管理系统。

其中"基于互动漫游式房屋装修平台"为公司重点项目,该项目主要用于房屋装修三维模块化设计,具有操作简单、设计速度快、渲染快,同时系统还具有与第三方设计软件兼容的特点,能有效解决装修公司软装与硬装设计问题。

该系统还提供网上商城功能,装修公司能通过平台直接购买装修材料。系统也具有业务管理功能,能有效解决装修员工管理、业务管理、客户管理等问题。

3.四川牛斗网络科技有限公司

2011年11月,2011届西南科技大学电子商务专业毕业生蒋军,创办四川牛斗网络科技有限公司。2012年11月正式入驻西南科技大学国家大学科技园,是一家专业从事电子商务外包的互联网服务企业,业务涵盖企业电子商务全部环节,专注于B2C渠道,对天猫商城、京东商城、亚马逊及当当网等大型B2C商城的运营经验尤其丰富。

4.碳素云信息技术有限责任公司

2014年6月,2014届西南科技大学工业设计专业大四在读学生詹伟创办绵阳碳素云信息技术有限责任公司。公司专注于为各团体、企业、初创团队提供各类基于WEB以及移动设备的系统工具的设计研发服务,聚焦以云计算为技术核心实现高性能的WEB应用。

第八讲　长远设计:发展与规划

　　大学教育对于一个人的成长成才极为关键。有些同学能提前确定自己的人生理想和职业目标,通过四年的努力为自己的理想打下扎实的基础;而另一些同学却始终迷茫,到离校的那一天还不知道自己路在何方。因此,大学生活中有两个重要的任务,一是立志,二是成才。"立志"即是尽早地确立自己的人生理想和职业目标,"成才"即是根据理想和目标合理规划好大学学习生活,有针对性地提升自己的综合素质与能力。

第一节　立志,从职业生涯规划开始

　　我的未来在哪里? 我将来想要从事什么职业? 我想要过怎样的生活? 我的人生意义和价值是什么? 在大学阶段这一人生发展的关键期,相信每一位同学都会为这些问题而苦恼。那么,答案是什么? 我们如何去寻找答案? 职业生涯规划正是我们寻找答案的工具,它可以帮助我们发掘和激励自己,在充分剖析自己优缺点的同时,充分认识自我,开发潜能进而实现自我,尽早找到人生目标,及早定位,并为之奋斗。

　　生涯指从事某种活动或职业的生活,也指生命、人生。职业生涯规划又叫职业生涯设计,是指个人与组织相结合,在对一个人职业生涯的主客观条件进行测定、分析、总结的基础上,对自己的兴趣、爱好、能力、价值观、特点进行综合分析与权衡,结合时代特点,根据自己的职业倾向,确定其最佳的职业奋斗目标,并为实现这一目标做出行之有效的计划。

　　(一)人生需求满足于职业发展

　　美国心理学家马斯洛曾指出,"人是永远不能满足的动物",并提出了著名的"人生需求层次理论"。人生需求按照从低级到高级排列,构成了等级有序的"人生需求金字塔"。

　　相信每个人都希望自己实现高层次的人生需求,最终不断超越自我。人有实现高层次需求的愿望是好的,但高层次的人生需求并不是随心所欲就能实现的。实现高层次的人生需求需要以我们的职业发展做支撑。职业选择是一个人职业生涯发展的第一步。在此阶段,个人的职业价值观、兴趣、性格、能力素质与所从事的职位进行匹配性选择。工作也还只是个人谋生、满足其生理需求和安全需求的一种手段。随着个人知识的丰富、能力的提高以及个人与职位的匹配性和适应性的吻合，个人的职业生涯也就进入第二阶段——职业阶段。在此阶段，工作成为发挥个人才干，满足其对爱和归属的需要、尊重的需要、求知及求美的一种手段。当个人的职业生涯进入事业阶段后，个人不再把工作当作一种生存的手段，而是实现其人生价值的手段。在此阶段，虽然工作负担重、责任大，但总是以工作为乐，在工作中总有用不完的激情，并不断自我超越，个人通过工作满足其对发挥潜能及实现有意义的人生目标的追求。

（二）职业生涯规划的意义与作用

职业生涯规划是一个过程，规划的功能在于为生涯设定目标，并找出达成目标所需要采取的步骤。目标可以为人生带来希望和意义，奥地利心理学家维克多·弗兰克凭借生命的意义成为奥斯威辛集中营少有的幸存者之一，并开创了心理治疗中的"意义疗法"。他说："你不要去问生命，你应该要回答生命对你的质询。"在职业生涯规划中，目标的制定是一个探索过程，这个过程帮助一个人逐渐去理解生命的价值与意义，并用行动去实现它。好像为飘忽不定的人生加了一个锚，无论风雨来自何方，人生之船都自有它的方向。职业规划设计的目的绝不仅是帮助个人按照自己的资历条件找到一份合适的工作，达到与实现个人目标，更重要的是帮助个人真正了解自己，为自己定下事业大计，筹划未来，确定一生的发展方向，根据主客观条件设计出合理且可行的职业生涯发展方向。用我们自己的话说，职业规划的意思就是：你打算选择什么样的行业，什么样的职业，什么样的组织，想达到什么样的成就，想过一种什么样的生活，如何通过你的学习与工作达到你的目标。

1. 职业规划可以发掘自我潜能，增强个人实力

一份行之有效的职业规划将会引导你正确认识自身的个性特质、现有与潜在的资源优势，帮助你重新对自己的价值进行定位并使其持续增值；引导你对自己的综合优势与劣势进行对比分析；使你树立明确的职业发展目标与职业理想；引导你评估个人目标与现实之间的差距；引导你确立前瞻与实际相结合的职业定位，搜索或发现新的或有潜力的职业机会；使你学会如何运用科学的方法，采取可行的步骤与措施，不断增强你的职业竞争力，实现自己的职业目标与理想。

2. 职业规划可以增强发展的目的性与计划性，提升成功的机会

生涯发展要有计划、有目的，不可盲目地"撞大运"，很多时候我们的职业生涯受挫就是由于生涯规划没有做好。好的计划是成功的开始，古语讲，凡事"预则立，不预则废"就是这个道理。

3. 职业规划可以提升应对竞争的能力

当今社会处在变革的时代，到处充满着激烈的竞争。物竞天择，适者生存。职业活动的竞争非常突出，尤其是我国加入WTO后。要想在这场激烈的竞争中脱颖而出并立于不败

之地,必须设计好自己的职业规划。这样才能做到心中有数,不打无准备之仗。

(三)职业生涯规划的方法与步骤

职业生涯规划并不难,它和制订一份旅游计划有很多相似之处。如目标的制定、实现的过程,都和一个人的兴趣爱好和自身条件等相关,对于目标和过程的选择没有绝对的好坏之分。俗话说得好,条条大道通罗马。对于个人的生涯发展来说,也是如此。

1.职业生涯设计的具体方法

许多职业咨询机构和心理学专家进行咨询和生涯规划时常常采用的一种方法就是有关5个"W"的思考模式。从问自己是谁开始,然后顺着问下去,共有5个问题。

(1) Who are you? 你是谁?

(2) What do you want? 你想干什么?

(3) What can you do? 你能干什么?

(4) What can support you? 环境支持或允许你干什么?

(5) What can you be in the end? 最终的职业目标是什么?

回答了这五个问题,找到它们的最高共同点,你就有了自己的生涯规划。

对于第一个问题"你是谁?"应该对自己进行一次深刻的反思,有一个比较清醒的认识,优点和缺点,都应该一一列出来。

第二个问题"你想干什么?"是对自己职业发展的一个心理趋向的检查。每个人在不同阶段的兴趣和目标并不完全一致,有时甚至是完全对立的,但随着年龄和经历的增长而逐渐固定,并最终锁定自己的终身理想。

第三个问题"你能干什么?"则是对自己能力与潜力的全面总结,一个人职业的定位最根本的还要归结于他的能力,而他职业发展空间的大小则取决于自己的潜力。对于一个人潜力的了解应该从几个方面着手去认识,如对事的兴趣、做事的韧性、临事的判断力以及知识结构是否全面、是否及时更新等。

第四个问题"环境支持或允许你干什么?"这种环境支持在客观方面包括本地的各种状态比如经济发展、人事政策、企业制度、职业空间等;主观方面包括同事关系、领导态度、亲戚关系等,两方面的因素应该综合起来看。有时我们在职业选择时常常忽视主观方面的东西,没有将一切有利于自己发展的因素调动起来,从而影响了自己的职业切入点。

明晰了前面四个问题,就会从各个问题中找到对实现有关职业目标有利和不利的条件,列出不利条件最少的、自己想做又能够做的职业目标,那么第五个问题有关"自己最终的职业目标是什么"自然就有了一个清楚明了的框架。最后,将自我职业生涯计划列出来,建立形成个人发展计划书档案,通过系统的学习、培训,实现就业理想目标:选择一个什么样的单位,预测自我在单位内的职务提升步骤,个人如何从低到高逐级而上。例如,从技术员做起,在此基础上努力熟悉业务领域、提高能力,最终达到技术工程师的理想生涯目标;预测工作

range 范围的变化情况，不同工作对自己的要求及应对措施；预测可能出现的竞争，如何相处与应对，分析自我提高的可靠途径；如果发展过程中出现偏差，或如果工作不适应或被解聘，如何改变职业方向。

2.根据个人需要和现实变化，不断调整职业发展目标与计划

职场上常说，计划赶不上变化。对于自己碰到的问题和环境，需要及时调整发展规划，一成不变的发展计划有时形同虚设。根据职业方向选择一个对自己有利的职业和得以实现自我价值的单位，是每个大学生的良好愿望，也是实现自我的基础，但这一步的迈出要相当慎重。就人生第一个职业而言，它往往不仅是一份单纯的工作，更重要的是它会初步使你了解职业、认识社会，一定意义上它是你的职业启蒙老师。最后，提醒同学们，人生成功的秘密在于机会来临时，你已经准备好了！机遇对于任何人来说都是平等的，千万别在机遇面前说抱歉！

3.落实规划

制订好一系列的生涯发展规划后，如何将其最终落实是每个规划制订者必须考虑并面对的一个问题。做一个好的计划若没有实施上的细则，就无法保证计划顺利进行。应对职场纷繁信息和变动选择的成功法则就是必须建立有效的信息整理、分析和筛选系统，再结合自身竞争力合理规划职业生涯。这样才能在职业发展过程中凭借良好的职场敏感度到达职业成功的彼岸。

第二节　成才，做好大学学业规划

人生最可怕的不是疾病、贫穷、死亡，而是自己拥有很多的剩余时间而不能过有价值的生活。我们都应该是自己人生、学习、事业的规划者和耕耘者，为实现自身价值准备、创造、抓住机会，从而使自己成功的可能性更大，效果更好。大学是我们步入社会的训练场，如何才能高效地完成大学学业？如何才能让自己的大学生活更加有意义？同学们，你们准备好在刚进入大学时运用科学的方法，认真规划一下自己的大学学业了吗？

一、学业规划

学业规划是根据我们自身情况，结合现有的条件和制约因素，为自己确立整个大学期间的学业目标，并为实现学业目标而确定行动方向、行动时间和行动方案的过程。从狭义生涯规划的角度来看，此阶段主要是职业的准备期，主要目的在于为未来的就业和事业发展做好准备。学业规划的训练可以全面提高我们的综合素质，避免学习的盲目性和被动性。它能够引导我们认识自身的个性特征、现有的和某些潜在的资源优势，帮助我们重新认识自身的价值并使其持续增值，对自身的长处和短处以及综合素质进行对比分析，弄清个人目标与现

状之间的距离,学会如何应用科学有效的方法、采取切实可行的步骤,不断增强自己的专业竞争力,从而实现自己最初的梦想。

（一）大学学业生涯的特点

所谓凡事预则立,不预则废。大学是人生的重要阶段,也是很容易迷失自我的阶段。对大学新生而言,有了奋斗目标才会有所准备,才会有能力应对更多的挑战,确立人生发展的方向。学业规划有利于指导大学新生的学业定向,帮助我们明确奋斗目标,促进全面发展,实现人生价值,还能增强核心竞争力。但是大学学业生涯这个阶段,有着不同于人生其他阶段的特点。

1. 独特性

每个人的人生发展过程是独一无二的,学业生涯同样也是一个独一无二的过程。大学学业生涯是个人在大学阶段依据自己的人生理想,为了实现自我价值而逐渐展开的一个学习历程。不同的同学有不同的学业生涯过程,可能某些同学在学业生涯的过程中有某些相似之处,但其实质或是最终形成的结果可能是完全不一样的。

2. 发展性

人是生涯的主动塑造者,学业生涯是一个动态的发展历程,同学们在校学习的不同阶段会有不同的要求,这些要求会不断地发展与变化,同学们也会随之不断地成长。

3. 综合性

学业生涯以每位同学角色的发展为主轴,也包括了其他与学习有关的角色,如公民、子女等,涵盖人生整体发展的各个层面的各种角色。

4. 全面性

大学学业规划要满足我们自身的各种需求,有效地培养和发展自身的兴趣、爱好、特长,让我们的天赋和潜能得到充分的发展,以解决在发展中存在的抑制我们个性与特长的问题。

（二）制订大学学业规划的原则

大学学业生涯是人生的关键阶段,大学学业规划是职业规划在大学阶段的体现,关系到后续就业及职业理想的实现,所以我们在制订大学学业规划时要遵守以下原则。

1. 可行性原则

大学学业规划是每位同学依据自身的实际情况制订出来的阶段计划,这里所说的可行性,就是指制订出来的学业规划是切实可行的,具有现实性和可操作性;并且自身经过努力后能够达到每个阶段预定的目标。

2. 可调节原则

大学学业规划的发展性的特点决定了规划本身不是孤立、静止的,它应该是能够使同学们根据社会需求的发展变化和个体自身主客观条件的变化,随时修正自己的学业规划。在阶段性的目标上,可以根据进展的程度,酌情提高目标或降低目标。

3. 科学性原则

大学学业规划要符合人才成长规律,符合自己的性格、兴趣和特长,符合生涯发展的一般走向。

4. 可测评原则

大学学业规划的总体目标及阶段目标要具体,在制订的过程中要有明确的时间限制和阶段标准,以便于检测、反馈和调节。

(三)制订大学学业规划的意义

在大学阶段制订学业规划,可以让我们尽早树立主动学习意识,了解和掌握将来就业需要的知识和技能要求,有助于培养我们的综合素质以及就业能力。学业规划教育,还能避免同学们学习的盲目性和被动性,激发大学生的内在动力,使同学们更热爱学习,为实现各阶段目标和终极目标而努力。总的来说,在新生阶段制订学业规划,有着非常重要的意义。

1. 能增强自我约束力和自我管理能力

没有学业规划,我们的时间、精力容易处于荒废和散乱之中,生活漫不经心,心态消极怠慢,很容易陷入与学业无关的琐事中,虚度大学美好光阴、浪费青春。而学业规划能让我们明白现在做的每一件事都是实现未来目标的一部分,从而重视现在、把握现在,集中时间、精力和资源,认真对待学业。

2. 能增强生活与学习的主动性

一份有效的学业规划,能够引导我们认识自身的个性特质、现有的和潜在的资源优势,对自己的综合优势与劣势进行对比分析,树立明确的学业发展目标与未来职业理想,评估个人目标与现状之间的差距,学会运用科学有效的方法,采取切实可行的步骤和措施,不断增强自己的学业竞争力,实现学业目标与职业理想。从大一开始,同学们就应该认清自己的学习发展方向,并在大学期间为自己的目标努力,而不是到大四快毕业了,才开始想自己到底想要干什么,改变以往的被动局面,由"要我学"变为"我要学"。

3. 能促使大学生积极向上和自我完善

学业规划是我们努力的依据,也是对自我的鞭策。随着学业规划的每一个具体目标的实现,我们就会越来越有成就感,我们的思维方式及心态就会向着更积极向上的方向转变。好的学业规划为我们提供了完成学业的清晰蓝图,使自己对学业目标的实现过程有了清晰、透彻的认识,进而更有信心、勇气,最终不断超越自我。

4. 有助于自我定位

同学们要不断地了解自己、发掘自己的特点,进而不断地调整与修正学业规划,找出自己感兴趣的领域,确定自己能干的工作即优势所在,明确切入社会的起点,其中最重要的是明确自我人生目标,即自我定位。而学业规划确立的过程是一个有弹性的、动态的过程,是一个认识自身优势与弱势、机会与挑战的过程,是一个自我定位、规划人生的过程,是一个明确自己"能干什么"、"社会可以提供给我什么机会"、"我选择干什么"等问题的过程,进而使理想具有可操作性,为进入社会提供明确方向。

二、制订大学学业规划的方法

制订大学学业规划有很多种方法,下面为同学们介绍几种主要的方法:

(一)参考法

参考法是指以他人成功的规划例子为参照,从中吸取经验,学习有用的规划方法和技巧,从而制订出适合自己的具体规划。世界上的成功人士数不胜数,他们的宝贵经验是一笔巨大的财富,对我们制订大学学业规划具有重大的指导意义。

参考法的核心在于借鉴,而非一成不变地照搬。人的性格、爱好、能力、所处环境各有不同,倘若只是一味地复制别人的道路,不能将他人成功的经验转化为切合自身实际的规划,那无疑是邯郸学步,再宏伟的规划也只是空中楼阁而已。

我们可以来看一个有名的例子:功夫巨星李小龙是中国第一位真正意义上的世界巨星,他的突然离世,是香港电影界的一大损失,无数的动作演员(当时香港称之为武师)试图复制李小龙以功夫作为敲门砖、一举成名走向世界的成功之路,想成为第二个李小龙。但事实却无情地证明:无论是在武术上还是电影上的成就,李小龙都是可望而不可即的,他所创造的境界,只属于他自己,没有人能复制。就在满地的名为某小龙的动作演员因为模仿失败而从影坛销声匿迹时,成龙和周星驰却在其中找到了自己的方向——那就是确立自己的风格。由此这两人开始为自己的风格作一步一步的尝试,并最终在不同的道路上接近了李小龙曾经达到的高度。

(二)原创法

原创法实际也叫作探索法,运用这种方法的前提是对自身的性格、爱好、特长、能力、所处环境、社会现状、发展潜力和发展前景等方面有充分的了解和认识,在此基础上有针对性地选择目标、制订实施方案,并结合实际不断地评估和修正方案,最终完成对大学生涯的规划。

与参考法相比,原创法需要花费更多的精力,但是并不是说原创法就不如参考法。实际上,这两种方法不仅没有优劣之分,也不可能完全独立、互不相干。没有原创的借鉴就是照搬,没有借鉴的原创难免沦为空想,因此在制订我们的大学生涯规划时,应综合运用这两种方法,让其相辅相成,发挥最大的效用。

(三)逆推法

逆推法是一种辅助方法,将既定的目标作为起始点,逆向推出要顺利实现这一目标的每一个具体步骤,从而针对每一个步骤制订相应的实施方案和措施。逆推法在分解长期目标、建立阶段性目标的过程中有较高的运用价值。以考研为例,"考研被录取—通过面试—通过笔试—复习准备—制订考研复习计划—选定考研目标—收集信息—准备参加考研",从中可以看出,逆推法能比较清晰地罗列出每一个阶段的目标,这有助于我们更有针对性地进行规划。

三、制订大学学业规划的过程

制订大学学业规划的过程直接影响学业规划的效度,所以我们要高度重视大学学业规划制订的过程。大学学业规划制订可以分为以下几个过程。

（一）审视自我

当我们要为自己的大学生涯作出规划之前,应该反复审视自我,必须充分认识自身的条件及所处的环境。要通过自己学习、听报告、接受辅导、咨询和他人的帮助等方式,了解自己的性格、兴趣、特长等方面,明确自身优势,发挥自己的长处。要善于通过不断的总结、反思等,加深对自己的认识和了解,发现自己的不足,正确评价自己、定位自己。具体而言我们可以从以下几个方面入手。

首先,分析自己的兴趣和爱好,明确自己想干什么。古今中外,因兴趣之花而点燃成功之火的事例不胜枚举。兴趣是理想产生的基础,兴趣与成功概率有着明显的正相关性。兴趣可以造就伟人,可以使人为自己所钟爱的事业奋斗终生。但目前有很多大学生的兴趣模糊,甚至没有。所以一定要认清自己的兴趣和爱好是什么。择己所爱,选择自己喜欢的研究领域和专业方向进行奋斗和学习。其次,分析自己的能力、特长,确定自己能干什么。能力是人的综合素质在现实行动中的表现,是正确驾驭某种活动的实际本领、能量和熟练水平。能力是实现人的价值的一种有效方式,也是左右与支配人生命运的一种主导性的积极力量。因为任何职业都要求从业者掌握一定的技能,具备一定的条件,所以结合自己的兴趣和爱好,在认定自己想干什么的基础上确定已经具备的能力和应该培养的能力。

（二）评估环境

评估环境相当于外在条件,也就是分析未来,确定社会要求我们能干什么。学业生涯环境的评估主要是评估各种环境因素对自己学业生涯发展的影响。每一个人都处在一定的环境之中,离开了这个环境,便无法生存与成长。所以,在制订个人的学业规划时,要分析环境条件的特点、环境的发展变化情况、自己与环境的关系、自己在这个环境中的地位、环境对自己提出的要求以及环境对自己有利与不利的影响等。要学会着眼将来、预测趋势,立足于社会不断发展变化的需求,避免盲目跟风,选择社会需要又最适合发挥自身优势的专业方向和研究领域才是最好的。要学会把自己的兴趣爱好、能力特长、社会需要结合起来,把想干什么、能干什么、社会要求我们干什么有机地结合起来。只有对这些环境因素有了充分了解,才能做到在复杂的环境中避害趋利。

（三）确定目标

职业发展目标的确定是职业规划的核心。一个人事业的成败,很大程度上取决于有无正确适当的目标。没有目标如同驶入大海的孤舟,四野茫茫,没有方向,不知道自己走向何方。同时,职业发展目标也是我们制订具体的大学生涯发展计划的向导。说到职业发展目标,有人可能会说"我的目标是事业有成",这不是目标,仅是美好愿望而已;有人可能会说"我的目标是成为优秀的人力资源工作者",这也不是目标,仅是职业发展方向而已;还有的人可能会说"我的目标是成为优秀的机械工程师",这就是看得见、摸得着的职业发展目标了。值得注意的是,职业发展目标是以自己的最佳才能、最优性格、最大兴趣、最有利的环境等信息为依据而设定的。

一般来说,大学生在选择专业的同时就基本确定了今后的职业方向,比如会计专业,学生选择的职业方向基本上就是会计、审计。但对于一些和职业联系不紧密的专业,个人特点、兴趣和市场需求对职业方向影响的因素则会大些。比如电子商务专业,毕业生适应的就业岗位或岗位群有以下几种:事业单位电子商务的策划、运营、计算机维护与管理的相关岗位;企事业单位内部信息系统的维护与管理岗位;各类经济管理部门内的电子商务管理岗位;各地区的社区服务、物业服务、家政服务等信息网络化业务及其管理岗位;IT行业内电子商务的设计与开发岗位;企事业单位内的电子商务教学或培训岗位;企业的市场部、客户部、营销部业务骨干或管理人员。这些岗位就包含了不同的职业方向,有管理、有教学、有技术、有营销等,学生可以结合自己的个性特征、兴趣爱好选择适合自己的职业方向。生命短暂,一个人的时间与精力都是有限的,只能在特定的行业中谋求成功。在选择行业、确定职业方向时,一定要理解特定的职业对人生的意义,思考自己可能在特定职业中的生涯发展路线。

在确定目标的过程中要注意几个方面的问题:第一,目标要符合社会的需要,有需要才有市场、有位置。第二,目标要符合自身的特点,并使其建立在自身的优势之上,应以自己的最佳才能、最优性格、最大兴趣为依据。第三,目标要高远但绝不能好高骛远,一个人追求的目标越高,其才能就发展得越快,对社会就越有益。第四,目标幅度不宜过宽,最好选择窄一点的领域,并把全部身心投入进去,这样更容易成功。第五,目标要具体、简明。

(四)制订实施方案

九层之台,起于垒土,千里之行,始于足下。要实现任何长远的目标,都不可能指望一步登天。因此,我们首先应该把长远目标进行分解,将其划分为若干个易于达到的阶段性目标。目标分解是将目标清晰化、具体化的过程,是将目标量化成可操作的实施方案的有效手段。目标应该分解到你知道为实现你几年以后的目标今天干什么、明天干什么。如果你不知道明天应该干什么,几年以后的目标永远只能是一个美好的愿望,变成不了现实。所以目标分解是实现目标非常重要的方法。通过职业分析,找出差距,再根据自己的具体情况将缩短差距的措施合理安排在大学各个学期内完成。

（五）检查与调整

在每一个阶段计划完成之后,同学们需要将完成情况和预计情况进行对比,检查计划制订的有效性和可行性,并根据当时的条件进行必要的调整。这样有助于同学们发现问题,弥补不足,使生涯规划更加合理。

四、制订大学学业规划的具体内容

对于一个人来说,大学阶段的学习是人生的一笔财富。大学阶段是一个人将知识转化为能力的过程,也是一个人将学历转化为素质的过程。大学新生要把大学阶段看作自己一生事业腾飞的发射台,而不是把自己看作一枚打到哪里是哪里的炮弹,我们要学会规划大学阶段各个时期的目标。

大学一年级为适应期:新生入学后,应尽快熟悉环境,建立新的人际关系;尽快实现学习观念和方法的转变,摆脱中学形成的依赖心理,培养自主学习的能力;同时,应注重基础知识和人文知识的学习。

大学二年级为定向期。这一阶段,学生主要学习专业知识,构建专业知识结构,并围绕学业规划重点培养专业相关素质,形成相对稳定的学业兴趣和目标。同时,通过兼职和暑期社会实践,加强实践技能和社交能力的锻炼。

大学三年级为冲刺期。学生在加强专业学习、找工作和准备考研、出国的同时,把目标锁定在与自身发展相关的各种信息上。同时,通过实习和兼职,培养职业适应能力。

大学四年级为分化期。在对自己的出路有了明确的目标后,可对前三年的准备做个总结:检验已确立的学业规划目标是否明确,准备是否充分,同时对存在的问题进行必要的修补。在做好毕业论文的同时,通过各种渠道了解职业信息和求职技巧;积极准备求职应聘材料,做好面试及签约的准备。

表8-1是某位优秀大学生大学四年的学业规划,供同学们参考。

表8-1 大学四年的学业规划范例

阶段	学业规划
第一年:探索	① 参加各种课程探索自己的兴趣、技能和能力 ② 参加社会实践和社团活动,增强自己的综合能力
第二年:研究	① 认真、扎实地学好各门专业课程 ② 考相关证书,如英语四、六级证书,计算机及会计证等 ③ 参与竞赛及科研项目,增强专业实力及个人的团队协作能力 ④ 与辅导员、导师、毕业生等交流,得到他们的建议和帮助,确定职业方向

续表

阶段	学业规划
第三年：决定	① 安排好自己在校园内外的活动,培养自己的组织领导能力等 ② 参加校园招聘会,提前对有关公司的网页进行调查,了解公司情况
第四年：工作探索	① 阅读专业和行业的刊物使自己保持对行业现状的了解,同时也有可能获得一些工作机会 ② 从认识的老师、喜欢的工作领域的工作人员那里了解就业的相关信息 ③ 学习面试技巧 ④ 为找工作做好充分准备,寻找一份最适合自己的工作

除了要清楚地知道各个时期学业规划的内容以外,我们还要认识到学业规划中的几个关键点:一是要逐渐形成新的人生观,大学新生应该期待度过一个以"成功、自信、阳光"为主旋律的青春大学生活。二是要努力学好专业课程,学好专业课程是最基本的要求,学好专业不是指学过教材、听完课就可以了,还应该注重对自身综合能力的培养,这些能力包括:沟通能力、社会活动能力、语言表达能力、人际交往能力以及正当获取金钱报酬的意识。三是要把握与专业相关的知识结构,一定要对外延的知识有一定的了解和把握。四是要明确学习的目的是什么,不管我们学什么专业,都有无数种向社会作贡献获取自身报酬的方法,关键在于我们要形成"360 行,行行都敢做"的意识。五是培养自己的商业意识,大学期间,我们应该去培养自己发现商机的意识,发现市场空缺的意识,能够利用自己发现的商业需求空间,适当地为社会创造财富,获得合理的回报,为自己未来的就业做好必要的铺垫,让未来的职业道路多几条选择的渠道,而不只是一味地等待毕业时,自己能找到一份糊口的工作。

五、大学学业规划的实施

实施是大学学业规划能否成功的最重要环节,好比你出门旅游,哪怕你选择的线路风景犹如天堂,但是你却不往前走,再美的风景也是看不到的。因此,具体的实施是规划能顺利实现的保证。如果你已经制订出了一份完美的大学学业规划,那么请按照你规划的具体实施方案去认真执行吧,规划的制订只是为你指明了方向,严格地实施才是引导你一步一步接近目标的必经过程。在实施的过程中,你能不断加深对自身和环境的认识,能不断学习到新的经验,能不断获得新的感悟,在实施的过程中,你将不断成长。

（一）大学学业规划的评估与修订

在方案实施之前,最好先对方案做一个评估,大概考察一下方案的可行性和可操作性,修正一些不太实际的内容。这一步也是为了你的规划能顺利实施所做的必要准备工作,它能让方案以尽可能完善的状态开始执行,尽量避免做无用功以及走弯路。对方案的评估方法一般有两种。

1. 经验评估法

所谓经验评估法，就是以从实际经历中获得的经验作为依据，估计方案的可行性、效果、执行难度等。这里所说的实际经历不但包括了方案制订者本人的经历，也包括其他人的类似经历。唐太宗说过，"以人为鉴，可以知得失"，他人的经历能给我们提供非常有价值的经验，尤其是了解别人失败的经历，对自己的方案加以评估，可以有效避免我们重蹈覆辙。所以建议同学们在制订规划时广泛参考他人的案例，无论是成功还是失败的案例，都可以作为参考的对象，加以分析借鉴，对自己将大有裨益。

2. 咨询评估法

咨询评估法是通过与别人沟通、讨论，听取别人对自己方案的看法和意见，找出自己方案的不足之处，并加以改进和优化的一种方法。这种方法最大的优势在于直接，可以直接听取别人的看法，综合多方意见加以分析，获得的信息量相对较大，看问题的角度也相对客观和全面。

其实，对方案的评估没有既定的模式，同学们可以根据实际需要灵活运用。比如同班同学之间、同寝室室友之间、志趣相投的伙伴之间，将彼此的规划拿出来交流讨论，可以相互启迪，取长补短，在思考和讨论中迸发出智慧的火花，将会使同学们受益无穷。

同时，我们也应了解影响大学生涯规划的因素很多，有的变化因素是可以预测的，而有的变化因素难以预测。在此状况下，要使生涯规划行之有效，就必须不断地对生涯规划进行修订。修订的内容可以包括：目标的修正、发展路线的变化、实施措施与计划的变更等。修订并不是随意改变目标，而是因客观环境的变化，使规划更具有可操作性。修订的结果还可以作为下一轮规划的参考依据。其实，修订过程也是个人对自我认识、对社会认识不断加深的过程。

（二）实施大学学业规划

再好的规划，如果没有措施保证也只能是纸上谈兵。要想获得成功，就要制订可行性措施，一步一步地实施自己的规划。只有在有力、可行措施的保障之下，学业目标才能成为现实，从而使大学四年学习生涯更加绚丽。大学新生在制订实施方案时前四学期的目标和措施必须详细具体，对于后面的学期可以适当简化，随着大学生活的深入再不断充实、丰富其内容。在具体实施方案的过程中，为保证我们朝着既定的目标顺利前进，应该注意以下几点。

1. 加强执行力

在实施规划的过程中，一个人的执行力非常重要。执行力是执行规划的直接动力，有了稳定的执行力，才能保证规划的顺利执行并且不会半途而废。有些同学经过精心策划，给自己制订了发展规划，可是，一旦遇到困难或挫折就放弃了。没有执行的计划相当于什么也没有发生。"性格决定命运，细节决定成败"，这话讲得非常有道理。经常听一些大学生讲："我要考研。"可是没过多久，他就改变主意了，这就是执行力不够的表现。明日复明日，明日何其多,如果不能在下定决心的同时就开始执行,那么日子一天一天、一周一周地过去,你的计划永远都没有办法开始,或者说没有办法持续进行。

2. 牢记目标

每个人在生活中都有自己的许多目标。不难想象,人若没有生活的目标,就好像航行在大海中没有舵手的船。生活没有目标,人生就会失去本来的意义,丧失生活的动力,虚度人生。不幸的是,在我们追逐人生目标的过程中,我们又不时会被一些细枝末节和毫无意义的琐事分散精力,扰乱视线,以致中途停了下来,或是走上岔道而放弃自己的既定目标。有时候,可能并不是出于我们的本意,只是一种惯性思维。究其原因,还是由于我们没有牢记心中的目标。目标的坚定与否、清晰与否,常常影响着规划执行的效果,没有目标或者目标不清晰,往往会导致我们执行计划的方向出现重大偏差。我们应该时刻牢记自己的目标,不要忘记我们心中的目的地在何方。

3. 做好时间管理

有时候,预先制订的规划之所以不能有效地得到实施,就是因为没有做好时间管理。时间管理也是指对自我的管理,即个人利用好有限的时间,从而高效地达成个人的目标。有效使用时间的习惯一旦形成,它就会永远帮助你。成功人士拥有的时间与一般人是一样的,他们之所以能够在有限的时间内发挥出更多的能量,良好的时间管理技巧是非常重要的因素。

常用的时间管理技巧有:

(1)制订计划。把今年所要做的重大事情都列出来,并进行目标切割:年度目标切割成季度目标,列出清单,每一季度要做哪些事情;季度目标切割成月目标,并在每月初重新再列一遍,碰到有突发事件而更改目标的情形便及时调整过来;每个星期天把下周要完成的每件事情列出来;每天晚上把第二天要做的事情列出来。

(2)抓住重点。事情按照重要性和急迫性两个不同的程度进行划分,可以分为:既紧急又重要(如学习任务、四六级考试等)、重要但不紧急(如建立人际关系、争取新的机会等)、紧急但不重要(如电话铃声、不速之客进入等)、既不紧急也不重要(如客套的闲谈、无聊的信件、个人的爱好等)。最重要的时间管理理念是把主要精力放在处理那些重要但不紧急的事情上,这样做既可以把握事情的主要方面,又可以避免将来成为"救火员"。

(3)集腋成裘。生活中有许多零碎的时间很不为人注意,其实这些时间虽短,充分利用起来却可以做一些事情。比如等车时可以用来思考下一步的工作、翻翻报纸乃至记几个单词,运动时可回想遇到的困难事和急待解决的事等。在疲劳之前休息片刻,既避免了因过度疲劳导致的超时休息,又可使自己始终保持较好的"竞技状态",从而大大提高工作效率。

(4)学会说"不"。计划赶不上变化是经常遇到的情况,但是临时出现的情况,我们可以说"不",如朋友拉你打牌或喝酒等。不要被无聊的人和无关紧要的事情缠住,也不要在不必要的地方逗留太久,不要将整块的时间拆散。一个人只有学会说"不",他才会得到真正的自由。但是,说"不"要讲究技巧,不要直截了当,语气生硬,而是要委婉,要用他人觉得确实是合理的理由来拒绝。

(5)落实具体方案。方案的落实也需要制订时间表,按照时间表进行。一般来说,我们可以用以下方法来制订时间表,分阶段落实方案:将时间分成若干个大致相等的时间段,根据每个时间段要实现的具体目标制订相应的落实方案。

(三)反馈修正方案

有过登山经验的人都知道,去往山顶的路往往不止一条,当你沿着原定的路线往山顶攀登的时候,可能会偶然发现一条小路,你走上这条小路,也许就会有意外的收获。大学生涯规划的实施也像登山一样,虽然你的目的地没有变,但是一路上会有许多的新变化。周围环境在改变,你自身的能力在不断提高,这些因素的改变可能使你原定的规划不再像当初制订时那么适合你,这时候你需要根据目前的实际情况对原定方案做调整,以使之适合你的现状。事实上,规划的实施过程总是伴随着不断的修正,修正就像航海的船只在纠正航向,不断地将船头朝向目标的方向,即使有狂风巨浪将船只推离了航线,也能通过纠偏回到最正确的路线上来,不会迷失既定的目标。并且,修正的过程往往能加深你对周围环境的认知,给你带来更多的收获。

大学阶段作为人生的关键期,对人的一生有着重大的影响,而学业与职业规划的重要性已越来越为现代人知晓,它能为大学生将来步入社会,成功地适应社会打好基础,其成功与否决定了人生质量。随着高校的扩招,我国高等教育从"精英化"迈向了"大众化",高校毕业生人数急剧膨胀,社会新增的就业机会远远比不上大学毕业生增加的速度,就业形势日趋严峻。这种严峻的形势也决定了现今的大学生要对大学阶段进行全方位规划,有的放矢地实现自身目标。进入大学后,大学生的身心开始成熟,已经有能力进行自我规划;另外社会、文化的需求、期待和压力也进一步促使大学生应该及早进行规划;同时大学生对自己的未来有了一定的理想和抱负,通过自我规划能为自己制订恰当的人生目标,让自己有了前进的动力。生涯规划能有效帮助大学生增强自我约束力和自我管理的能力,增强大学生的学习积极性和主动性,引导大学生积极向上和自我完善,并有助于大学生进行自我定位,有效指导大学生进行学习,为今后的就业打下坚实的基础。

总之,大学生早一天放下犹豫与观望,早一天承担起生涯规划的主体责任,真正弄清楚"谁要规划",真正澄清"我要什么",认真审视"我能做什么"等问题,并实实在在地付诸实践,采取行动,你就能早一天寻找到适合自己的学业与职业发展之路,真正做到"我的未来我做主"。

第九讲　多彩选择：生活与追求

　　大学是传承文化、传播知识、追求真理的圣殿，学习是大学生的主要任务，我们都应该把主要时间和精力放在学习上，并通过自己的努力，取得优异的成绩并实现成功。然而，大学的生活又不仅仅是学习，大学生活应当是五彩缤纷、丰富多彩和富有朝气的。科学的世界观、正确的人生观和价值观是青年大学生的目标和追求。积极向上的政治追求，丰富多彩的文化熏陶等，构成了青年大学生多彩的大学生活。

第一节　政治追求

　　大学生正处于世界观、人生观和价值观形成和发展的重要时期。古往今来，大凡成功者，都是追求意识强烈的人，而缺乏追求意识的人难成大事。作为新时代的我们，如何让自己的人生价值在实践磨炼中得以体现，让自己的青春无悔，为祖国的强大、人民的幸福贡献自己的青春力量，这就需要我们在政治上追求忠诚至上的信念，在思想上追求奉献至上的境界，在道德上追求正义至上的境界，在做人上追求诚信至上的境界。因此，加强政治理论知识的学习，并学会用科学理论指导实践，坚持做到理论与实际相结合，对培养自身良好的政治素质具有重要的意义。

一、大学生政治素质的要求

　　大学生素质，是指大学生在高等教育阶段的学习和实践中发展起来的或形成的主体特性和品质，是一种内在的、相对稳定的、对大学生持续发展具有积极意义的特质。具体表现为通过先天禀赋、后天学习和实践而表现出来的能力。政治素质则是指政治方向、政治立场、政治品德和思想作风等的总和。政治素质主要体现在以下四个方面。

　　（一）坚定"四个自信"，增强定力

　　2017年，习近平总书记在"七一"重要讲话中勉励全党不忘初心、继续前进，强调要坚持中国特色社会主义道路自信、理论自信、制度自信、文化自信。"四个自信"关系到中国特色社会主义事业的方向和未来，关系到中华民族伟大复兴中国梦的实现路径和现实保障。坚定"四个自信",不断增进对中国特色社会主义的政治认同、理论认同和情感认同是大学生政治素质的基础。

（二）学习思想政治理论,意识领先

大学生要学会运用马克思主义的原理和理论观察和分析社会,正确认识和领会中国特色社会主义建设中的一系列重大理论问题,深刻理解党的路线、方针和政策,这对于提高我们认识世界和改造世界的能力,提高我们的思想政治觉悟和道德水平起着重要作用。

（三）讲求科学思维方法,实事求是

辩证唯物主义和历史唯物主义方法是我们认识世界的根本方法,要求我们既把握规律和趋势,又从实际出发。我们要坚持科学的思维方法,实事求是,做到把为国效力与当代实践结合起来,把各类利益冲突与国家、集体观念统一起来。在大是大非面前,要敢于坚持真理,不随波逐流,做到立场坚定。

（四）关注国家社会生活,提高觉悟

热爱社会主义祖国,热爱中国共产党,自觉在政治上、思想上同党中央保持一致,是大学生政治思想进步的体现。要了解国情,关心大事,体察民生,肩负社会责任感和使命感,唯有如此,才能深刻理解、领会和宣传党的路线、方针、政策,树立起一切从人民利益出发,全心全意为人民服务的人生观、价值观、世界观,甘当人民的公仆,为群众谋利益、办实事。我们应刻苦学习、积极进取,坚持高尚道德操守,自觉提升政治觉悟,为建设中国特色社会主义祖国做好充分的准备。

二、大学生政治素质的培养

大学生政治素质作为大学生素质的重要方面,是大学生运用自身知识和能力的方向性保证,对大学生的学习和实践起到关键性作用。我们必须明确目标,看到自身的差距,通过多种途径和方法,努力提升自己的政治素质。

（一）政治素质的基本要求

1. 正确认识世界和中国发展大势

习近平总书记强调,"如果我们对于世界发展大势认识不清,甚至茫然无知,就难以把握时代的脉搏,我们的事业就难以有新的开拓"。当今世界正处于百年不遇的大变局中,国际局势风云变幻,国际关系错综复杂,但是复杂变幻的背后,和平与发展仍然是大势所趋。各国之间不仅综合国力竞争加剧,不同政治体制、价值体系、话语体系也频频过招。从大的趋势看,中国的快速发展撬动了世界政治版图和经济版图,越来越迈向世界舞台的中央,大国外交有声有色,"软实力"有了大幅提升,中国的发展模式、道路和制度得到越来越多国家的认可。我们应当全面客观认识当代中国、看待外部世界,在历史现实对比、国际比较中坚定"四个自信"。

2. 正确认识中国特色和国际比较

任何一个国家的任何一种模式,都是本国政治经济文化发展的必然选择,都有各自的明显特色和历史印迹。"中国特色"具有独特的历史命运、理论实践、文化传统、基本国情和民族时代特色。中国特色社会主义是实践探索的智慧结晶,是经过实践检验的适合中国国情的发展道路、科学理论体系和制度。大学生要在国际比较中客观看待外部世界,清醒地认识到社会主义国家的发展模式具有多样性,在与不同国家发展模式的比较中肯定我国社会主义制度无可比拟的优越性和生命力,在比较中更加坚定中国特色社会主义的"四个自信"。

3. 正确认识时代责任和历史使命

一个时代有一个时代的人,一个时代有一个时代的责任,历史也总是赋予不同时代的青年大学生以不同的使命。中华民族伟大复兴"中国梦"的生动实践和中国特色社会主义建设的伟大探索,赋予了当代大学生新的使命,为当代大学生提供了施展才华和实现梦想的广阔天地。大学生要高举爱国主义旗帜,关心祖国和民族的命运,担当起建设中国特色社会主义的重任。将个人梦想与中华民族伟大复兴的中国梦相结合,努力学习科学文化知识,提高自己的综合素质,积极培养自己的创新意识和创新能力,努力成长为中国特色社会主义事业的合格建设者和接班人。

4. 正确认识远大抱负和脚踏实地

正确认识远大抱负和脚踏实地,是青年一代实现梦想的引擎。当今中国最鲜明的时代主题,就是实现"两个一百年"奋斗目标、实现中华民族伟大复兴的中国梦。大学生要树立与这个时代主题同向同行的远大理想,要有"为天地立心,为生民立命,为往圣继绝学,为万世开太平"的大格局。牢固树立梦想从学习开始、事业靠本领成就的观念,扎扎实实干事、踏踏实实做人,珍惜韶华、脚踏实地,克服浮躁、多读经典,锲而不舍、自强不息,把小事当作大事干、一步一个脚印往前走,把个人梦、青春梦融入中国梦,书写属于我们这一代的人生篇章。

(二)政治素质的培养途径

1. 充分利用思想政治理论课的主渠道

思想政治理论课包含了"思想道德修养与法律基础"、"形势与政策"、"毛泽东思想和中国特色社会主义理论体系概论"、"马克思主义基本原理概论"和"中国近代史纲要"等课程,是系统学习和掌握马克思主义和中国特色社会主义理论体系,尤其是十九大精神和习近平新时代中国特色社会主义思想等重大战略思想,是提高大学生基本政治素质的主要渠道。大学生要充分利用思想政治理论课这个主渠道,坚持用马克思主义特别是马克思主义中国化的最新成果武装头脑,指导实践,从而树立正确的世界观、人生观、价值观。树立正确的理想信念,更加坚定不移地走中国特色社会主义道路,把个人理想真正融入中国特色社会主义的伟大而生动的实践中,融入国家梦、民族梦、复兴梦中。要通过理论学习认识到中国特色社会主义的伟大成就来之不易,没有共产党就没有新中国,就没有中国特色社会主义建设的伟大成就。要珍惜机遇，把握机会，积极参与到实现中华民族伟大复兴中国梦的伟大征程中去。

2. 积极参加党、团组织的学习

凡是在政治上积极要求进步的同学，进校后都会及时地报名参加党、团组织的学习。党、团组织的学习包括党课、团课、主题党日和团日、党和团的组织生活等。党课或团课学习将系统地讲解党团组织的基本知识、马列主义、毛泽东思想和中国特色社会主义理论体系及习近平新时代中国特色社会主义思想等重要理论，了解党、团组织的光荣历史和传统，提高或启发党员、团员的共产主义思想觉悟，围绕不同时期的中心工作，统一党员或团员的思想，提出明确要求，为完成中心工作做好思想上的准备。除党、团课之外，同学们还可以积极参加党、团组织开展的主题活动，在行动上积极向党组织靠拢。另外，党支部和团支部也会适时开展组织生活，学习理论，讨论国内外大事，学习党内和团内文件精神，检查党员和团员完成工作的情况，讨论团员共同关心的问题和团员的思想愿望、意义和要求，过好民主生活，开展表扬、批评与自我批评。党员同学和团员同学应该履行好义务，积极参加党团组织生活，不断提高自身思想素质。

3. 运用新型媒介的学习

信息化时代，网络新媒体改变了我们的生活方式、学习方式、娱乐方式甚至思维方式等。微博、微信公众号、论坛等新媒介为我们提供了海量的信息，同时很多时候也让我们面临一些新的潜在危机。我们应当借助新媒体获取更多有益于政治素质和学习能力提高的知识与信息，关心世界形势和国家大势，关注中国特色社会主义发展和社会主义建设大局，不断提高自身综合素养，培养自己独立思考、独立解决问题的能力。要理性地分析和对待网络上的各种信息，用马克思主义的观点对各种现象进行剖析。

总之，政治素质是我们成才的首要条件，良好的政治素质有助于我们形成正确的人生观、世界观，这些也会为我们人生指明更清晰的前进方向。

第二节　文化熏陶

一名受过高等教育的大学生，除了应该具有丰富的专业知识和专业技能外，还应该有一定的情趣和爱好，这主要是因为专业知识和技能是大学生谋生的优势和条件，它能使其较好地适应社会，能够较好地生存。但是，生存的目的是更好地生活和更好地发展和完善自己。因此，在大学期间，除了完成学习这个主要任务之外，在课余时间，大学生都应该主动培养自己的兴趣、爱好和特长，积极参加体育锻炼，踊跃参加文艺活动，参与学生社团，参加社会实践活动等，培养自己积极、健康和高尚的情趣和爱好。这样可以不断地丰富我们的大学生活，使大学生活更有意义，更加难以忘怀。

一、培养积极健康的兴趣、爱好

(一)兴趣、爱好的作用

兴趣、爱好越广泛,人们的生活就越丰富多彩,对生活的感受和体验也就越深刻,从而越热爱生活、珍惜生活。积极健康的生活情趣有利于促进人与人之间的和谐。现代社会的开放程度越来越高,竞争也越来越激烈,人们疲于对金钱和利益的追求,生活和思想压力大,容易造成人际关系淡漠。培养积极健康的生活情趣有利于改变这种狭隘的"利益本位"和"个体本位"认识,缓解现代人的思想压力,增添生活乐趣,减少争执纠纷,疏导相互关系,使人们用更愉快的心情面对人生和社会,用更友善的方式对待身边的每一个人,营造出团结和谐、安定有序的友好氛围。

(二)怎样培养自己的兴趣、爱好

人的爱好不是天生的,而是培养出来的。天生的东西我们叫作本能,如要吃好的、喝好的,住舒适的房子,从满足中得到快乐。但爱好却不同,是需要学习的。如欣赏绘画,你必须先学习,具备一定的素养,懂得一些光线、结构、颜色的理论,你才能真正懂得欣赏,才能为其所感染、陶冶。如果你知道自己一生将会从事什么工作,你又想要去取得成功,那你就必须将这项工作变成你的爱好。

那么,怎样才能培养兴趣、爱好呢?首先,要热爱生活;其次,应努力成为这方面的行家;然后,让自己不断地取得一些成就。其实,只要你肯花精力、刻苦学习、用心钻研,就一定能做好;一旦做好,你心理上就会产生愉悦,就会喜欢它,于是你就更愿意学习、研究它,因此,你也就能做得更好,如此形成良性循环。

(三)培养兴趣、爱好的途径和方法

1. 参加班团活动

在大学校园里,学生活动的开展是多种多样的,活动的组织一般都突出活泼、多彩、健康、向上的特点。班级是大学教学和管理最基层的学生组织,是学校教育的基本单位,学校的各项教育和管理目标的落实以及教学计划的实施,均须通过班级来完成。班级是同学间有机联系的一个整体,彼此之间心要往一处想,劲要往一处使,拧成一股绳,形成一股合力。这样班级就容易产生凝聚力,人人都有一种强烈的集体荣誉感,个个都以班级为荣。班团活动多以文体娱乐为主,生动活泼、喜闻乐见、参与性强,寓学于乐、寓乐于学。同学们可以在班团活动中寻找乐趣,在乐趣中培养爱好。

2. 参加社团活动

学生社团是学生在自愿的基础上组织的群众性团体。随着大学生要求全面发展,提高自身综合素质的愿望逐渐强烈,高校的社团活动逐渐为更多的大学生所接受并喜爱。大学里的社团主要有以下几种。

第一,兴趣性社团。主要是由不同学科、不同专业、不同年级的学生,根据自己的业余爱好和兴趣自愿组织的团体,如摄影协会、文学社、书法绘画协会等。这种类型的社团,丰富和活跃了学生的课余文化生活,培养和发展了大学生的各种情趣和爱好,陶冶了大学生的情操,锻炼了大学生的综合能力。

第二,学术性社团。主要指以专业学习、学术研究和学术交流为活动内容的社团,如学术科技类、调查研究类协会等。这类社团,一般聘请教授或专家担任指导教师,大都具有较强的针对性和科学性,对学生有很强的吸引力和影响力,对于培养学生的专业素养、创新精神和科研能力,提升大学生的学术交流水平等具有很大的促进作用。

第三,文艺体育性社团。这类社团主要是在学校的组织下,能代表学校对内、外开展活动的学生社团,如大学生艺术团、健美操队、啦啦操队、礼仪队、合唱团等。文化体育性社团对于培养大学生综合素质,提升艺术修养,树立学校的良好形象发挥了积极的作用。

第四,服务性社团。这类社团主要在校内、外开展各种形式的公益活动或勤工助学活动,如法律援助中心、创业就业导航站、家教服务中心等即属此类。社团成员利用课余时间或寒暑假,走向社会,进行社会调查和咨询服务,承担一些企业的科技项目以及开展形式多样的智力扶贫等活动。参加服务性社团,能培养学生的自立能力和劳动意识,也可以使部分学生得到一些收入。

二、参加校内外各类活动

(一)校园文化活动

文化是一个国家、一个民族的灵魂。大学校园文化活动,丰富着广大学生的业余文化生活,同时也是推进同学们学习中华优秀传统文化、增进民族感情、实现文化认同、增强文化自信的重要载体。参与和组织校园文化活动也使得大学生开阔视野、增长知识、锻炼能力、提高修养。许多同学也正是在校园文化活动中,不断培养和开发出自己的潜力,找到了自己的真正兴趣所在,甚至在校园文化活动中确立了自己一生追求的事业。今天,几乎每所大学都十分重视校园文化建设,把校园文化建设作为推动人文素质教育和学生综合素质培养的重要平台。比较常见的校园文化活动有:

1. 大学生艺术节与校园文化艺术节

大学生艺术节由教育部主办,每三年举办一次省级竞赛,从一等奖中选拔特别突出的作品参加全国大学生艺术展演活动,是面向全部学生的文化艺术类竞赛,是展现当代大学生心系祖国,与人们同行、与时代同行、与梦想同行的崇高追求的重要舞台,主要有声乐、器乐、舞蹈、戏剧、朗诵、摄影、书画、设计、微电影等形式的比赛。许多高校也会借此举办精彩的校园文化艺术节,为大学生展示才华提供舞台,展现当代大学生朝气蓬勃、奋发有为、开拓进取的青春风采。校园文化艺术节的比赛项目丰富多彩,主要有综艺晚会、校园歌手比赛、相声比赛、小品比赛、朗诵比赛、书画比赛、海报比赛、舞蹈大赛等。这些比赛都很好地展现了当代大学生的青春活力,活跃了校园气氛,丰富了大学生的课余生活。

2. 中华优秀传统文化活动

中华优秀传统文化蕴含着丰富的哲学思想、人文精神、道德理念等,也蕴藏着解决当代人类面临的难题的重要启示,是中华民族的突出优势,是我们在世界文化激荡中站稳脚跟的根基。近年来,西南科技大学开展了诸如"礼敬中华优秀传统文化"、"四川历史文化名人传承创新工程"、"高雅艺术进校园"等活动,展示、传承、创新优秀传统文化。作为社会主义未来的建设者和接班人,每一个大学生都应当积极参加各类格调高雅、内涵丰富的中华优秀传统文化活动,扎根其中,在文化传承中得到滋养、获得底气,使中华文化的"薪火"代代相传。

3. 宿舍文化艺术节

宿舍文化节,又称"寝室文化节"、"公寓文化节",是校园文化活动的形式和内容之一。作为学习生活的"主战场",宿舍承载了大学生大量的时间和精力。宿舍文化节不仅能丰富大学生校园文化,更能促进大学寝室的和谐与和睦。活动以学生公寓为阵地,以宿舍文化活动为载体,将对学生的思想政治教育、宿舍文化建设和大学生创新精神有机地结合起来。宿舍文化节的形式有优良学风寝室评比、宿舍生活摄影比赛、宿舍装饰大赛、宿舍才艺大赛、文明宿舍评比等。随着时代的发展和进步,宿舍文化艺术节的活动形式和内容也在不断完善和充实。

(二) 科技活动

大学生参加科技活动,是高科技时代和现代化建设对高校人才培养的迫切要求,也是大学生面向现代化、面向世界、面向未来的客观需要。近年来,在素质教育过程中,高校对大学生科技活动更加重视,比如许多高校专门成立了大学生科技活动指导委员会,建立了大学生科技活动基金,设立了科研学分、科技助学岗,有的大学还启动了大学生研究训练计划、大学生课外研究实践计划。高校普遍实施了"大学生素质拓展计划",以"挑战杯"全国大学生课外学术科技作品竞赛、"创青春"全国大学生创业大赛、全国"互联网+"创新创业大赛、全国大学生机器人大赛 Robocon 等为依托,校园文化活动的科技含量得到不断提升,为学生提供了良好的科技活动平台和丰富有效的载体。"创青春"全国大学生创业大赛和全国"互联网+"创新创业大赛前文已有介绍,此处主要介绍"挑战杯"全国大学生课外学术科技作品竞赛和全国大学生机器人大赛 Robocon。

1. "挑战杯"全国大学生课外学术科技作品竞赛

"挑战杯"全国大学生课外学术科技作品竞赛是由共青团中央、中国科协、全国学联主办,在国家教委支持下组织开展的一项具有导向性、示范性和群众性的全国性竞赛活动。"挑战杯"竞赛的宗旨:崇尚科学、追求真知、勤奋学习、迎接挑战。"挑战杯"竞赛的目标:按照社会主义现代化建设的要求,吸引和推动广大高校学生刻苦钻研、增强能力、勇于创新、多出成果,为迎接未来的挑战奠定坚实的科学文化素质基础,并在此基础上发现和培养一批在学术科技上有作为的优秀人才,促进高校学生课外学术科技活动的发展。"挑战杯"竞赛通过评选、展览,奖励优秀作品和成绩突出的单位,交流各地各校开展学生课外学术科技活动和社会实践活动的经验,请企业家参加技术交流等活动,推动高校学生的课外学术科技活动,增进社会各界对高校学生学术科技活动的了解,以引起社会各界的重视、关心和支持。由于这项活动在较高层次上展示了我国各高校的育人成果,并推动了高校与社会间的交流,它已成为高校科技成果向现实生产力转化的有效方式,成为培养新世纪人才的重要途径。

2. 全国大学生机器人大赛 Robocon

全国大学生机器人大赛 Robocon 由共青团中央、全国学联主办,赛事始于 2002 年,每年举办一次。大赛的冠军队代表中国参加亚洲-太平洋广播电视联盟主办的亚太大学生机器人大赛。大赛目前已成为国内技术挑战性最强、影响力最大的大学生机器人赛事。参赛者需要综合运用机械、电子、控制、计算机等技术知识和手段,经过约十个月制作和准备,利用机器人完成规则设置的任务。我国代表队在参加过的 16 届 ABU Robocon 中表现不凡,曾获 5 次冠军,在国际上展现了我国机器人教育的卓越水平。通过整合高校、媒体、企业和政府的资源,这项赛事已经成为我国理工科院校最具影响力的赛事,对机器人教育做出了积极贡献,为我国机器人产业及相关科技领域培育了大批卓越的企业家和工程师。

除上述比赛之外,还有一些专业性较强的比赛,具体可见表 9-1。

表 9-1 高校主要学生科技活动项目表

序号	竞赛名称
1	ACM-ICPC 国际大学生程序设计竞赛
2	全国大学生数学建模竞赛
3	全国大学生电子设计竞赛
4	全国大学生化学实验邀请赛
5	全国高等医学院校大学生临床技能竞赛
6	全国大学生机械创新设计大赛
7	全国大学生结构设计竞赛
8	全国大学生广告艺术大赛
9	全国大学生智能汽车竞赛
10	全国大学生交通科技大赛
11	全国大学生电子商务"创新、创意及创业"挑战赛
12	全国大学生节能减排社会实践与科技竞赛
13	全国大学生工程训练综合能力竞赛
14	全国大学生物流设计大赛
15	"外研社杯"全国英语演讲大赛
16	全国职业院校技能大赛(只纳入高职排行)

由于这些比赛专业性较强,因此参赛的范围相较于"挑战杯"等比赛要小一些,同学们可以根据自己的专业、兴趣、时间和精力等有选择性地参加,延伸自己的课堂学习,丰富自己的课余生活,提高自己的实践动手能力。

(三)体育活动

体育是人类社会发展中根据生产和生活的需要,遵循身心的发展规律,以身体练习为基本手段,达到增强体质,提高运动技术水平,进行思想品德教育,丰富社会文化生活而进行的一种有目的、有意识、有组织的社会活动,是伴随人类社会的发展而逐步建立和发展起来的一个专门的科学领域。健康的校园文化,既需要有高雅的学术活动作为支撑的骨架,又需要有活泼的体育活动作为丰满的血肉,这样,整个校园文化运作起来才会既生动活泼,又健康向上。

目前,国内影响力最大的高校体育活动比赛为全国大学生运动会。该活动由教育部、国家体育总局、共青团中央联合主办,分届次由不同省市人民政府承办,每四年一届。不同届次根据情况设立田径、游泳、篮球、排球、足球、乒乓球、健美操、武术、定向越野、毽球、跆拳道、桥牌等项目。

近年来,共青团中央、教育部、国家体育总局、全国学联主办的群众性体育活动"三走活动"也在逐渐推行,各高校也会定期举办大型的运动体育赛事,引导同学们离开网络,走出宿舍,走向操场。同学们也可以经常关注并积极主动参与,借此提高身体素质。

(四)社会实践及志愿服务活动

社会实践活动是高校长期坚持开展的一项活动,它为大学生打开了一扇了解国情、认识社会的窗口。大学生通过社会实践活动的开展,能更好地了解社会并看到自己和社会需求之间的差异,进而发现自身在知识和能力上的缺陷,达到客观地重新认识自我、评价自我的目的。在实践活动中,同学们动手、动脑、动嘴,直接面对社会各阶层、各部门的人员,培养和锻炼大家的实际工作能力,增强适应性。实践活动脱离课堂教学的束缚以及校园生活的限制,需要同学们创新性地提出解决问题的办法,从而最终解决实际问题。社会实践活动会遇到各种各样的环境和条件,有时可能会面对非常多、非常大的困难,甚至会遇到危险,它要求大学生们具有一定的牺牲精神和坚强的品质,而这些对于同学们养成务实的学习态度和生活作风有很大的帮助。

志愿服务是大学生参与社会实践的重要形式之一。志愿者是指在不为物质报酬的情况下,基于道义、信念、良知、同情心和责任,而提供服务、贡献个人的时间及精力的人和人群。志愿服务泛指利用自己的时间、技能、资源和善心为邻居、社区、社会提供非营利、非职业化援助的行为。

经过二十多年的实践,我国高校的学生社会实践和志愿服务活动已经初步形成较稳定的内容和形式,总体来讲,主要有以下几种内容和形式。

1."青年志愿者"活动

"青年志愿者"活动以"奉献、友爱、团结、互助"为宗旨,以志愿服务的方式参与社会生活,奉献个人力量,是新时期青年人参与社会实践、提升个人综合品质和道德品格的良好活动载体。青年志愿活动具有志愿性、无偿性、公益性、组织性四大特征。参与志愿活动既是"助人",亦是"自助";既是"乐人",同时也"乐己";既是在帮助他人、服务社会,同时也是在传递爱心和传播文明。

近年来,大学生积极响应团中央号召,利用课余时间和假期开展了形式多样的"青年志愿者"活动,涉及农村扶贫开发、城市社区建设、环境保护、大型活动、抢险救灾、社会公益等多个领域。其中比较典型的活动有:青年志愿者"一助一"长期结对服务计划、青年志愿者扶贫接力计划、保护母亲河"中国青年志愿者绿色行动营计划",在大型活动和急难险重任务中充分发挥青年志愿者的作用以及围绕党政工作大局和社会公益事业开展的特色志愿服务等。

2. 暑期社会实践活动

暑期社会实践活动是指大学生利用暑期进行的时间相对集中的、大规模的、大面积的社会实践活动。其内容丰富多样,包括社会调查(去革命老区、大中企业、乡镇企业、边远山区、经济特区参观访问、调查研究)、社会服务(对社会各界的科技服务、教育服务、医疗服务、文化服务)、企业咨询(技术咨询、管理咨询)、专业调研(承担某项科研课题,围绕课题需要进行的调查研究)、科技扶贫、智力支乡、回乡考察、义务劳动、社会宣传、慰问演出等。一般每年暑期进行 1~4 周。由于每年一次,时间集中,参加人数多,社会接触面大,直接对社会作贡献,对于促使每个学生树立理想、坚定信念、了解国情、增长才干,对于在校园内形成关心祖国、面向社会、服务人民的群众观念和良好风尚,是一个十分重要和卓有成效的教育环节。

3. 科技、文化、卫生"三下乡"活动

科技、文化、卫生"三下乡"活动是高校持续多年的一项社会实践活动,并且已取得了可喜的成果。"三下乡"社会实践活动的内容包括:科技扶助、企业帮扶、文化宣传、医疗服务、法律普及、支教扫盲、环境保护等。在实践中,大学生发挥自身的知识技能优势,深入农村乡镇、田间地头乃至农户家里,广泛开展了支教扫盲、文艺下乡、图书站建设、企业咨询会诊、卫生常识普及等多种形式的志愿服务活动,受到了基层干部和人民群众的欢迎;同时,还有部分大学生深入城市社区、工厂企业开展调查。大学生通过以上这些贴近群众的社会活动,体察民情,了解社会,既锻炼了自身能力,又加深了对社会的认识。

4. 社会调查和考察

社会调查是社会实践常用的重要形式。毛泽东同志曾指出"没有调查就没有发言权",他和其他老一辈无产阶级革命家都十分重视社会调查。今天在高校结合课堂教学与课外阅读,组织开展社会调查,对于大学生接触社会,了解国情,树立正确的世界观、人生观和掌握科学的方法论具有十分重要的意义。社会考察是指学生按照一定的目的和要求,对社会现象和热点问题进行实地调查和考察的活动。如对改革开放和社会主义建设成就的考察,对我国各地区政治、经济、文化发展不平衡状况的考察,对党的光辉历程的考察,等等。

5. 社会服务

社会服务是指大学生利用星期天、节假日或平时课余时间走上社会,从事各种无偿义务的服务活动。常见的有街头宣传(宣传交通法规、环境保护、计划生育、雷锋精神等)、便民服务(修理自行车、修理家用电器、义务理发等)、咨询服务(技术咨询、管理咨询、法律咨询、医疗咨询、心理咨询等)、技术服务(推广新产品、新工艺、新技术、新材料,协助农村和企业解决技术问题等)、管理服务(为企业的管理出谋献策,为企业培训干部和职工)、医疗服务(送医上门,宣传防病治病知识、计划生育知识、用药常识等)、演出服务(送戏上门、慰问演出等)、政法服务(参加乡镇、街道的人大换届选举,参加案件审理等)。这种实践形式的时间虽不够集中,但却能够使同学们与社会的接触经常化,拓宽了与社会息息相通的渠道,有利于大学生树立为人民服务的思想,培养助人为乐的精神,不断增强社会责任感。

6. 勤工助学活动

勤工助学是指大学生利用课余时间,参加体力或智力活动,获得一定的劳动报酬,以资助学习的实践活动,是社会实践活动的有偿形式。勤工助学大体上可分为四种类型:一是劳务型,即参加打扫实验室、清理校园、搬运和安装仪器设备、抄写和打字、会务等有偿劳动。二是智能型,即利用课余时间进行技术开发、软件开发、工程设计等有偿的智力劳动。三是服务型,即学生利用课余时间担任家庭教师,从事一些面向社会的服务活动,领取相应报酬。如学生课余时间在学校为学生开办的商店、餐馆、书店充当售货员、服务员等。四是管理型,即学生利用课余时间参加学校的一些有偿管理工作。如应聘担任学生宿舍楼的副楼长、学生食堂副管理员、图书馆兼职管理人员等管理职务,领取相应劳动报酬。在组织勤工助学活动中,一般优先安排生活困难、学习刻苦的同学。勤工助学活动有利于培养大学生的自强、自立精神,热爱劳动、艰苦奋斗精神,树立参与意识,锻炼工作能力;也有利于家庭困难的学生减轻家庭负担,顺利完成学业。

7. 中国青年志愿者扶贫接力计划研究生支教团

"用一年不到的时间,做一件终生难忘的事"。中国青年志愿者扶贫接力计划研究生支教团简称研究生支教团,是由共青团中央、教育部共同组织实施,从 1998 年开始组建,1999年开始派遣,采取自愿报名、公开招募、定期轮换的"志愿+接力"方式,每年在全国部分重点高校中招募一定数量具备保送研究生资格、有奉献精神、身心健康的应届本科毕业生或在读研究生,到国家中西部贫困地区中小学开展为期一年的支教志愿服务,同时开展力所能及的扶贫服务。从 2011 年 7 月开始,支教团已并入团中央、教育部、财政部、人力资源和社会保障部共同实施的大学生志愿服务西部计划的基础教育专项实施,享受西部计划有关待遇政策。研究生支教团成员一般在当地贫困地区县以下乡镇一级中小学从事基础教育工作,并开展力所能及的社会扶贫、志愿服务、各类公益活动等,同时按照当地团组织安排可兼任所在乡镇、学校团委副书记,参与团的组织建设和基层工作。

（五）参加各类活动应注意的问题

1. 参加课外科技学术活动应注意的问题

第一,要对大学生课余科研活动有正确认识。科技活动形式多样,有小发明、小创造、科研课题研究、科技作品展示、学术讲座、科技竞赛等。大学生不能只抓"大"而放"小",认为只有科技竞赛、课题研究才是科技活动,其他像学术讲座等就不是科技活动。实际上,学术讲座等也要求学生必须有一定的科研基础,它可以帮助学生开阔学术视野,了解学术前沿。

第二,开展课余科研活动要以打好基础为前提。大学生的首要任务是学习专业知识。系统教育不仅可以培养专业素养,而且可以培养分析、判断问题的能力。大学生不能丢开专业知识学习,只顾埋头于课余科研活动。急于求成、好高骛远,无益于大学生素质的提高,没学会游泳,就下海弄潮,其结果只会误了自己。

第三,要注重培养对科研活动的兴趣。兴趣是最好的老师,有兴趣就容易产生强烈的好奇心、求知欲。大学生要想在科研活动中有所收获,就必须调整心态、培养兴趣,积极主动参加课余科研活动,不断创新,而不是流于形式不问结果。

第四,开展课余科研活动要善于以实践为主,通过各种科研活动检验自己的科研能力。"少说多做"才能逐渐提高自己的科研能力;"厚积薄发"才能在课余科研活动中有所建树。各种科技活动为大学生提供了很好的实践机会和舞台,应好好地把握每一个机会。

第五,开展课余科研活动要紧密结合专业学习,有针对性地选择项目。科研项目选择不要面面俱到,不要把面撒得过宽,要选择自己较有把握的、有意义的项目。可以只选择自己最有感受的一点深入研究下去,不一定要大规模,不一定要进行整体性研究。对大学生来说,更现实的做法是:在专业学习的过程中,深入思考所遇到的问题,然后查阅相关资料,看看是否有过这方面的研究,研究的角度与自己的有何异同,自己的研究是否有新意,对于该专业研究有何意义,从而对研究理论及现实意义提出合理的推测,对自己的研究基础有清楚的认识。在此基础上,理清思路,确定研究的步骤与方法,并在实施过程中不断充实材料,向有关专家多方征求意见,扎实地开展研究。开展课余科技活动要勤于请教,在老师的指导下掌握开展科研的方法,逐步实施科研活动的各个步骤。

2. 参加校园文化艺术活动应该注意的问题

以校园文化艺术活动为载体可以引导学生积极参与社团活动和推动校园文化活动的开展。参加校园文化艺术活动时,要注意以下问题:

第一,要正确认识校园文化艺术活动。通过各种文艺活动,培养大学生对文化艺术的欣赏品位,同时发掘大学生的文艺才能,促进大学生身心的全面发展。其目的在于提升大学生的情商,为大学生综合素质的提高提供平台。正确认识校园文化艺术活动,有助于帮助大学生明确活动的目的,深入了解参加活动的意义。

第二,大学校园文艺活动不同于商业文化活动及其他社会文艺活动。校园文化艺术活动根本目的在于大学生自身修养的提升和全面人格的形成,是大学生成才、成长的重要内容,其形式和内容都是明确为了提升青年大学生素质和培养高尚情操而设立的,具有强烈的引导性和塑造性。而商业文化艺术活动和其他文化艺术活动是针对社会大众的,带有明确的商业目的或者社会宣传目的,其方式和手段也是有很大区别的。

第三,大学新生参加校园文化艺术活动需遵循"有所为,有所不为"的原则。校园中的文化艺术活动丰富多彩,同学们需要有选择地参加,量力而行。一方面需要根据自己的特长和兴趣,有针对性地参加,以提升自身技能;另一方面,根据专业学习的情况,以不影响专业课学习为前提,量力参加。此外,低年级和高年级的同学应该根据自身所处的年龄阶段有区别地参加,在此建议低年级同学参加一些和自身兴趣爱好相匹配的艺术活动,如器乐大赛、歌唱比赛;而高年级同学需从提升自身审美情趣的角度,参加一些增加知识面,文化气息较强的活动。

第四,要勇于创新,用新思维、新办法来开展活动。校园文化艺术活动是校园的常规性活动,如果不创新,就会陷入低水平的重复。校园文化艺术活动的创新性不仅表现在大学生要在参加活动中更新观念,加强创新意识,使校园文化艺术活动充满生机,而且要求组织者也要具有创新思维,组织为广大学生所喜闻乐见的活动,使大学生的素质在活动中得到提升。

3. 参加社会实践和志愿服务应该注意的问题

第一,要同思想教育相结合。大学生应当根据自己的思想特点有针对性地参加社会实践和志愿服务活动,使自己能够通过参加社会实践更好地在思想政治方面受到教育。

第二,要同专业学习相结合。一是不同专业、不同年级的学生应根据自己的专业特点和专业水平,精心安排社会实践的内容。低年级学生可以以考察、咨询服务为主;高年级学生、研究生则可围绕为活动接收单位排忧解难、办实事来安排活动。二是尽可能地把社会实践同专业实习结合起来,根据专业学习的需要适当地安排社会实践的内容。

第三,坚持"双方受益"。所谓"双方受益",是指社会实践不仅要自己受益,也要尽可能使活动接收单位受益。因此,在参与社会实践时,除了着重考虑对学生思想教育和专业教育的要求外,还应考虑地方和活动接收单位的需要,把社会实践同地方和活动接收单位的需要结合起来。

第四,坚持理论与实践结合。大学生从小学到大学,接触的大部分是书本知识,缺乏实践经验。因此,大学生在社会实践活动过程中必须自觉坚持理论与实践相结合的原则,在理论与实践相结合的过程中,获得较为完整的知识,总结新经验,创造新理论。

第五,注重培养创新精神与实践能力,提高综合素质。大学生社会实践活动是高等教育的一个重要环节,是培养大学生创新精神与实践能力的重要途径和手段。大学生在参与社会实践活动的过程中,应把培养创新精神和实践能力作为重要目的。在实践过程中要善于发现问题,并创造性地解决生产、生活过程中存在的各种问题。同时,大学生在实践过程中还应自觉检验自身的政治素质、思想品德素质、知识结构、技能素质以及身心素质,注意培养自身辩证思维能力、语言表达能力和社会活动能力以及创业意识和创业能力。在实践过程中,努力把自己锻炼成为德、智、体、美等方面全面发展的社会主义事业建设者和接班人。

第三节 感 情 生 活

冰心说:"爱在左,情在右,走在生命的两旁,随时撒播,随时开花,将这一径长途,点缀得香花弥漫,使穿枝拂叶的行人,踏过荆棘,不觉得痛苦,有泪可落,却不是悲凉。"

亲情、友情,再加上一份爱情,便一定可以使你的生命之树翠绿茂盛,无论是在阳光下,还是在风雨里,都可以闪耀出一种读之即在的光荣了。

亲情是一种深度,友情是一种广度,而爱情则是一种纯度。亲情是一种没有条件、不求回报的阳光沐浴;友情是一种浩荡宏大、可以随时安然栖息的理解堤岸;而爱情则是一种神秘无边,可使歌至忘情、泪至潇洒的心灵照耀。

一、亲情至上

亲情是人世间至真至纯的感情,是人类情感世界中所开放的美丽的玫瑰。同时,亲情又是教育的重要源泉和有力支持,是我们每一个人都须臾不可少和应当弥足珍贵的精神财富。所谓"百善孝为先",作为一名大学生,首先要有一颗对父母、对亲人的感恩之心,要有一种知恩图报的善良心肠,有了这颗善心的支撑,走向社会后才能处处施以爱心。

(一)当代大学生亲情观的现状

1. 积极方面

第一,大部分大学生心怀感恩,重视亲情。中华民族历来重孝道,当代大学生很好地继承和发扬了中华民族的优良传统,表现出重孝道、敢负责的优点。

第二,大部分大学生注重与家人沟通,善于表达情感。西方的"母亲节"、"父亲节"已逐渐成为中国当代大学生的"感恩节",这些都很好地说明了同学们很善于情感的表达。

第三,大部分大学生都将报答父母养育之恩作为自己人生奋斗的目标之一。当代大学生普遍意识到现阶段报答父母的方式主要有搞好学习、提高能力将来找个好工作,同时竭尽全力地打工赚钱减轻家人负担。

2. 消极方面

当前大学生群体具有一个很显著的特点,即大部分都是独生子女,享受着亲人的溺爱。由于这种特殊情况的存在,在他们身上具有一些强烈的自我中心意识,同时,实用主义、享乐主义、个人主义也在部分同学中间显现出来。

第一,亲情价值取向上日趋功利。受实用主义思想的影响,物质需求日趋强烈,超过了对精神的需求。部分学生平时很少与家里联系,只有要钱时才联系,家长被当成了摇钱树。大学校园里经常出现"一封家书、一个电话只为钱"的怪现象。这种不负责任的行为很难让人信服他们以后能对社会、对他人负责任。

第二,亲情交流趋向程式化,未能交心。虽然绝大部分学生在校读书期间会定期或不定期地与家人沟通,但这种交流仅仅是为了交流而交流,谈心太少,沟通无效日益显著。特别是那些在大学里颓废的学生,给家长反馈的信息几乎是完全相反的信息。

第三,依赖性太强,自主、自立能力差。在大学新生中最普遍的现象即不少人不会处理生活琐事,不会处理人际关系,不会安排生活费,明显反映出大学生的生活自主、自立能力的不足,在情感上以及日常事务的处理上都表现出对家庭的过分依赖,而这些都不利于大学生独立人格的形成和完善。

(二)当代大学生应树立正确的亲情观

大学生如何树立正确的亲情观?在大学校园里,大学生要明辨是非、善恶、美丑的界限,重新确立正确的荣辱观、感恩观、亲情观。

"首孝悌,次见闻",重亲情、讲孝道一直是中华民族的传统美德,而在今天的大学校园,"比富"现象、攀比之风已经深深影响校园生活的各个领域。因此,树立正确的亲情观需要大学生端正认识:勤工助学、自食其力,减轻父母的负担;节俭朴素,避免奢侈铺张,让父母少流一滴汗;奋发上进、勤奋学习,让父母感受一丝欣慰;知冷懂暖、身体强壮,让父母少操一份心;善解人意、与人和睦,给父母带来一些安宁;"艰难困苦,玉汝于成",给父母最好的回报。

二、友情可贵

友情,虽然不像亲情那样有先天血缘的亲密联系,但有着心与心的相通。正因为心与心的交流,他们痛苦共担、快乐共享。友情是人们在交往中互相理解、互相信任的基础上建立起来的亲密情谊。正是因为有了这份亲密无间的感情,人在世间才不会孤单,才会拥有快乐!

(一)当代大学生友情现状与交友类型

当代大学生的交友状况如何呢?大学生对人际关系的丰富和美好有着强烈而迫切的要求,但同时,不少大学生不会正确处理人际关系,造成人际关系失调。

大学生交友主要有共同爱好型、互相理解型和理想一致型等形式。共同爱好型是大学生交友的一种最普遍的形式,它建立在共同的兴趣和爱好基础上。互相理解型是大学生友谊的另一种形式。大学生渴求理解与追求友谊是一致的,而由理解带来的心灵的沟通又成为当代大学生最大的精神享受。理想一致型即在理想一致的基础上产生和结成的友谊。这种友谊建立在共同为他人、为集体、为社会的辛勤劳动中,不断互相切磋、互相促进、共同提高、共同前进中。这也是一切友谊的心理价值和意义所在。

（二）发展大学生友情的正确取向

对于当代大学生来说，在人际交往中要获得真挚的友谊，必须遵循交友之道和为友之道。

1. 交友须择友

古语常说"同师则朋，同志则友"，因此，在众多朋友中，人们还是会去寻找真正对自己最为重要的朋友。通常所说的益友主要有以下三类：① 同行型。主要是指那些能静静地在你身边，靠近你的心，默默地关心你，消除你的恐惧，鼓舞你的心灵的朋友。② 信任型。主要是指能接受真实的你，原谅你的过错，从不放弃对你的信心，必要时会帮助你的朋友。③ 进谏型。主要是指那些能直言相劝，指出你的错误的朋友。这些朋友我们要倍加珍惜，因为他们会给你更清楚、更真实的判断力。

2. 为友要真诚

信任是维系友情的纽带，真诚相待的友情才能永存。在交友过程中，只有真诚用心的交流，才能使对方信任你，互相产生稳固的安全感，这样才能为建立真诚的友谊打下坚实的基础。

3. 正确对待异性友谊

异性友谊是男女之间的纯真友情。同学们尤其要注意异性友谊与爱情的区别，它们在性质上、范围上都有显著的差异。因此，大学生在交往中要掌握好发展异性友谊的尺度，以一种正确的态度来面对。

三、爱情无私

爱情，对于当代大学生而言是一个既古老又新鲜的话题。说它古老，是指自大学存在以来它就为无数的大学生所关注、描绘、传颂和追求；说它新鲜，是指对每一位大学生来说，它都是人生不可缺少的一部分，都要去思考、面对、尝试和感受，就像人生中的衣粟布棉一样不可舍弃。

（一）爱情

1. 什么是爱情

爱情是人类所拥有的一种情感。追求美好的爱情生活是人们精神层面上的一种需要。她是男女之间彼此向往、相互依恋和融合的一种特殊感情。这种特殊的感情是以性爱为基础、以信任为前提、以共同理想和信念为支撑和以一定的物质基础为重要条件的人类唯一存在的特殊感情。爱情又是一种特殊的人际关系，要保持这种良好的人际关系就必须依靠双方共同的努力。

2. 爱情的元素

爱情中的成分很多，但主要有两大成分，即认知和激情。它是通过亲密、激情和承诺实现的。爱情有别于友情是由于它还具备一种认知元素,即承诺,也就是必须向对方给出两人关系的肯定或否定的态度。这是需要通过自己理性分析或者通过他人帮助后必须做出的决定。这一过程往往是在冷静的思考、分析和判断后做出的决定,这一决定的准确性和正确性往往与排除情感色彩的程度有关系。如果我们一时冲动和头脑发热或感情用事,往往会给婚后的生活带来麻烦并埋下隐患。爱情是生活的重要内容但不是唯一内容,我们需要有激情的生活篇章,也需要有平淡踏实的生活篇章。

(二)如何正确树立高尚的爱情观

1. 爱情的本质是什么

爱情不是自私的。爱情仅仅是爱的一种独特表现形式。爱是人类独有的一种情感。爱情的本质是人类特殊情感的反应与控制,它的最高表现形式是无私和奉献。如果我们能够成为爱情的主人,能够控制情感状态,我们的爱情生活就会充满愉悦与幸福;相反,如果我们变成了爱情的奴隶,我们的情绪完全被他人掌握与控制,那么我们的爱情生活就充满着不安、恐惧和痛苦。爱情是一把双刃剑,它可以给我们带来快乐和幸福;同样,它也可能给我们带来痛苦和悲伤。因此,用什么样的心态和期望去对待爱情,以及采用什么方法去获得真正的爱情是至关重要的。

2. 树立高尚的爱情观

树立什么样的爱情观,就决定了他的爱情生活的品位和质量。我们认为,一种积极与奉献的爱情观是值得提倡的。爱情双方的当事人,只有在爱情的海洋中不停地注入养料、不断地更新内容与形式,爱情的航船才会保持活力,才能不断地向前奋进,向着更美好的生活和目标迈进。这种积极与奉献的爱情观是值得大家追求和向往的。而另一种是消极和功利的爱情观。这种爱情观认为,爱情是自私的,获取与占有是它的目的和目标,这不是我们所倡导的爱情观。

(三)如何处理恋爱中的各种关系

1. 正确处理恋爱与学习的关系

我们认为做好以下三个方面的工作,就能较好地处理恋爱与学习之间的矛盾和问题。

第一,学习一些与恋爱有关的知识,包括男女生理、心理等方面的知识;应根据恋爱不同阶段的要求,采用适当的方式进行交流和交往,把握好度。第二,及时交流思想和情感,包括对某些问题的困惑,以期得到沟通和问题的解决,绝对不能回避和附和。特别是当一方出现因恋爱而影响学习,如分神、学习注意力不集中等问题时,另一方应主动关心对方,同时也可以施予一定的压力,使对方将主要精力用于学习。第三,当出现明显的问题或突出矛盾而不能解决时,应及时请教好朋友、辅导员和其他可以信任的人,给予帮助、解决。

2. 正确处理爱情与友情的关系

如何处理爱情、友情之间的关系,这对于在学习成长中的大学生来讲十分重要。所谓友情就是指朋友之间的感情,友情的表现形式与爱情的表现形式有明显的差异。如何才能处理好爱情与友情之间的关系呢? 我们认为有两条原则应遵循:一是兼顾的原则,不能因爱情而失去了友情,同时也不应为了获得朋友的友情而伤害与恋人之间的爱情。在经营爱情的同时,不要忘了朋友、疏远朋友,而使友情淡漠甚至遗忘。二是区别的原则,友情可以变为爱情,朋友可以成为爱人,但绝不能将友情视为爱情,将二者混为一谈,这是有害的。

3. 如何处理爱情与性的关系

爱情与性紧密联系,甚至是密不可分的。那么,我们究竟如何看待恋爱中的性需求和性关系呢? 首先,应主动接受性教育,提高对性的科学认识。性教育的目的或目标应是在科学传递性相关知识的基础上,给年轻人提供质疑、探索,进而确定他们性态度的机会,以便发展他们的价值取向,提高对于两性之间关系的洞察力。其次,每一位大学生都应明白自己对别人的义务是什么。学习和培养与人交流、作出决定、坚定自信、拒绝别人的技巧以及创造令人满意关系的能力。

(四) 如何正确处理失恋

失恋是人们情感生活中普遍会遇到的一种感情挫折。因此,每一个人都应该正确对待失恋。特别要消除认为失恋是一件十分没有面子的事的观念,不要认为失恋是自己没有能力的表现。失恋并不可怕,可怕的是失恋后不理性的冲动和无奈;可怕的是因失恋而丧失了对爱追求的信心和能力。我们应该积极去面对现实,学会在失败中总结,在生活中积累,在追求中升华,只有这样我们才能收获那份属于自己的爱情,从而使自己的情感生活更加充实和美好。

大学生活是丰富多彩的,但大学不是梦的归宿,而是向人生顶峰攀登的阶梯,我们在这里成长进步,在这里结识朋友,在这里挥洒青春的记忆,在这里享受着学习的快乐,在这里描绘属于自己的那份灿烂!

第十讲　特别关注：安全与防范

　　安全，一个经久不衰的话题。无论是在我们的学习中，还是生活中，无不时常被提起。"注意安全！"成了出门在外时亲人叮咛的话语，成了老师们对学生的谆谆教诲。安全，犹如一艘扬帆的船舶，承载着人生航行的旅程，它是一粒平安的种子，孕育着幸福的生命。然而，面对复杂的社会治安形势和日益严峻的自然环境，人身财产、经济、食品、交通等安全事故仍不断上演，影响我们的学习生活甚至威胁我们的生命。有人说："安全不是全部，但失去了安全，就是失去了全部。"因此我们要牢固树立起"安全为天"的思想，增强法制观念，提高安全意识，努力学习安全知识，掌握防范技能，从身边做起，从小事做起，让安全成为我们生命与快乐的保障。

第一节　国家安全及其维护

一、维护国家安全和社会稳定

（一）正确认识国家安全和社会稳定

　　国家安全是指一个国家处于没有危险的客观状态，也是指国家既没有外部的威胁和侵害又没有内部的混乱和疾患的客观状态。所谓外部的威胁与侵害，大致可分为外部自然界的威胁和侵害与外部社会的威胁和侵害两大类。外部社会的威胁和侵害包括：① 其他国家的威胁；② 非国家的其他外部社会组织和个人的威胁，如某些国际组织或地区组织对某国的威胁和侵害；③ 国内力量在外部所形成的威胁和侵害，如国内反叛组织在国外从事的威胁和侵害本国的活动。

　　社会稳定是一个在日常生活中使用频率非常高的"熟语"。广州市建立的社会稳定机制理论与对策研讨会一致认为："社会稳定是指社会保持良性运行和协调发展的状态，即社会障碍、冲突、失调等因素被控制在最小的范围内。"社会稳定有广义和狭义之分，广义的社会稳定是指没有大规模的社会冲突，社会的主流秩序仍在运行的社会状态。这也就是作为"熟语"的社会稳定。狭义的社会稳定是指社会具有较强的自我调节能力，使各子系统之间能够保持动态平衡的一种状态。社会通过自我调节而达到各子系统之间的动态平衡状态,是真性社会稳定;某些社会集团通过强制高压而达到的社会稳定状态,是假性社会稳定。社会稳定的实质是一种社会自我调节的能力;结果是社会各子系统之间的动态平衡;目的是社会的稳步、健康发展;归宿是人民的安居乐业;并具有综合性、历史性、动态性和地域性的特征。

（二）大学生如何维护国家安全和社会稳定

《中华人民共和国国家安全法》第三章中明确做出了公民和组织维护国家安全的义务和权利的规定。《中华人民共和国宪法》第三十三条、第五十四条规定:"中华人民共和国公民有维护祖国的安全、荣誉和利益的义务,不得有危害祖国的安全、荣誉和利益的行为。"作为当代大学生,我们必须提高自身素质,把促进国家安全和社会稳定的思想贯穿到平时的学习、生活及活动中去,将维护国家安全和社会稳定列为首要任务,成为国家安全和社会稳定的自觉维护者。具体要做到以下几方面:

（1）树立国家利益高于一切的观念。邓小平同志指出:"国家的主权、国家的安全要始终放在第一位。"国家安全和社会稳定是国家、民族生存与发展的首要保障。所以,把国家安全和社会稳定放在高于一切的地位,是国家利益的需要,又是个人安全的需要,也是世界各国的一致要求。

（2）依法有序地看待并处理问题。"依法治国"这句话,大家都拥护,这就意味着必须健全社会主义法制,充分发挥法治在促进、实现、保障社会和谐方面的重要作用。社会的发展总会面临着矛盾和问题,也总是在不断解决矛盾和问题中前进。当今世界很不平静,会有这样那样的摩擦和问题;国内改革建设不会一帆风顺,也会有这样那样的困难。解决这些矛盾和问题,只能冷静理智、依法有序地进行。

（3）熟悉有关国家安全的法律、法规。改革开放以来,我国先后制定了大批有关国家安全和国家安全工作的法律、法规、规章及其他规范性文件,初步形成了较为完整的国家安全法律的体系框架,为依法开展国家安全工作,防范、制止和惩治危害我国国家安全的违法犯罪行为提供了有力的法律武器。大学生应努力学习、掌握维护国家安全的有关法律、法规,明确什么是危害国家安全的行为,公民和组织维护国家安全的义务和权利,以及危害国家安全的法律责任等,进一步增强法律意识和国家安全意识,增强维护国家安全的责任感、义务感和荣誉感。

（4）善于识别各种伪装。从理论上讲,有关国家安全和社会稳定的常识、规定都比较完善了,依规行事不会出什么大问题,但是,实际生活比我们想象的要复杂得多。比如,有的间谍情报人员采用五花八门的手段,套取国家秘密、科技与政治情报和内部情况。如果丧失警惕,就可能上当受骗,甚至违法犯罪。我们应站在国家利益与国家安全的高度,密切关注国际斗争形势,增强敌情观念和防范意识,学会运用马克思主义的辩证唯物主义和历史唯物主义的立场、观点和方法,从纷繁复杂的国际斗争形势中认清敌对势力对我们进行渗透、颠覆和破坏的险恶用心和真实面目,克服麻痹思想,保持清醒头脑,增强责任意识,充分认识西方不良文化的恶劣影响,坚决抵制不良文化的侵蚀。在对外交往中,既要热情友好,又要内外有别、不卑不亢;既要珍惜个人友谊,又要牢记国家利益;既可争取各种帮助、资助,又不失国格、人格;对发现的别有用心者,要依法及时举报,进行斗争,绝不准其恣意妄为。

(5) 理智看问题、理性爱国。作为当代大学生,我们都深爱我们的祖国。我们有爱国的热情,有民族的自豪感,有爱国的自强心。第一,理解、相信和支持党和政府的战略部署。我们不能以所谓的非理性的"爱国"言行打乱党和政府的战略部署,而是要先学习和领会好这种战略意图,做落实这种战略的先进分子;还有责任向广大的人民群众宣传、解释党和政府的这种战略。这样的爱国,是党和人民特别需要的,是一种更高层次的爱国。第二,做稳定的促进派。我们的改革开放和发展,正处在一个非常关键的攻坚时期,既是一个发展的黄金机遇期,又是一个矛盾的凸现期、多发期,搞得好,就上去了,搞不好,就会落后。这就要求全国人民与党和政府一起,像保护我们的眼睛一样保护我们的稳定成果,维护稳定局面。特别是我们的大学生,更要在维护稳定方面做促进派、排头兵。第三,合理、合法地表达我们大学生的爱国感情。大学生是一个有思想、有情感的特殊群体,炽热的爱国热情特别可爱。党和人民希望大学生实现可持续爱国,实现合理、合法地爱国,实现全过程爱国。既有爱国的远大的目标,并把这种爱国的热情转化到维护稳定、搞好学习上来;还要在爱国的过程中,选择合理、合法的方式表达爱国的心愿和热情。有爱国热情而不情绪失控,有爱国之心而合理、合法地表达,体现新时期素质高、水平高、层次高的新一代爱国大学生的风采、风貌。

二、保守国家秘密

(一)正确理解国家秘密

所谓国家秘密,是指关系国家的安全和利益,依照法定程序确定,在一定时间内只限一定范围的人员知情的事项。保守国家秘密是中国公民的基本义务之一。《中华人民共和国保守国家秘密法》对有关的问题作了规定。国家秘密的密级分为"绝密"、"机密"、"秘密"。泄露国家秘密,会使国家的安全和利益遭受损害,密级越高,损失越大。国家秘密事项的密级一经确定,就要在秘密载体上作出明显的标志。保守国家秘密的工作,实行积极防范、突出重点,既确保国家秘密又便利各项工作的开展。

国家秘密包括:国家事务的重大决策事项;国防建设和武装力量活动中的秘密事项;外交或外交活动中的秘密事项以及对外承担保密义务的事项;国民经济和社会发展中的秘密事项;科学技术中的秘密事项;维护国家安全活动和追查刑事犯罪中的秘密事项;其他经国家保密工作部门确定应当保守的国家秘密事项。

(二)大学生如何保守国家秘密

《中华人民共和国保密法》第三条规定,"一切国家机关、武装力量、政党、社会团体、企事业单位和公民都有保守国家秘密的义务。"对于大学生而言，要从思想上高度重视，在行动中小心谨慎，坚决避免泄密事件发生。具体包括：

（1）认真学习《中华人民共和国保密法》及相关的保密法律法规，严格按照保密法律法规、规章制度，使用、管理和交换保密文件、资料，养成保密习惯。

（2）不泄密。不把自己掌握的国家秘密向不应该知道的人员透漏，不擅自扩大知密范围，不在公共场所谈论国家秘密，不在私人通信中涉及国家秘密，使自己掌握的国家秘密不发生泄露。

（3）不失密。对自己掌握、保管的秘密文件、资料、信息，严格依照保密规定进行管理，自觉做到不携带保密文件、资料出入公共场所，绝对不使它丢失。

（4）在对外交往中坚持内外有别。在接触交往过程中，凡涉及国家机密的内容，完全按保密制度要求和上级的对外口径回答。不要随便涉及内部的人事组织、科技成果以及经济建设中未公开的数据资料等。

（5）与境外人员接触时不带秘密文件、资料和记载有秘密事项的记录本，对方索要资料、样品或询问内部秘密时，要区别情况，灵活予以拒绝。

（6）不经主管部门批准，不带境外人员参观或进入非开放区。不准境外人员利用学术交流、讲课的机会进行系统的社会调查。不经有关部门批准，不得填写境外人员的各种调查表，或替他们写社会调查方面的文章。

（7）在国际学术会议或国外刊物上发表文章，要按规定办理审查手续。不得为境外人员提供或代购内部读物和资料。

（8）拾获属于国家秘密的文件、资料和其他物品，应当及时送交有关机关、单位或保密工作部门。

（9）发现有人买卖属于国家秘密的文件、资料和其他物品，应当及时报告保密工作部门或者公安、国家安全机关处理。

（10）发现泄露或可能泄露秘密的线索，应当及时向有关机关、单位或保密工作部门举报。

（11）发现有人盗窃、抢夺属于国家秘密的文件、资料和其他物品，公民有权制止，并应当立即报告保密工作部门或者公安、国家安全机关。

保密是公民的义务，也是我们大学生的社会责任。每个大学生都应该自觉贯彻遵守保密法规，自觉履行保密义务，坚决地同泄密和窃密行为作斗争。

三、坚定信仰、反对邪教

（一）正确认识宗教与邪教

1. 宗教与我国宗教政策

宗教是人类社会发展到一定历史阶段出现的一种文化现象，属于社会意识形态。主要特点为，相信现实世界之外存在着超自然的神秘力量或实体，该神秘力量因统摄万物而拥有绝对权威，主宰自然进化，决定人世命运，从而使人对该神秘力量产生敬畏及崇拜，从而引申出信仰认知及仪式活动。

中国是个多宗教的国家。中国宗教徒信奉的主要有佛教、道教、伊斯兰教、天主教和基督教。在漫长的历史发展过程中，中国各宗教文化已成为中国传统思想文化的一部分。中国的宗教徒有爱国爱教的传统。中国政府支持和鼓励宗教界团结信教群众积极参加国家的建设。各宗教都倡导服务社会，造福人类。在中国，各种宗教地位平等，和谐共处，中国政府制定和实施了宗教信仰自由的政策，建立起了符合国情的政教关系。宗教文化的多元化繁荣了中华文化，促进了民族团结和多民族国家的形成，推动了中国社会的发展。但是由于宗教属于意识形态，具有国际性、复杂性、长期性、群众性、民族性等特点，因此国外敌对势力、反宗教组织从19世纪上半期开始，就利用宗教对我国进行侵略和破坏。特别是中华人民共和国成立后，在用武力不能颠覆新生的人民政权后，敌对势力就把侵略、破坏的目标转移到宗教这个相对比较隐蔽的意识形态，通过宗教渗透、教义宣传、建寺立庙、培植代理人等手段破坏我国民族团结，干涉我国内政和宗教组织，甚至进行分裂恐怖活动，危及祖国安全。

中国公民的宗教信仰自由权利受到法律的保护。《中华人民共和国宪法》第三十六条规定："中华人民共和国公民有宗教信仰自由。""任何国家机关、社会团体和个人不得强制公民信仰宗教或者不信仰宗教，不得歧视信仰宗教的公民和不信仰宗教的公民。""国家保护正常的宗教活动。"同时也规定："任何人不得利用宗教进行破坏社会秩序、损害公民身体健康、妨碍国家教育制度的活动。""宗教团体和宗教事务不受外国势力的支配。"另外，我国政府还颁布了《宗教活动场所管理条例》，宗教活动场所由该场所的管理组织自主管理，其合法权益和该场所内正常的宗教活动受法律保护，任何组织和个人不得侵犯和干预。在宗教活动场所进行宗教活动也必须遵守法律、法规。教育部41号令规定："任何组织和个人不得在学校进行宗教活动。"

2. 邪教

邪教组织是指冒用宗教、气功或者其他名义建立，神化首要分子，利用制造、散布迷信邪说等手段蛊惑、蒙骗他人，发展控制成员，危害社会的非法组织。西方学术上的全称为具有严重犯罪性质的伪似宗教组织。

邪教的严重危害包括：① 煽动反对政府，危害基层政权。邪教头子煽动成员发泄对现实的不满，反对政府。有的邪教公然打出"推翻共产党领导，夺取政权，建立神国"的旗号。一些邪教组织还有目的地拉拢党、团员和基层干部，侵蚀基层党组织。② 从事违法犯罪活动，危害社会。邪教组织往往使用绑架、非法拘禁、色情勾引、恐吓甚至杀人等手段扩充组织、控制成员。邪教组织用收取"奉献款"、销售邪教用品、非法印制、传播大量邪教书籍和宣传品等名目诈骗群众的钱财，宣扬歪理邪说。③ 破坏正常的生产生活，危害群众健康。邪教宣扬吃"赐福粮"、"生命粮"以及"一切靠神的恩赐"；"信主可以免灾，祷告可以治病"等歪理邪说，致使一些群众受骗上当，整天忙于信"教"、传"教"，有田不耕，有工不做，有病不医，导致家庭破裂，病情加重甚至死亡。④ 侵蚀和毒害未成年人。邪教利用未成年人识别判断能力较低的弱点，极力在未成年人中发展成员，给他们的身心健康和成长造成难以挽回的损害。

我国刑法对组织和利用会道门、邪教组织或者利用迷信破坏国家法律等违法犯罪活动都有明确的责任追究规定。

3. 宗教与邪教的本质区别

一些邪教由于或多或少吸取了一种或几种宗教的某些成分，在教义、仪式等方面与宗教有着一些相似之处，常常打着宗教的旗号发展组织，欺骗群众。但是，邪教不是宗教，两者有着本质区别，见表 10-1。

表 10-1　宗教与邪教的本质区别

区别	宗教	邪教
对社会的态度不同	倡导信徒融入社会，服务社会，造福人类，维护社会和谐	反社会，蛊惑煽动成员仇视社会，危害社会，甚至带有政治野心
崇拜对象不同	崇拜宗教特定的神，是固定的	崇拜的是教主本人，邪教头子神化自己，使成员产生神秘、敬畏感，达到对成员精神控制的目的
理论学说不同	有自己的典籍教义，构成了其理论学说体系。关注人们的现实生活，给人们以安慰、劝勉和鼓励	教主刻意渲染灾劫的恐怖性，扰乱人心，制造恐慌，骗人入教
活动方式不同	有依法登记的团体组织和活动场所，信教公民的集体宗教活动在经登记的宗教活动场所内举行，由经宗教团体认定的宗教教职人员主持，按照教义、教规进行	活动诡秘，采取地下活动方式，串联、聚会活动多在比较隐蔽的地点进行
立教的目的不同	追求超越和表达终极关怀，以一种超凡脱俗的精神来推动社会达到公义、道德、纯洁和圣化，使人获得一种精神境界上的升华	利用骗术和对信徒的控制来满足其个人的私欲，讹诈群众的钱财，并企图实现控制社会的野心
对科学的态度不同	对已经证实的科学事实总是表示接纳和认同，并尽力使之为自己的教义和教徒服务	要么打着科学的旗号反科学，要么明目张胆地攻击科学

(二)大学生应自觉抵制和反对邪教

(1) 大学生应当参加合法的社会组织，参与健康向上、有益身心的社会活动，包括体育健身活动。大学生不能参加邪教组织、会道门或其他以祛病健身、修身养性为幌子的非法组织活动，要经常保持政治警惕性，凡事多问几个为什么，防止上当受骗或做与法律相悖之事。

(2) 警惕境内外反动宗教组织对我国的宗教渗透。对于披着宗教外衣的人进行的违法犯罪的反革命破坏活动，需要引起我们的高度警觉，切不可因为一时的好奇陷入反动宗教组织编织的陷阱。

(3) 如果接到了散发或邮寄的宗教宣传品或参加宗教组织的活动的邀请信，切不可轻易参加或将宗教宣传品在同学、朋友中散发，而应主动报告学校保卫部门或党组织，并配合学校工作。另外,我国原则上不允许教徒在家里聚会举行宗教活动,如果有人邀请参加家庭宗教聚会,应该拒绝。

第二节　突发公共事件及其应对

突发公共事件是指突然发生,造成或者可能造成重大人员伤亡、财产损失、生态环境破坏和严重社会危害,危及公共安全的紧急事件。在我国,根据突发公共事件的发生过程、性质和机制,突发公共事件主要分为:自然灾害、事故灾难、公共卫生事件和社会安全事件四类。

一、常见自然灾害及避险常识

自然灾害是指洪水、地震、台风等自然现象给人类造成的灾害。自然灾害对人类社会所造成的危害往往是触目惊心的,以目前人类的科学技术水平和能力,人们还无法阻止很多自然灾害的发生,也无法完全抵御自然灾害的破坏,但是完全可以根据自然灾害发生的规律和特点,采取积极有效的措施,尽量地减少损失。大学生容易遇到的自然灾害主要有:

（一）地质灾害

地质灾害是指在自然或者人为因素的作用下形成的,对人类生命财产、环境造成破坏和损害的地质作用(现象),如崩塌、滑坡、泥石流、地裂缝、水土流失、土地沙漠化及沼泽化、土壤盐碱化,以及地震、火山、地热害等。我们容易遇到的自然灾害主要是地震、滑坡以及泥石流。

1. 地震及其应对措施

地震是地球表层的快速震动,是一种经常发生的灾害性自然现象,在海底或滨海地区发生的强烈地震能引起巨大的波浪,称为海啸。

地震是极其频繁的,全球每年发生地震约 500 万次,只是绝大多数地震震级很小,人们不易感觉出来。一旦发生强烈地震,就会导致房屋倒塌、堤坝决口、火车脱轨、道路陷裂以及水火、电气灾害和人员伤亡。2008 年 5 月 12 日 14 时 28 分,四川省汶川县(北纬 31 度,东经103.4 度)发生 8.0 级大地震,顷刻间数十万间房屋成为废墟,近七万人被夺去生命,给国家和无数家庭造成了巨大的损失。大型地震给人类带来的损失和伤害是巨大的,唐山大地震、"5·12"汶川大地震、玉树地震的伤痛至今留在人们心里。

虽然目前在世界上还没有一个国家可以准确预报地震发生的地点、时间、震级,但是地震发生前自然界会发生一些异常现象,它能提醒我们做好防震、抗震的准备。如地下水异常、生物异常、气象异常、电磁异常、人的感觉异常等。

遇到地震要保持镇静,应沉着应对:

（1）不能拥挤乱跑,震后应有序撤离。关注政府发布的最新消息,不听信和传播谣言。已经脱险的人员震后不要急于回屋，以防余震。

（2）对于震动不明显的地震，不必外逃。遭遇较强烈的地震时，是逃是躲要因地制宜。如余震频繁时，一定要以徒步的方式前往避难场所，千万不可开车，以免阻碍了紧急救援。

（3）地震容易引发火灾，若发现任何灾害，要紧急求援，并量力而行，帮助救援。千万不可在旁看热闹，而妨碍了救援活动。

（4）若在室内，应顺手将门窗打开，以避免门窗因地震变形而无法逃生。应紧急关闭所有的火源，包括电源和瓦斯。

（5）如果房屋倒塌，应待在床下或桌下，千万不要移动，要等到地震停止再逃出室外。如果住在楼房中，发生地震时不要试图跑出楼外，因为时间不允许。另外在地震波传播时楼体摆动，很容易摔伤。最有效的办法是：及时躲到两个承重墙之间跨度最小的房间，如厕所、厨房等，也可躲避在桌、柜等家具正面以及房间内侧的墙角，注意保护头部。记住：不要到窗下和阳台上躲避，不要使用电梯，不要随便跳楼。

（6）如果上课时发生了地震，不要慌乱，更不能在室内乱跑。靠近门的同学可以跑到门外；教室中间的同学可及时躲到课桌下，用书包护住头部，靠墙根的同学用双手护头。等地震间隙，在老师统一指挥下有秩序地疏散到室外。

（7）如果已经离开房间，千万不要地震一停就立即回屋取衣物。因为第一次地震后接着会发生余震，余震对人的威胁会更大。第一次地震后各种建筑物也许被震损或局部震塌，而余震之后通常会有大规模的倒塌。

（8）如果在公共场所发生地震，不能惊慌乱跑。可以就近躲到比较安全的地方，如桌柜下、舞台下，尽量避开高大建筑物、立交桥，远离高压电线及化学、煤气等工厂或设施。如果在街上发生地震，绝对不能跑进建筑物中避险，也不要在狭窄的胡同、高楼下、悬壁、桥头等危险地段停留。在百货公司的，由于人员慌乱、商品下落，可能使避难通道阻塞。此时应躲在远处的大柱子和大商品旁边（避开商品陈列橱），或没有障碍的通道，然后曲身蹲下，等待地震平息。处于楼上位置时，原则上向底层转移为好。但楼梯往往是建筑物抗震的薄弱部位，因此要看准脱险的合适时机。

（9）正在野外活动时，应尽量避开山脚、陡崖，以防滚石和滑坡。如遇山崩，要朝远离滚石前进方向的两侧跑。正在海边游玩时，应迅速远离海边，以防地震引起海啸。

（10）地震后被埋在建筑物中时，要鼓起求生的勇气，消除恐惧心理。能自我离开险境的，应尽快设法脱离险境；不能自我脱险时，先设法将手脚挣脱出来，清除压在身上的物体，特别是腹部以上的物体，等待救援。同时用毛巾、衣服捂住口鼻，防止烟尘窒息，保持呼吸通畅。注意保存体力，不要大声呼救，除非听到外面有人，可用石块敲击物体以引起他人注意。设法用砖石等支撑上方不稳的重物，保护自己的生存空间。尽量减少体力消耗，在可以活动的空间里设法寻找食品和水，创造生存条件，等待救援。

(11)震后要注意防疫工作,注意饮食、饮水卫生。

2.滑坡、泥石流及其应对措施

滑坡是指斜坡上的岩体由于某种原因在重力的作用下沿着一定的软弱面或软弱带整体向下滑动的现象。泥石流是山区特有的一种自然现象。它是由于降水而形成的一种带大量泥沙、石块等固体物质的特殊洪流。我们首先要了解并学会识别滑坡和泥石流;其次要防患于未然,遭遇滑坡和泥石流时要冷静应对。

滑坡裂缝是滑坡形成过程中一种重要的伴生现象,不要认为山坡出现裂缝为正常现象而不在乎。土质滑坡张开的裂缝延伸方向往往与斜坡延伸方向平行,弧形特征较为明显,其水平扭动的裂缝走向常与斜坡走向直接相交,并较为平直。岩质滑坡裂缝的展布方向往往受到岩层面和节理面的控制。当地面裂缝出现时,已经暗示该山坡已处于不稳定状态了。滑坡到来前还有许多前兆,应正确辨别。当斜坡局部沉陷,而且该沉陷与地下存在的洞室以及地面较厚的人工填土无关时,就有可能发生滑坡。此外,预示将有可能发生滑坡的现象还有:山坡上建筑物变形,而且变形构筑物在空间展布上具有一定的规律;泉水、井水水质混浊,原本干燥的地方突然渗水或出现泉水蓄水池大量漏水现象;地下发生异常响声,同时,家禽、家畜有异常反应。

此外,我们还要注意防范遭遇滑坡和泥石流,尽量避免到滑坡和泥石流地段活动,以保障人身安全。滑坡和泥石流的应对措施分为主动和被动两种情况,即主动的躲避与被动的撤离。对于处于危险区的工程及人员,所采用的方法是:预防、躲避、撤离、治理,这四个环节每一个都存在很大的防灾减灾的机会。滑坡灾害的应急防治措施是:视险情将人员物资及时撤离危险区;及时制止致灾的动力作用;事先有预兆者,应尽早制订好撤离计划。躲避泥石流不应顺沟向下游跑,应向沟岸两侧跑,但不要停留在凹坡处。

(二)气象灾害

1.雷电

雷电是常见的自然现象,它实质上是天空中雷暴云中的火花放电,放电时产生的光是闪电,闪电使空气受热迅速膨胀而发出的巨大声响是雷声。伴有雷声和闪电现象的天气,气象上称为雷暴。据研究,雷击的电流强度通常可达几万安培,温度可达20000℃,如此强大的电流和高温,其危害程度可想而知。如果击中人员、建筑物或设备,常会造成人员伤亡和经济损失。

避免雷击,应当做到:

(1)在雷雨天人应尽量留在室内,不要外出,不要停留在高楼平台上。要关闭门窗,防止球形闪电穿堂入室。最好拔下电源插头、网络插头、有线电视插头,并远离可能导电的物体比如管道、金属门框、电力设备等,特别要远离窗户,不要打电话,也不要赤脚站在泥地或水泥地上,脚下最好垫有不导电的物品。雷雨天尽量少洗澡,尤其不能用太阳能热水器洗澡。

(2)在户外遇雷雨时,要及时躲避,不要在空旷的野外或高大金属物前停留,应尽快找一低洼地或沟渠蹲下,双脚并拢,双臂抱膝,头部下俯,尽量降低身体的高度。不要与他人挤靠在一起,以防被雷击中后电流互相传导。不要在孤立的大树、高塔、电线杆下避雨,如万不得已则需与树干保持 3 米以上的距离,下蹲并双腿靠拢。如果手中有导电的物体(如铁锹、金属杆雨伞),要迅速抛到远处,千万不能拿着这些物品在旷野中奔跑,否则会成为雷击的目标。如果在户外看到高压线遭雷击断裂,要警惕高压线断点附近存在跨步电压,因此在其附近不要跑动,并拢双脚尽快离开现场。

（3）雷雨天气不宜进行户外球类运动,尤其不要进行室外游泳、划船、钓鱼等水上活动,以防雷电通过水介质击中人体。

（4）一旦有人遭到雷击,应及时进行抢救,做人工呼吸和体外心脏按压等,同时急送医院。

2. 其他气象灾害

大学生容易遭遇的气象灾害还包括台风、龙卷风、高温、雪灾、寒潮等,我们要树立安全意识,掌握相应的应急避险措施,保护自身安全的同时,帮助身边的人脱离危险。其他气象灾害及其避险措施具体见表 10-2。

表 10-2　其他气象灾害及其避险措施

气象灾害	避险措施
台风	① 断电; ② 尽量避免使用电话; ③ 未收到台风离开的报告前,即使出现短暂的平息仍须保持警惕; ④ 如果无法撤离至安全场所,可就近选择在空间较小的室内(如壁橱、厕所等)躲避,或者躺在桌子等坚固物体下; ⑤ 在高层建筑的人员应撤至底层
龙卷风	① 切断电源; ② 远离门、窗和房屋的外围墙壁,躲到与龙卷风方向相反的墙壁或小房间内抱头蹲下,尽量避免使用电话; ③ 用床垫或毯子罩在身上以免被砸伤; ④ 最安全的躲藏地点是地下室或半地下室; ⑤ 远离大树、电线杆或简易房屋等; ⑥ 朝与龙卷风前进路线垂直的方向快跑; ⑦ 来不及逃离的,要迅速找到低洼地趴下,姿势:脸朝下,闭嘴,闭眼,用双手、双臂保护头部
冰雹	① 关好门窗; ② 妥善安置易受冰雹大风影响的室外物品; ③ 暂停户外活动,勿随意出行
沙尘暴	① 注意收听天气预报; ② 出门戴口罩、纱巾等; ③ 关好门窗,屋外搭建物要紧固; ④ 多喝水,吃清淡食物; ⑤ 身处危险地带或危房里的居民应转移到安全地方; ⑥ 不要购买露天食品; ⑦ 尽量减少外出,暂停户外活动,尽可能停留在安全的地方

续表

气象灾害	避险措施
高温	① 尽量留在室内，并避免阳光直射，必须外出时要打遮阳伞，穿浅色衣服、戴宽檐帽； ② 暂停户外或室内大型集会； ③ 室内空调温度不要过低，空调无法使用时，选择其他降温方法，比如向地面洒些水等； ④ 浑身大汗时不宜立即用冷水洗澡，应先擦干汗水，稍事休息再用温水洗澡； ⑤ 注意作息时间，保证睡眠，暂停大量消耗体力的工作； ⑥ 宜吃咸食，多饮凉白开水、冷盐水、白菊花水、绿豆汤等，不要过度饮用冷饮或含酒精饮料

二、常见事故灾难及其应对

事故灾难是具有灾难性后果的事故，是在人们生产、生活过程中发生的，直接由人的生产、生活活动引发的、违反人们意志的、迫使活动暂时或永久停止，并且造成大量的人员伤亡、经济损失或环境污染的意外事件。事故灾害主要包括：失火、交通事故、电气事故、煤气中毒、危化品事故、核事故、爆炸等。大学生容易遇到的事故灾害除前面讲的火灾、交通事故外，主要还有：

(一)煤气中毒

煤气中毒，是指在密闭的居室使用煤炉取暖、做饭，使用燃气热水器长时间洗澡而又通风不畅等，造成过量吸入煤气而中毒的事故。

煤气中毒的主要症状：头晕、恶心、呕吐、心慌，皮肤苍白、意识模糊，严重者会神志不清、牙关紧闭、全身抽搐、大小便失禁，口唇、皮肤、指甲出现樱桃红色，呼吸困难，昏迷，肢体瘫痪，癫痫发作等。我们临睡前，一定要关闭煤气阀门；平时严格检查煤气管道、阀门是否漏气，应及时检修，严格遵守使用规则；烧煤厨房应有风斗，充分通风换气。应急要点包括以下几点。

(1) 闻到浓烈的煤气、天然气异味，千万不能开关电器，不能打电话和手机。

(2) 立即打开门窗通风，关掉煤气、天然气阀门。

(3) 用湿毛巾掩住口鼻，尽快脱离中毒现场，到空气新鲜、通风良好的地方。

(4) 中毒者应安静休息，避免活动，以免加重心、肺的负担，增加氧消耗量。

(5) 对呼吸心跳停止的病人，立即进行人工呼吸和心脏按压，并拨打 120 呼救。

(二)危化品事故

危化品事故，是指因危险化学品，如苯、液化气、汽油、甲醛、氨水、二氧化硫、硫化氢、农药、液氯等造成的伤害的事故。危险化学品一般具有爆炸性、易燃性、毒性、腐蚀性等。危化品事故会使人眼睛刺痛、流泪不止、头晕恶心、胸闷和呼吸困难等，甚至有可能使人窒息死亡。因此，我们做实验时要做好皮肤防护和眼睛防护。应急要点包括以下几点。

(1) 呼吸防护。确认发生毒气泄漏或危化品事故，立即用湿手帕、毛巾等捂住口、鼻，最好能及时戴上防毒面罩。

（2）撤离。沿上风方向迅速撤离。

（3）发现有人中毒,要将其转移到空气新鲜的地方,脱去污染衣服,迅速用大量清水和肥皂水清洗被污染的皮肤,同时注意保暖;眼受污染者,用清水至少持续清洗 10 分钟;因中毒晕倒者,取出口、鼻呼吸道异物,保持呼吸通畅,若呼吸停止时,做人工呼吸和心脏按压,严重者速送医院抢救。（注:抢救因硫化氢中毒导致呼吸停止的伤员,忌用口对口人工呼吸。）

（4）发现被遗弃的化学品,不要捡拾,应立即报警,说明具体位置、包装标志、大致数量以及是否有气味等情况。

三、常见公共卫生事件及其应对常识

公共卫生事件是指突然发生,造成或者可能造成社会公众健康严重损害的重大传染病疫情、群体性不明原因疾病、重大食物中毒以及其他严重影响公众健康的事件。如:鼠疫、霍乱、传染性非典型肺炎、人感染高致病性禽流感、肺结核、甲型 H1N1 流感、食物中毒等。目前,危害性较大且大学生容易遇到的公共卫生事件主要有:

（一）食物中毒

食物中毒,是指食用被细菌性或化学性毒物污染的食物,或误食本身有毒的食物,引起急性中毒性疾病。食物中毒分为细菌性食物中毒、真菌毒素中毒、动物性食物中毒、植物性食物中毒、化学性食物中毒。

食物中毒的主要症状:剧烈呕吐、腹泻,伴有中上腹部疼痛,常会因上吐下泻而出现脱水症状,如口干、眼窝下陷、皮肤弹性消失、肢体冰凉、脉搏细弱、血压降低等,甚至出现休克。因此,我们不能食用病死的禽畜肉,不吃变质、腐烂、过期食品;不要采摘、捡拾、购买、加工和食用来历不明的食物、死因不明的畜禽或水产品以及不认识的野生菌类、野菜和野果;食物必须煮熟、煮透,不生吃海鲜、河鲜、肉类,隔夜的食品在食用前必须加热煮透后方可食用;不要饮用未经煮沸的生活饮用水。

应急要点:

（1）立即停止食用可疑食品,喝大量洁净水以稀释毒素,用筷子或手指向喉咙深处刺激咽后壁、舌根进行催吐,并及时就医。用塑料袋留好呕吐物或大便,带去医院检查,以利于医生诊断。

（2）出现抽搐、痉挛症状时,马上将病人移至周围没有危险物品的地方,并取来筷子,用手帕缠好塞入病人口中,以防止咬破舌头。

（3）症状无缓解迹象,甚至出现失水明显,四肢寒冷,腹痛腹泻加重,面色苍白,大汗,意识模糊,说胡话或抽搐,以至休克,应立即送医院救治。

（4）了解与病人一同进餐的人有无异常,并告知医生和一同进餐者。

（5）及时向当地疾病预防控制机构或卫生监督机构报告。

（二）呼吸道传染病

呼吸道传染病是指病原体从人体的鼻腔、咽喉、气管和支气管等呼吸道感染侵入而引起的有传染性的疾病,常见有流行性感冒、麻疹、水痘、风疹、流脑、流行性腮腺炎、肺结核等。我国已经发生不少因呼吸道传染病而引发的严重公共卫生事件,比如 2003 年春季我国不少人群被迅速感染 SARS 流感病毒,造成社会大面积恐慌;2009 年春和 2010 年春我国也有大量人群在短时间内迅速被感染 H1N1 甲流病毒,造成社会不稳定。可见,呼吸道传染病作为比较常见的公共卫生事件需要我们严加防范。一般而言,不同的呼吸道传染病有不同的临床表现。具体包括:

(1)流感:一般表现为发病急,有发热、乏力、头痛及全身酸痛等明显症状,咳嗽、流涕等属于轻度呼吸道症状。

(2)麻疹:症状有发热、咳嗽、流涕、眼结膜充血,口腔黏膜有麻疹黏膜斑及皮肤出现斑丘疹。

(3)水痘:全身症状轻微,皮肤黏膜分批出现迅速发展的斑疹、丘疹、疱疹与痂皮。

(4)风疹:临床特点为低热、皮疹和耳后、枕部淋巴结肿大,全身症状轻。

(5)流脑:主要表现为突发高热、剧烈头痛、频繁呕吐、皮肤黏膜瘀斑、烦躁不安,可出现颈项强直、神志障碍及抽搐等。

(6)流行性腮腺炎:以腮腺急性肿胀、疼痛并伴有发热和全身不适为主要特征。

(7)肺结核:是一种慢性传染病,主要表现为发热、盗汗、全身不适及咳嗽、咳痰、咯血、胸痛、呼吸困难等。

呼吸道传染病的预防措施主要包括:经常开窗通风,保持室内空气新鲜;搞好家庭环境卫生,保持室内和周围环境清洁;养成良好的卫生习惯,不要随地吐痰,勤洗手;保持良好的生活习惯,多喝水、不吸烟、不酗酒;经常锻炼身体,保持均衡饮食,注意劳逸结合,提高自身抗病能力;要根据天气变化适时增减衣服,避免着凉;儿童、老年人、体弱者和慢性病患者应尽量避免到人多拥挤的公共场所;如果有发热、咳嗽等症状,应及时到医院检查治疗。当发生传染病时,应主动与健康人隔离,尽量不要去公共场所,防止传染他人;不要自行随意购买和服用某些药品,不要滥用抗生素。

四、恶性社会安全事件及其应对

社会安全事件是包括重大刑事案件、重特大火灾事件、恐怖袭击事件、涉外突发事件、金融安全事件、规模较大的群体性事件、民族宗教突发群体事件、学校安全事件以及其他对社会有严重影响的突发性事件。伴随这些问题容易发生的恶性社会安全事件包括以下几点。

(一)爆炸

爆炸事故,是指由于人为、环境或管理等原因,物质发生急剧的物理、化学变化,瞬间释放出大量能量,并伴有强烈的冲击波、高温高压和地震效应等,造成财产损失、物体破坏或人身伤亡等的事故。爆炸分为物理爆炸事故和化学爆炸事故。

应急要点:

（1）立即卧倒,趴在地面不要动,或手抱头部迅速蹲下,或借助其他物品掩护,迅速就近找掩蔽体掩护。

（2）爆炸引起火灾,烟雾弥漫时,要作适当防护,尽量不要吸入烟尘,防止灼伤呼吸道;尽可能将身体压低,用手脚触地爬到安全处。

（3）立即打电话报警,如遇伤害,拨打救援电话求助或就近到医院寻求救治。

（4）尽力帮助伤者,将伤者送到安全地方,或帮助止血,等待救援人员到场。

（5）撤离现场时应尽量保持镇静,别乱跑,防止再度引起恐慌,增加伤亡。

（6）爆炸过后,非专业人员不要前往事发地区,防止发生新的伤害事故。

（二）抢劫

抢劫,是指用暴力手段夺取他人财物的违法犯罪行为。我们到银行存取大额款项时应有人陪同,最好能以汇款方式代替提取大量现金;输入密码时,谨防他人窥探;不要随手乱扔填写有误的存、取款单;离开银行时,警惕是否有可疑人员尾随;不要随身携带贵重物品和大额现金。

应急要点:

（1）人员聚集地区遭到抢劫,应大声呼救,震慑犯罪分子,同时尽快报警。

（2）僻静地方或无力抵抗的情况下,应放弃财物,确保人身安全,待处于安全状态时,尽快报警。

（3）尽量记下歹徒的人数、体貌特征、所持凶器、逃跑车辆的车牌号及逃跑方向等情况,并尽量留住现场证人。

（三）绑架

绑架,是指以勒索财物为目的,使用暴力、胁迫或麻醉等方法,劫持要挟人质或他人的犯罪行为。

应急要点:

（1）保持镇静和清醒,不要惊慌,观察环境,判断事态性质、轻重,见机行事。在事态不明初期阶段不要顶撞犯罪分子,防止事态激化。

（2）尽可能了解自己所处的位置。如被蒙住双眼,可通过计数的方式,估算汽车行驶的时间和路途的远近,记住转弯的次数、大致方向等。

（3）要保护好自己,减少精神上、身体上的消耗,做好长时间周旋的准备,并坚定自己能被营救成功的信心。

（4）观察形势,设法传递信息或留下标记,让情况传递出去。在确保自身不会受到更大伤害的情况下,尽可能与犯罪嫌疑人巧妙周旋,如利用犯罪嫌疑人准许人质与亲属通话的时机,巧妙地将自己所处的位置、现状、犯罪嫌疑人等情况告诉亲属;采取自救措施时,要选择好时机,在确保自身安全的情况下逃脱。

（5）找借口离开现场，如上厕所、喝水、避寒取暖等，若能成功逃脱，应及时报警，把所知情况告知警方，方便组织营救。

五、艾滋病预防及卫生健康教育

艾滋病又称获得性免疫缺陷综合征，是一种危害性极大的传染病，由感染艾滋病病毒（HIV病毒）引起。它会破坏人体免疫系统，引发多系统的多种疾病，例如，机会性感染，罕见的一些肿瘤。艾滋病的传播途径主要有血液、性和母婴传播。

艾滋病防范的要点有：

（1）洁身自好、慎重对待性行为。

（2）不做卖淫、嫖娼等违法活动。

（3）不以任何方式吸毒，远离毒品。

（4）不使用未经检验的血液制品，减少不必要的输血。

（5）不去消毒不严格的医疗机构打针、拔牙、针灸、美容或手术。

（6）不共用牙刷、剃须（刮脸）刀。

（7）避免在日常工作、生活中沾上伤者的血液。

（8）正确使用安全套。

（9）患有性病后应及时、积极进行治疗，否则已存病灶会增加艾滋病感染的危险。

（10）正确对待艾滋病病毒感染者和病人。

第三节 个人安全及其防范

一、生活中的安全及其防范

（一）治安安全

1. 防盗窃

（1）高校盗窃案件的行窃方式。

顺手牵羊：是指作案分子趁主人不备将放在桌上、床上、走廊、阳台等处的钱物顺手牵羊而占为己有。

乘虚而入：是指作案分子趁主人不在，房门和抽屉未锁之机入室行窃。

窗外钓鱼：是指作案人用竹竿等工具在窗外将被害人的衣服钓走。

翻窗入室：是指作案人翻越没有牢固防范设施的窗户等入室行窃。

撬门扭锁：是指作案分子使用各种工具撬开门锁而入室行窃。

偷配钥匙：是指作案分子偷配主人随手乱丢的钥匙，趁主人不在宿舍时打开其锁，从而盗走现金和贵重物品等。

（2）防盗的基本方法。

离开宿舍时一定要养成随手关灯、关门、关窗的习惯，以防不法分子乘虚而入。

在公共场所（教室、图书馆、运动场、食堂等），物品要随身携带或不能离开视线，以防不法分子顺手牵羊。

不要留宿外来人员。大学生应该文明礼貌、热情好客，但不能讲义气、讲感情而不讲原则、不讲纪律。如果违反学校学生宿舍管理规定，随便留宿不知底细的人，就有可能引狼入室。

发现形迹可疑的人应加强警惕、多加注意。发现可疑人员，应主动上前询问，如果来人无正当理由又不能说清楚，可通知管理员或学校保卫部门尽快来人做调查处理。

注意保管好自己的钥匙，不能随便借给他人或乱丢乱放，如钥匙丢失，应及时更换新锁。

（3）发生盗窃案件的应对方法。

一旦发生盗窃案件，同学们一定要冷静应对。立即报告学校保卫部门，同时封锁和保护现场，不准任何人进入。不得翻动现场的物品，切不可急急忙忙地去查看自己的物品是否丢失。否则，不利于公安人员准确分析、正确判断侦察范围和收集罪证。

同学们有义务配合调查，实事求是地客观回答公安部门和保卫人员提出的问题。积极主动地提供线索，不得隐瞒情况不报。学校保卫部门和公安机关有义务、有责任为提供情况的同学保密。

2. 防诈骗

诈骗，是指以非法占有为目的、用虚构事实或隐瞒真相等方法骗取款额较大的公私财物的行为。由于它一般不使用暴力，而是在一派平静甚至"愉快"的气氛下进行的，而我们的大学生思想单纯，对人热情，往往容易上当受骗。

（1）校内诈骗的主要手段。

假冒身份，流窜作案。诈骗分子往往利用假名片、假身份证与人进行交往，有的还利用捡到的身份证等在银行设立账号提取骗款。骗子为了既能骗得财物又不露马脚，通常采用游击方式流窜作案，财物到手后即逃离。

以次充好，恶意行骗。一些骗子利用学生"识货"经验少又苛求物美价廉的特点，上门推销各种产品而使学生上当受骗。更有一些到办公室、学生宿舍推销产品的人，一旦发现室内无人，就会顺手牵羊、溜之大吉。

招聘为名，设置骗局。为了减轻家庭负担，勤工俭学已成为大学生谋生求学的重要手段。诈骗分子往往利用这一机会，以招聘的名义对学生设置骗局，骗取介绍费、押金、报名费等。

骗取信任，寻机作案。诈骗分子常利用一切机会与大学生拉关系、套近乎，或表现出相见恨晚而故作热情，或表现得十分友善以朋友相称，骗取信任后常寻机作案。

电子商务，网络诈骗。目前网上购物开始流行，诈骗分子利用虚拟网络，以超低价格吸引大学生上当，甚至进行情感诈骗。

借贷为名，骗钱为实。有的骗子利用人们贪图便宜的心理，以高利集资为诱饵，使部分教师和学生上当受骗。个别学生常以"急于用钱"为借口向其他同学借钱，而后却挥霍一空，要债的追紧了就再向其他同学借款补洞，拖到毕业一走了之。

投其所好，引诱上钩。一些诈骗分子往往利用被害人急于就业和出国等心理，投其所好、应其所急施展诡计而骗取财物。某高校应届毕业生丁某为找工作，经过人托人再托人后结识了自称与某公司经理儿媳妇有深交的哥们何某，何某称"只要交800元介绍费，找工作没问题"，谁知何某等拿到了介绍费以后便无影无踪了。

（2）高校诈骗案件的预防措施。

提高防范意识，学会自我保护。同学们要积极参加学校组织的法制和安全防范教育活动，多了解、多掌握一些防范知识。在日常生活中，要做到不贪图便宜、谋取私利；在助人为乐、奉献爱心的同时，要提高警惕性，不能轻信花言巧语；不要把自己的家庭地址等情况随便告诉陌生人，以免上当受骗；发现可疑人员要及时报告，上当受骗后更要及时报案、大胆揭发，使犯罪分子受到应有的法律制裁。

交友要谨慎。严格做到"四戒"，即戒交低级下流之辈、戒交挥金如土之流、戒交吃喝嫖赌之徒、戒交游手好闲之人。与人交往要区别对待，保持应有的理智，态度要热情，处置要小心。

同学之间要相互沟通、相互帮助。在大学里，同学间的友谊无比珍贵，因此相互间应该加强沟通、互相帮助。在自己认为适合的范围内适当透露或公开相关信息，在遇到危险或受害时就会多一些帮助渠道。

服从校园管理，自觉遵守学校校规。为了加强校园管理，学校制定了一系列管理制度和规定。制度在执行过程中可能会给同学们带来一些不便，但校园管理制度都是为控制闲杂人员和犯罪分子混入校园作案，以维护学生正当权益和校园秩序。因此，同学们一定要认真执行有关规定，自觉遵守校纪校规，积极支持有关部门履行管理职能，并努力发挥自己的应有作用。

3. 防打架斗殴

目前，在高校发生的治安、刑事案件中，打架斗殴案件占有相当的比例，这些案件不像盗窃案件发生得那么多，但都影响很大，严重干扰了学校正常的教学、科研、工作及生活秩序。有的甚至触犯刑律，走上犯罪道路。

（1）案件的基本类型。

① 酗酒丧失理智而发生的案件。酗酒可使人的中枢神经系统活动失调，使大脑皮层对

皮下中枢的抑制作用减弱或解除,皮下中枢兴奋性加强,因此有的人在酒醉状态下会变得极度放肆,粗暴和缺乏自制力。容易发生各种违法犯罪行为,许多打架斗殴案件就是在这种酒醉状态下发生的。

② 谈恋爱,因失恋发生的案件。这类案件的发生、发展、激化一般都有较长的渐变过程,随着积怨的加深,不良情绪恶性膨胀,萌发侵害念头,最终造成恶果。

③ 因报复而发生的案件。在这类案件中,凶手开始往往受到了欺负,或在打架斗殴中吃了亏,但他们不是运用法律武器来保护自己,或依靠组织、辅导员、院领导和保卫部门来解决,而是怀恨在心,伺机报复。

④ 群体性案件。当前,在部分学生中,讲老乡观念,讲哥们义气,结成帮派,谁被打了,其他人便一哄而上。这类案件的盲目性、群体性倾向比较显著,危害性、影响面也较大。

⑤ 由于心理疾病而产生的案件。这类案件的心理根源常常是由于学习和生活中各种矛盾冲突以及紧张压力造成心理失衡,此时无法把握情绪和行为,感到走投无路,从而做出伤人或自伤的愚蠢事。

(2) 如何防止纠纷。

① 严格遵守学校各项规章制度。如遵守作息制度、清洁卫生制度、安全保卫制度、精神文明建设制度等。只有大家共同遵守这些制度,才能减少争执,消除摩擦,协调一致,维持正常的生活、学习、工作秩序。

② 相互谅解,求同存异。同学之间的交往,是满足自己需求的重要途径。在交往当中,性格差异、语言差异都会引起磕磕碰碰,如果每次都大打出手,生命都受到威胁,谈何学习,谈何生活。因此,我们要相互谅解、求同存异,严于律己、宽以待人。

③ 交往中坚持互酬原则。同学之间无论在学习上,生活中,任何人都需要得到别人的帮助与支持。通过交往,在满足他人需要的同时,又得到了他人的报答,使同学之间的友谊不断得以巩固和发展。这种互相帮助、互为满足便是互酬。

④ 防过量饮酒。酒精过量,既伤害身体,又荒废学业,甚至因冲动而出现致人伤亡而触犯法律。

万一发生纠纷或争执,双方都要冷静对待,不扩大矛盾,实事求是向组织反映情况,协助相关部门做好调解工作。

(二) 交通安全

大学生交通安全是指大学生在校园内和校园外的道路行走、乘坐交通工具时的人身安全。只要有行人、车辆、道路这三个交通要素存在,就有交通安全问题。

1. 大学校园易发生交通事故的主要原因

客观上讲,高校与社会的交流越来越频繁,使校园内人流量、车流量急剧增加,汽车、摩托车、自行车与行人同时在道路上行走,而一般校园道路都比较狭窄,交叉路口没有信号灯管制,也没有专职交通管理人员管理;校园内人员居住集中,上、下课时容易形成人流高峰等原因,致使高校的交通环境日益复杂,交通事故经常发生。

主观上讲,主要是思想麻痹和安全意识淡薄。一是注意力不集中。这是最主要的形式,表现为行人在走路时边走路边看书边听音乐,或者左顾右盼、心不在焉。二是在路上进行球类活动。大学生精力旺盛、活泼好动,即使在路上行走也是蹦蹦跳跳、嬉戏打闹,甚至有时还在路上进行球类活动,更是增加了发生交通事故的危险。三是骑"飞车"。一般高校校园面积都比较大,宿舍与教室、图书馆等之间的距离比较远,所以许多大学生购买了自行车,课间或下课时骑自行车在人海中穿行。

2. 交通事故的预防

(1) 提高交通安全意识。加强交通安全法规的学习,掌握基本的交通安全常识,不断提高交通安全意识,是避免交通事故最基本的要求。

(2) 自觉遵守交通法规。一是在道路上行走时,应走人行道,无人行道时靠右边行走。二是乘坐交通工具时,要等车停稳后,依次上车,不挤不抢,车辆行驶中不得把身体伸出窗外;乘坐长途客车时要选择有正规资质的运营车辆,不要乘坐"黑巴士"、"摩的"等;乘坐火车、轮船、飞机时必须遵守车站、码头和机场的各项安全管理规定。

3. 发生交通事故的处理

(1) 及时报案。无论在校外还是在校内,一旦发生交通事故后,应及时报案,以利于事故的公正处理,千万不能与肇事者"私了"。若在校外发生交通事故除及时报案外,还应该及时与学校取得联系,争取学校帮助。

(2) 保护现场。事故现场的勘查结论是划分事故责任的依据之一,若现场没有保护好会给交通事故的处理带来困难,造成"有理说不清"的情况。切记,发生交通事故后要保护好事故现场。

(3) 控制肇事者。若肇事者想逃脱一定要设法控制,自己不能控制可以发动周围的人帮忙控制,若实在无法控制也要记住肇事车辆的车辆牌号等特征。

(三) 消防安全

高校的大型演艺厅、学术厅、运动场馆、各类实验室,尤其是学生公寓,历来是消防安全的重点单位。一旦发生火灾,极易造成重大财产损失和人员伤亡。

1. 高校宿舍发生火灾的主要原因

(1) 明火引燃。在床上点蜡烛,吸烟者乱扔未熄灭的烟头,焚烧杂物等。

(2) 乱拉乱接电线。如因电线短路或因接触不良发热而引起火灾。

(3) 使用电器不当。如电灯泡靠近可燃物长时间烘烤起火;使用电热器无人监管而烤燃起火;长时间使用电器不检修,电线绝缘老化、漏电短路而起火等。

(4) 在宿舍使用大功率电器、劣质电器等。高校宿舍内的线路是按日常照明、电视、电脑、小电器充电等使用而设计的，如使用电炉、电饭煲、电热杯、热得快等大功率电器、劣质电器会使电线过载发热或劣质电器爆炸而起火。

2. 高校防火的重点部位

(1) 视听教室的演播室、电子计算机中心等所用吸音材料不少是可燃材料，并安装了碘钨灯和聚光灯等照明设备，易引发火灾。

(2) 实验室内贮有一定量的易燃易爆化学危险品，如使用和保管不当，极易引发火灾。另外，在实验进程中常用明火进行加热、蒸馏等实验操作，以及使用电热仪器时用电量过大等都可能出现危险。

(3) 学生宿舍、大教室、图书馆、食堂等人员集中的场所安全疏散出口不足，甚至被堵塞，一旦发生火灾，极易造成人员伤亡。

(4) 食堂、实验室、宿舍等场所用火用电量大，特别是食堂以煤气、液化石油气等作为燃料，极易发生爆炸起火事件。

3. 火灾的预防

(1) 防止发生火灾的关键，是做好火灾的预防。《中华人民共和国消防法》《高等学校消防安全管理规定》和各级政府、各级公安消防部门制定的消防条例以及学校的各项安全管理制度，是同学们必须遵守的准则。这些法律、法规和安全管理制度，都是火灾事故教训的总结，要预防火灾，就必须认真学习掌握、严格执行、自觉遵守。

(2) 在教室、实验室、研究室学习和工作时，要严格遵照各项安全管理规定、操作规程和有关制度。使用仪器设备前，应认真检查电源、管线、火源、辅助仪器设备等情况，如放置是否妥当，对操作过程是否清楚等，做好准备工作以后再进行操作。使用完毕应认真进行清理，关闭电源、火源、气源、水源等，还应清除杂物和垃圾。涉及使用易燃易爆危险品时，一定要注意防火安全规定，按照规定一丝不苟地进行操作。

(3) 在宿舍，应自觉遵守宿舍安全管理规定，不在宿舍内吸烟；不乱拉乱接电线；不使用电炉、热得快、电热杯、电饭煲等学校禁止使用的电热设备；不在宿舍使用明火；不将易燃易爆物带进宿舍；使用台灯不要靠近枕头、被褥和蚊帐等；不在宿舍内焚烧物品；发现安全隐患及时向管理人员或有关部门报告；爱护消防设施和灭火器材，不随意移动或挪作他用；室内无人时，应关掉电器和电源开关等。

4. 发生火灾的处理

任何一起火灾，都有一个从小到大的发展过程，通常分为三个阶段，即初起阶段、发展阶段和猛烈阶段。火灾的初起阶段，火源面积较小，燃烧强度弱，易于扑救，只要发现及时立即用灭火器材灭火，均能将火扑灭。

(1) 大学生发现的火灾一般均在初起阶段，因此当发现起火时不要惊慌失措，要勇敢地以最快速、最有效的办法加以扑灭。常见的灭火器材有轻水泡沫、二氧化碳、干粉、1211、

1301 等灭火器,各种灭火器有各自不同的特点和使用方法,要学会使用手提式灭火器灭火。

(2) 扑救火灾时,应注意先切断火场的电源和气源;同时要注意先转移火场及其附近的易燃易爆危险品,实在无法转移的应当设法降温冷却。

(3) 火灾的发展阶段火势较猛,这种情况下应立即报"119"火警。第一,打电话时要沉着冷静,就近用寝室的外线电话直接拨打"119"火警。第二,讲清起火地点(单位、门牌号)、燃烧的物质、火势情况等。第三,要注意对方的提问,并把自己所用的电话号码告诉对方,以便联系。第四,挂断电话后,应立即派人在校门口和必经的交叉路口等候,引导消防车迅速到达火场。除了及时报"119"火警外,还应向学校保卫部门立即报告。

(4) 如果被大火围困,最重要的是要保持头脑清醒,千万不能慌乱,应根据火势情况选择最佳的自救方案,争取时间尽快脱离危险区域。

① 尽快脱离现场。火灾发生后,不要为穿衣、找钱财等琐碎小事而延误宝贵的逃生时间,要选择与火源相反的通道迅速逃脱险境。现场有浓烟时,应尽量放低身体或是爬行,千万不要直立行走,以免被浓烟窒息。衣服被烧时不要惊慌,可立即在地上翻滚以使明火熄灭。

② 选择通道,果断脱离。如果楼梯已起火但火势并不很猛烈时,可披上用水浸湿的衣裤或被单从楼上快速冲下。如果楼梯火势猛烈而不能强行通过时,可以利用绳子或把床单撕成布条连接成绳子,将一端拴在牢固的门窗或其他重物上,再顺着绳子从窗口滑下。如果火灾威胁严重、有生命危险时,若楼层只有二三层高,可以考虑从窗户跳下,跳前先向下抛一些软质物品,然后用手挟住窗子往下滑以尽量缩短高度,要保证脚先落地以保证生命安全。逃离时千万不要乘电梯,以防电路断掉后被困在电梯中。

③ 争取时间,等待救援。当各种逃生之路均被切断时,则应退回居室内,采取防烟、堵火措施,关闭门窗,并向门窗上浇水,以延缓火势蔓延的时间。要用多层湿毛巾捂住口鼻做好个人防护。同时可向室外扔些小东西,夜晚可向外打手电,发出求救的信号。有手机的或室内有电话的,用手机或电话同外界加紧联络,争取时间使外界尽快来救援。

(四) 杜绝校园不良网络借贷

近年来,随着互联网技术的不断深度发展,网络借贷逐渐兴起,一些 P2P 网络借贷平台开始向大学校园拓展业务,部分不良网络借贷平台采取虚假宣传的方式和降低贷款门槛、隐瞒实际资费标准等手段,诱导大学生消费,许多大学生甚至陷入"高利贷"陷阱,合法权益受到严重侵害,给学习、生活和家庭造成了严重的不良影响。

这其中"套路贷"危害尤其严重。"套路贷"假借民间借贷之名,通过"虚增债务"、"制造资金走账流水"、"肆意认定违约"、"转单平账"、"虚假诉讼"等手段,达到非法占有他人财产的目的。由于"套路贷"隐蔽性强,且利用公权力"扫尾",大学生自我防范意识和相关金融法律知识不足,很容易上当受骗。近年来大学生陷入套路贷的案例多不胜数。

防范和避免校园贷,主要需要注意以下几点:

(1) 要理性消费,养成勤俭节约习惯,不超前消费,更不要通过小贷公司、网贷公司贷款以及分期付款购买贵重物品。

(2) 正确认识自身以及家庭的消费能力,对金融知识有一定的了解,对网贷平台所宣称的低息、高额度、无抵押信贷产品要有辨别能力,要对可能面对的后果有清醒的认识。

(3) 警惕信息泄露,提高个人隐私保护意识,不泄露包括个人信息在内的隐私。尤其要注意不要将身份证外借他人,避免身份被借用、套用等情况。

(4) 大学生需正确处理学业与兼职的关系,守住职业底线,认清学习与社会实践的主次关系,仔细筛选靠谱的兼职单位,同时在两者之间做好平衡,切忌为了短期利益而耽误学业甚至触犯法律。

另外,预防落入“套路贷”的陷阱,大学生要做好以下几个方面:

(1) 尽量通过正当渠道贷款,特别要警惕“空白合同”,切勿从不正规贷款机构借款。签署借条时,一定要核实借款金额,要按实际借款金额填写,如果对方要求你写虚高金额,一定是套路贷,你一定要拒绝。

(2) 要树立证据意识,归还借款后一定要将借条等相关凭据讨回并销毁,必要时还可让债权人写下收条。不给犯罪分子反复敲诈勒索的机会。

(3) 如果遭遇对方提起虚假诉讼,借款人一定要出庭应诉,向法官表明实情同时向公安机关报案,否则法院可以按照法律规定缺席判决,这样自己就陷入更加不利的地位。

二、学习中的安全及其防范

(一)实践安全

1. 实验室安全防范

大学实验课是检验学生所学知识的一种重要形式,也是培养学生实际操作能力最基本的教学手段。然而由于实验室存在着一定的危险性,因此安全问题更加不容忽视。

(1) 初次进行实验前,必须详细了解实验安全管理规章制度及本次实验安全注意事项,在得到教师允许的情况下,才能进入实验室开始实验。

(2) 做实验时思想要集中,严格遵守安全制度与有关操作规定,按照实验步骤认真操作,未经允许不随意改动实验操作的前后次序,尤其要注意用电安全、危险化学药品安全、易燃易爆物品安全。

(3) 仪器设备发生故障时,应立即停止使用,并及时报告指导老师,切勿私自拆卸。

(4) 一旦发生安全事故,不要惊慌,积极配合指导老师进行事故处置。

(5) 实验结束后,关闭门、窗及水、电、气等阀门,经指导老师检查认可后再离开实验室。

2. 军训安全注意事项

军训是大学生迎接新生活的第一堂课,也是大学生活难忘的一段经历。每一个大学生入学,最先经历的就是军训。军训可以锻炼自己的意志和毅力,同时也很苦、很累,大学生要注意安全,保护好自己的身体。

(1) 注意军训饮食。

正确补充水分:军训期间注意多补充水分,最好是多喝几次,每次少喝一点,这样可减少汗液排出,增进食欲。

合理补充营养:军训期间体力消耗极大,多吃一些肉类、蛋类,还要注意补充维生素,多吃蔬菜。早饭一定要吃,否则会出现头晕、心慌等低血糖症状。切忌饮酒解乏。

(2) 军训期间卫生保健。

注意个人卫生,按时休息。军训期间要注意个人卫生,衣服要勤洗勤换,保持干净。要按时作息,养精蓄锐,为军训打下良好的基础。

谨防"军训病"。各校军训多安排在秋季进行,秋季也是疾病多发的季节,同学们要提防感冒、冷过敏、肠胃疾病、中暑、皮肤病等多种所谓"军训病",同时注意休息,以保证充沛的精力,避免烦躁情绪。

如果感觉身体不适,实在支持不下去,一定要休息,或及时到医院就医。

(3) 事故预防。

实弹射击的事故预防。真枪实弹是每一个男孩都有的梦想,军训中这个童年的梦想便可得以实现,激动心情可想而知。但是一定要知道,毕竟是真枪实弹,危险性很大,所以必须严格按照实弹射击相关要求进行。

野外生存事故预防。野外生存即人在食宿无着的山野丛林中求生。作为大学生,学习和掌握一些野外生存常识都是非常必要的。

3. 实习安全预防

在大学期间,大学生常常要参加一些实习劳动,以增强自己的实际动手能力和实践经验,但在实习过程中出现的一些意外伤害事故,往往会给大学生造成巨大的人身伤害。因此在实习时,大学生要始终把安全放在第一位。

首先学习该实习项目的安全知识,不得违反各项安全规章制度,严格按照操作规程操作。要服从该单位的领导,虚心向技术人员、工人师傅学习,同学之间要互相帮助。工厂不同于学校,有很多危险区域,如高压区、变压器、各种运行的机器等,所以要尽快熟悉环境,避开不安全地段,以免受到伤害。野外劳动时要防雷电,高温下劳动时要防止中暑。

(二) 勤工助学与就业安全

1. 勤工助学中的安全

很多大学生在校期间都要参加一些勤工助学活动,如家教、促销、服务、自主创业等,一方面可以赚取一些酬劳,增强独立意识;另一方面可以为将来步入社会积累一些工作经验。但由于大学生社会阅历及自身安全防范意识不足等原因,容易受到不法分子的侵害。大学

生勤工助学及兼职中常见骗局包括:

(1)骗中介费。社会上仍存在大量不规范的中介机构,收取中介费。一旦交完费,"工作"则遥遥无期,或者找几个做"托"的单位让学生前去联系。几趟下来,学生打工热情锐减并对社会实践感到一片茫然。

(2)收押金。一些用人单位在招聘时,往往收取不同金额的抵押金或收取身份证、学生证作为抵押物。

(3)保证金。用人单位常在招工广告上称有文秘、打印、公关等比较轻松的岗位或以优厚的报酬等作为诱饵吸引大学生,求职者只需交一定的保证金或者其他一些费用,如服装费、建档费等即可上班。但往往学生交钱后,招聘单位又推托目前职位已满,要学生回家听消息,接下来便石沉大海。

(4)骗培训费。一些单位要求应聘学生在"上岗"前先进行培训,同时要求学生自己掏腰包付培训费。但往往是培训进行后则以尚无工作等借口推脱学生。更有大学生兼职岗位在收取培训费后连所谓的"培训班"都尚未开班就已经消失得无影无踪。

(5)拖欠费用。一些不法之徒到处发布招聘信息,利用学生涉世未深的弱点,先以高薪诱惑,学生做完工作以后,却迟迟领不到报酬。

(6)骗色。有的娱乐场所以高薪吸引大学生兼职。工种有代客泊车、侍者、伴游,有的甚至是不正当交易,年轻学生到这些场所打工,往往容易误入歧途。这点女生需要特别注意。

(7)传销。社会上有许多人以销售人员的名义诱骗大学生去上岗工作,然后公司让学生交纳一定的提货款,再让学生如法炮制去哄骗他人,有的同学在高回扣的诱惑下,甚至去欺骗自己的同学、朋友。

针对以上骗局,大学生要加强安全防范意识,学习相关防范知识,了解公司合法性,避免上当受骗;同时要明白,学习是自己的本职,在保证学习的条件下从事适当勤工助学活动,不做伤害别人的事,更不能从事非法活动。

2. 求职与就业安全

针对毕业生求职,各种非法黑中介、一些不法分子及不良公司为了捞钱,使出各种骗术,让求职者防不胜防。大学生求职及就业中容易遇到的陷阱包括:

(1)收费式。企业向应聘人员收取各种费用,如培训费、服装费、保证金、押金、押身份证、毕业证等。一般收这类费用的招聘单位规模较小或不正规,交了这些费用很难得到退还。

(2)高职位、高待遇式。招聘单位以高待遇招聘高职位人员,但不注明招聘条件,或招聘条件不限。应聘成功后,一般会要求你从业务员做起,年终时再进行行业绩考核,达不到标准不给予高待遇。但一般情况下不会有人达到标准,所以以高待遇不会兑现。

(3)"储备干部"式。也可以称之为"提前画饼"式,招聘单位以招聘"储备干部"的名义,招聘大批优秀的基层员工,实际根本不需要如此多的"干部"。

(4) 体检式。通过招聘单位的初试、笔试、面试后,通知你自行去体检,而体检地点是偏僻的小医院或诊所,费用自理。体检结果出来后,招聘单位会以你有各种小问题不适合这份工作为借口,然后与医疗机构共同瓜分体检费用。

(5) 买资料参加考试式。现在许多单位应聘都要进行笔试,有些销售某类资料的公司就钻了这个空子。招聘前,先要求应聘人员购买资料(书、光盘等)学习,进而再参加考试。考试的过关标准定得很高,一般人很难达到。而实际上这些资料就是公司的产品,它根本不需要员工,只是想销售产品。

(6) 骗取中介费式。一些不法中介以大量假的知名企业招聘信息吸引毕业生,或夸大宣传企业的招聘信息,让毕业生交纳中介费,但工作后却发现实际情况与宣传根本不符。

(7) 窃取劳动成果式。招聘时要求几个应聘人员共同翻译一份资料或完成一个软件程序的设计,或要求应聘人员经过调研后做出一个产品的销售方案等,不管做出的成果如何,都会以未达到企业需求而不予录用。但实际上,应聘人员已免费为该公司完成了一项工作。

(8) 传销式。一般由熟悉的同学、朋友介绍,说在某城市有一个非常不错的工作,薪水很高,不需通过正规的招聘过程,轻易就能通过面试,但需先交几千元的费用,用于"创业"。经常聚集在一起上课,不做具体工作,也没有注册的实体公司。

(9) 虚假夸大宣传式。应聘的工作岗位和工作内容与实际情况不符;或者招聘人员只讲有利的信息,不讲不利的信息。

(10) 抢劫勒索式。以改换面试地点的名义把求职者骗到偏僻地点或酒店房间,实行抢劫和勒索。

为维护毕业生的合法权益,保障毕业生人身财物安全,增强安全意识和自我防范能力,广大毕业生在求职过程中要特别注意以下几点:

(1) 招聘信息的安全。毕业生应仔细鉴别招聘信息及招聘公司的合法性,应尽量通过正规途径(如学校毕业生就业指导中心、当地的人事局、公办人才市场)获取信息,尽量选择信誉佳的公司应聘,对于那些并不熟悉或没听说过的小公司,应聘前先上网或打电话求证是否有此公司。

(2) 求职面试时的安全。就业过程中要与班主任或辅导员保持联系。要冷静思考接到的面试通知,应注意事先明确具体的面试时间和地点,问清对方的办公地址和固定联系电话,若招聘单位只有手机这一单一联系方式,要高度警惕,谨防上当受骗。到异地求职的毕业生更要提高防范意识,尤其是女学生,最好有伴同行。切忌到不明确或存在安全隐患的地方进行面试。

(3) 加强个人信息保密安全。不要随意发放自己的简历,特别是不要对招聘方式不合规范的单位投递简历;在个人求职材料上最好不要留家庭电话,只提供手机号码和电子邮箱就可以,固定电话可以提供辅导员或院系负责就业工作老师的办公电话;在网上登记注册个人信息时,应选择一些信息监管较规范、知名度较高的大型人才招聘网站;要注意留下用人单位的固定电话,必要时拨打查询电话进行核实;对于各种渠道特别是互联网上的招聘信息,一定要慎重核实,不要轻易填写过于翔实的个人信息;对不规范、不可信的公司不要随便递简历,与联系人会面应选择用人单位的办公场所。如果大学生在就业过程中遇到就业侵权时,应及时与有关部门取得联系,以便获得帮助。

（4）警惕卷入任何形式的传销活动。传销是国家明令禁止的非法行为,千万不要偏信一夜暴富的神话,以免误入歧途。毕业生一旦发现招聘单位有欺诈等违法行为,应马上向当地劳动保障监察部门或公安部门报警,寻求法律保护。

3. 谨防传销陷阱

传销是指组织者或者经营者发展人员,通过对被发展人员以其直接或者间接发展的人员数量或者销售业绩为依据计算和给付报酬,或者要求被发展人员以交纳一定费用为条件取得加入资格等方式牟取非法利益,扰乱经济秩序,影响社会稳定的行为。我国于2005年颁布的《禁止传销条例》规定传销属违法行为。传销的组织者更犯了"组织领导传销罪"。

（1）传销的危害性。

传销和变相传销不仅严重扰乱社会正常的经济秩序,而且还严重危害社会稳定,对商业诚信体系和社会伦理道德体系也造成了巨大破坏。

首先,传销扰乱市场经济秩序,侵害多个法律客体。传销和变相传销违法活动往往伴随着偷税漏税、制假售假、走私贩私、非法集资、非法买卖外汇等大量违法行为,不仅违反国家禁止传销和变相传销的规定,还违反了税收、消费者保护、市场秩序管理、金融、外汇管理等多个法律规定。

其次,传销给参与者及其家庭造成伤害。传销和变相传销给参与者造成经济损失的同时,给其家庭也造成巨大伤害。

再次,传销往往引发刑事犯罪,给社会稳定带来危害。传销使绝大多数参加者血本无归,一些人员流落异地,生活悲惨,甚至跳楼轻生,还有一部分人员参与偷盗、抢劫、械斗、强奸、卖淫、聚众闹事等违法行为,给人民生命财产安全和社会稳定造成严重侵害。

最后,传销会对社会道德、诚信体系造成巨大破坏。由于传销人员发展对象多为亲属、朋友、同学、同乡、战友,其不择手段的欺诈方法,导致人们之间信任度严重下降,引发亲友反目,父子相向,甚至家破人亡。

（2）传销五大伎俩。

伎俩之一:传销的利润来源不是靠零售产品而是靠下线入会的费用。传销组织中等级严格,共分为会员、推广员、培训员、代理员和代理商五个等级。根据每个人发展的下线多少来确定等级并按比例提成,发展得越多,等级超高,提成越多。

伎俩之二：暴力与精神双重控制。传销实际上是有组织的犯罪活动，这是因为传销组织采取暴力和精神双重控制，使参加者很难脱离传销组织。不少人被"洗脑"后，深陷其中，不能自拔，对传销和变相传销理念深信不疑。除此之外，传销组织还逼迫参加者发展下线，继续诱骗朋友、同学加入。

伎俩之三：没有商品的"销售"。非法传销活动通常都是无商品的销售，就是俗称的"拉人头"销售。这些传销以骗来多少人为依据进行计酬和提成，所谓的商品只是作为一个媒介，并没有到消费者的手里。

伎俩之四：利用互联网进行传销和变相传销。诈骗手法相同，但范围扩大，受害面扩大，趋向国际化。

伎俩之五：以介绍工作为由骗取学生加入传销组织。传销组织以招工为由，利用年轻人积极向上渴望成功的心态，掩盖非法传销的事实。利用"好工作"、"高收入"或"平等"、"关爱"等方式，诱惑学生加入传销组织，加之采取限制人身自由等手段，导致一些在校学生迷失于传销漩涡中难以自拔。

（3）大学生怎样抵制传销。

首先，要加强人生观与择业观方面的培养，以提高对非法传销的"免疫力"。面对非法传销者"快速致富"的花言巧语，我们一定要时刻保持警惕。天上不会掉馅饼，财富是创造出来的，幸福是汗水换来的，只有把个人的发展理想融入国家的发展需要之中，辛勤付出而不是投机取巧，才能取得辉煌的成就。

其次，平时应多看一些关于国家打击传销的报道，并与同学讨论预防的策略。大学生群体由于普遍社会经验贫乏，思想单纯，因而很容易成为传销组织捕获的目标，所以首先要认识到其危害及特征，才能自觉予以抵制。

再次，与人交往要谨慎，不要轻易相信别人。传销组织主要依靠下线人员缴纳的高额"入门费"维系运作，以发展人员多少作为提取报酬的标准，其成员为实现"暴富"美梦，会不择手段地诱骗他人入门，不管是陌生人、同乡、同学，还是朋友、亲戚、家人，他们都不会放过。所以大学生在与人交往时，要时刻保持警惕，千万不要轻信别人。发觉受骗后要果断回头，及时报案，大胆揭发，使犯罪分子受到应有的法律制裁。

参 考 文 献

[1] 张静,贾凯. 中国梦与大学生的成长成才[J]. 思想理论教育导刊,2014(11):132-135.

[2] 徐永健,李盼. 试论红色文化资源与大学生思想政治教育的内在关联[J]. 思想教育研究,2016(12):84-88.

[3] 王员,杨珏,邓崇卿. 大学生中国梦教育的价值指向与路径选择[J]. 教育学术月刊,2017(12):18-25.

[4] 卢凯. 论当代大学生心理健康与成才[J]. 社会科学家,2013(8):115-118.

[5] 李静. 新形势下加强大学生成才观教育的若干建议[J]. 教育探索,2015(4):109-111.

[6] 王艳. 高校图书馆促进大学生成才的实证分析[J]. 大学图书馆学报,2013,31(1):33-37.

[7] 白俊杰,周嫱,刘玉,等. 中医药院校《大学生成才与职业发展》课程适宜教学方法借鉴[J]. 长春中医药大学学报,2017,33(2):325-327.

[8] 赵正洲. 发挥先进典型引领作用 促进大学生成长成才[J]. 中国高等教育,2013(6):34-36.

[9] 张超. 发挥榜样教育的力量 引领大学生成长成才[J]. 中国成人教育,2015(4):74-75.

[10] 许亚菲. 论大学生成人成才成功教育[J]. 学校党建与思想教育,2013(3):34-35.

[11] 潘姗姗. 以深度辅导推进大学生社会主义核心价值观教育[J]. 教育评论,2016(7):74-77.

[12] 王勋. 将中华优秀传统文化融入大学生职业生涯教育的思考[J]. 学校党建与思想教育,2017(24):77-78.

[13] [美]Steven Gary Blank. 四步创业法[M]. 武汉:华中科技大学出版社,2012.

[14] [美]克莱顿·克里斯坦森. 创新者的基因[M]. 北京:中信出版社,2013.

[15] 黄道平. 创新,创业与就业[M]. 北京:机械工业出版社,2014.

[16] 陈卫平,唐时俊,黄林,等. 创业基础[M]. 北京:清华大学出版社,2016.

[17] 范耘,罗建华,刘勇. 创新创业实用教程[M]. 北京:机械工业出版社,2017.

[18] 黄远征,陈劲,张有明. 创新与创业基础教程[M]. 北京:清华大学出版社,2017.

[19] 汤福球,等. 大学生职业生涯规划与就业指导[M]. 北京:北京邮电大学出版社,2010.

[20] 李富军. 大学生职业生涯规划与就业指导[M]. 西安:西北工业大学出版社,2010.

[21] 钟谷兰,杨开. 大学生职业生涯发展与规划[M]. 上海:华东师范大学出版社,2009.

[22] 谢安邦. 高等教育学[M]. 北京:高等教育出版社,1999.

[23] 古月群. 适应与超越:大学新生入学指导[M]. 广州:中山大学出版社,2002.

[24] 文东茅. 美好的大学时光——给大学新生的礼物[M]. 北京:知识产权出版社,2004.

[25] 段志光. 大学新生适应教育概论[M]. 北京:中国科学技术出版社,2003.

[26] 黄细良. 大学新生常见的"不适应症"及治疗[J]. 中国高等教育,2006(23):58-61.

[27] 刁生富. 学会学习:大学生学习心理与学习方法[M]. 广州:暨南大学出版社,2002:58-61.

[28] 高校入学教育编写组. 赢在校园——大学新生入学必读[M]. 北京:国家行政学院出版社,2008.

[29] 王辉,李慧,卿贾鹏. 科学构建以人才培养为导向的大学生综合素质评价体系[J]. 中国成人教育,2009(11):41-42.

[30] 希尔加德,G.H.鲍威尔.学习论——学习活动的规律探索[M].邵瑞珍,译.上海:上海教育出版社,1987.

[31] 孟珍贵.利用网络资源培养大学生学习能力的思考[J].云南农业教育研究,2007(4):23-24.

[32] 陈时见,王冲.论网络学习资源的意义、功能与类型[J].电化教育研究,2003(10):50-54.

[33] 张仲豪.如何正确引导学生有效利用网络资源[J].科教文汇,2009(9):65.

[34] 郑祥江,郝生跃.研究生职业生涯规划现状调查及影响因素探析[J].中国高教研究,2008(4):51-56.

[35] 刘瑜.谈大学生自我定位和生涯规划[J].中国科教创新导刊,2006(6):44-45.

[36] 宋建军,费小平.大学生学业与职业生涯规划教程[M].苏州:苏州大学出版社,2005.

[37] 于成学.大学生学业职业生涯辅导概论[M].哈尔滨:东北林业大学出版社,2006.

[38] 刘淑艳.关于做好大学生职业生涯规划工作的思考[J].教育探索,2006(4):33-34.

[39] 廖智君,刘永中,余小英.大学生开展学业生涯规划的探索[J].现代教育,2009(4):208.

[40] 王树林.放飞青春的梦想——大学生活指南[M].南昌:江西高校出版社,2008.

[41] 韩卉.大学生活指南[M].深圳:中国文化教育出版社,2005.

[42] 罗进强,刘义务,等.大学生安全教育[M].西安:陕西人民教育出版社,2009.

[43] 朱志德,曹坚,等.大学生校园安全教育[M].北京:中国书籍出版社,2011.

[44] 胡克培.思想品德修养与职业道德[M].北京:北京大学出版社,2006.

[45] 孔治国.大学新生常见问题及对策[J].胜利油田师范专科学校学报,2005(1):34-35.

[46] 刘波,李征.大学新生适应教育应注意的几个问题[J].河南教育:高校版,2007(2):60.

[47] 王登峰,崔红.心理卫生学[M].北京:高等教育出版社,2003.

[48] 余辉.大学生网络文化浅析[J].石油教育,2005(5):68-70.

[49] 张春兴.青年的认同与迷失[M].上海:世界图书出版公司,1993.

[50] 李海燕.大学新生应如何处理好宿舍同学之间的关系[J].济宁师范专科学校学报,2006(3):110-112.

[51] 李院莉,武莉娜.构建大学和谐的师生关系[J].中山大学学报论丛,2006(7):152-154.

[52] 李玉军,陈晓浪.浅谈大学生宿舍文化建设[J].安徽农业大学学报,2006(4):94-95.

[53] 董珊.寝室人际关系对大学新生的影响[J].西南民族大学学报,2006(10):242-243.

[54] 张洪根,陈选华,王薇.大学生思想道德修养新编[M].合肥:中国科学技术大学出版社,2003.

[55] 赵明.论课堂笔记与学习能力的培养[J].郑州航空工业管理学院学报:社会科学版,2007(3):149-151.

[56] 樊素芳,樊琪,陈洁.大学生课堂笔记策略现状研究[J].心理与行为研究,2007(5):70-74.

[57] 饶俊南,杨应慧.走进景德镇陶瓷学院——新生入学导航[M].武汉:武汉理工大学出版社,2007.

[58] 毛正强.对学分制条件下学生管理模式的思考[J].教学与管理,2007(9):38-39.

[59] 李平权.携手青春[M].合肥:中国科学技术大学出版社,2006.

[60] 冯刚.大学——梦起飞的地方[M].北京:清华大学出版社,2005.

[61] 沈壮海,张谢.我是大学生[M].武汉:湖北科学技术出版社,2008.

[62] 李发顺.大学职业生涯规划[M].南京:东南大学出版社,2006.

[63] 翟瑞.大学生全程就业指导[M].成都:电子科技大学出版社,2006.

[64] 张利,耿晔.当代大学生就业现状及就业指导策略[J].中国电力教育,2009(3):172-173.

[65] 烨子.在哈佛听讲座[M].北京:金城出版社,2002.

[66] 吴光远.受益一生的 41 种学习方法[M].北京:海潮出版社,2005.

[67] 范云峰,梁波.现代思想政治与道德教育研究[M].北京:中国文史出版社,2005.

[68] 杨振斌,冯刚.高等学校辅导员培训教程[M].北京:高等教育出版社,2006.

[69] 杨静.浅议大学生职业生涯规划[J].双语学习,2007(7):142-144.

[70] 吴薇,刘继亮.大学生涯的自我管理与规划[J].中国大学生就业,2006(3):8-9.

[71] 梁丽,孟祥宇.浅谈学分制条件下高等教育教学方法的改革与创新[J].天津商务职业学院学报,2007(4):40-41.

[72] 李俊伟,楼策英.推行学分制管理的探索与实践[J].中国高教研究,2007(6):87-88.

[73] 翟雪峰,赵丽花.学分制下的选课管理研究[J].黑龙江高教研究,2006(6):123-124.

[74] 刘儒德.大学生的学习观[J].高等教育研究,2002(4):74-78.

[75] 李建一,吴访非,刘春兰.论 21 世纪大学生的学习观[J].理论界,2005(2):120-121.

[76] 李文年.激发学生学习需要的几种途径[J].青海教育,2003(5):28.

[77] 徐震花.加强学生综合能力的培养成为就业指导的垂范[J].思想理论教育,2001(2):54-55.

[78] 彭睿.大学新生健康教育及大学生涯规划[J].湖北经济学院学报:人文社会科学版,2006(11):177-178.

[79] 曹勇,李德全.以大学生涯规划实施为平台加强学风建设的探索和实践[J].重庆文理学院学报:社会科学版,2007(5):80-82,90.

[80] 朱晓刚.大学理念的历史变迁[J].现代教育科学,2005(5):81-83.

[81] 殷波.民族高校校园文化建设探论[J].湖北民族学院学报:哲学社会科学版,2002(1):106-109.

[82] 孔祥珍.浅谈高校创新教育与创新人才的培养[J].中国科教创新导刊,2009(6):26.

[83] 唐松林,王静.波普尔批判理性主义视域中的学术创新[J].中国高教研究,2007(3):27-31.

[84] 王忠武.论 21 世纪高等学校发展的目标模式和方向[J].石油大学学报:社会科学版,2003(1):93-95.

[85] 孟丽菊.从中西大学功能演变看知识经济时代大学的使命[J].辽宁师范大学学报:社会科学版,2001(1):44-47.

[86] 何涛.大学的重要使命:传承和发展中华优秀文化[J].黑龙江高教研究,2007(7):86-87.

[87] 张向东,孙国志,贾宝新.高校扩招后大学生能力结构及培养[J].辽宁工程技术大学学报:社会科学版,2007(4):434-437.

[88] 黎昌珍.90 后大学新生角色转变的班主任工作方法探索——一个社会学的视角[J].广西大学学报:哲学社会科学版,2010(4):101-104.

[89] 杜红霞.大学新生如何尽快适应学校生活[J].湖北经济学院学报:人文社会科学版,2005(2):

135-137.

[90] 李生敏.浅谈新时期高校思想道德修养教育的创新[J].教育与职业,2007(18):107-108.

[91] 樊豫陇.当今大学生必须实现学习观念的五个转变[J].郑州航空工业管理学院学报:社会科学版,2004(3):87-88.

[92] 李东月,万海峰.略论大学生学习观的转变[J].中山大学学报论丛,2005(2):317-320.

[93] 胡帅.网络新技术对教学方式的影响研究[J].电脑知识与技术,2010(12):2886-2889.

[94] 徐卫东,李谦.多媒体网络课件在新疆高校篮球教学中的应用[J].新疆师范大学学报:自然科学版,2010(4):97-100.

[95] 刘冰.浅谈多媒体在音乐欣赏课的作用[J].山西科技,2008(2):61,65.

[96] 唐由庆.网络课程架构断想——兼谈上海市中等职业教育网络课程架构感观[J].现代教育技术,2010,20(10):115-117.

[97] 田宝勇,周应强,等.多媒体与网络技术教学课件的几点建议[J].电脑知识与技术,2010(29):8324-8325,8332.

[98] 童艳荣,宋蓬勃.大学生网络学习资源利用现状的调查与分析[J].山东省青年管理干部学院学报,2010(5):49-51.

[99] 赵春霞.使用 Lucene 技术实现桌面批量文件搜索引擎[J].软件工程师,2010(10):51-53.

[100] 王亚鸽.引导高校学生正确利用网络资源[J].中国管理信息化,2009(22):115-116.

[101] 王步新.论当代大学生的人文素质教育[J].河北学刊,2008(5):244-246.

[102] 孔慧,吴敏榕,韦燕云.高校大学生专业认同现状及影响因素调查研究[J].教育与职业,2010(29):171-173.

[103] 赵志毅.论大学生友情教育——兼议大学生正确人际交往观的形成[J].南京师大学报:社会科学版,2004(3):76-80.

[104] 孙羽枫.论大学生社会实践创新[J].教育与职业,2009(2):167-168.

[105] 高峥,李林涛.大学生素质教育中社会实践的作用[J].新乡学院学报:社会科学版,2010(1):212-213.

[106] 丁桂馨.浅析大学生求职过程中的陷阱及应对措施[J].经济研究导刊,2010(3):267-268.

[107] 杨树伟,王小钦.灾难来临如何逃出生天——突发公共事件个人应急知识[J].科学之友:A版,2009(8):48-53.

[108] 蒋兆枝.新唐装的伦理解读——兼论经济全球化浪潮中民族服装的传承与创新[D].长沙:湖南师范大学,2009.

[109] 王国荣.组织学习视角:公司核心竞争力与组织学习方式相关性研究[D].上海:复旦大学,2006.

[110] 孙晓英.普通高中与职业高中学生自主学习能力状况的调查研究[D].成都:四川师范大学,2008.

[112] 罗丽芳.学业成就中等生的成就目标、自我监控与学业成绩关系的研究[D].福州:福建师范大学,2001.

［113］　付强.基于 ASP 技术的教学网站的设计与实现[D].哈尔滨:哈尔滨工程大学,2007.

［114］　张志华.论大学生信息能力的培养与提高[D].南京:南京师范大学,2007.

［115］　张婷.网络数学公式转换的研究与实现[D].兰州:兰州大学,2009.

［116］　王涛.大学生心理健康状况分析及教育体系构建[D].哈尔滨:哈尔滨工程大学,2006.

［117］　于玄.论思想政治教育在大学生就业竞争力培养中的作用[D].南京:南京林业大学,2010.

［118］　魏丽.论当代大学生思想政治教育中的情感教育[D].济南:山东师范大学,2007.

［119］　吴姗娜.大学生职业生涯规划的个体化教育分析[J].中国成人教育,2010(9):80-81.

［120］　何颖群.关于构建高职院校学生职业生涯规划指导体系的探索[J].学理论,2010(3):142-143.

［121］　黄兆信,李远熙.大学新生适应性问题研究——从高中与大学衔接的视角[J].中国高教研究,2010(5):83-85.

［122］　杨晓慧.当代大学生生活方式问题及对策研究[J].东北师大学报:哲学社会科学版,2016(6):189-193.

［123］　李春艳,崔海涛.大学生网络学习资源利用现状及对策研究[J].2012(5):34-35.

［124］　刘英杰,吴慧芳,郭本海.大学生网络学习资源利用情况调查分析[J].现代商业,2015(9):28-30.

［125］　[英]斯蒂芬·哈格德.慕课正在成熟[J].教育研究,2014(5):92-98.

后　记

党的十八大以来，我国改革开放和社会主义现代化建设取得了历史性成就，国家发生了历史性变革，高等教育改革发展阔步向前，为及时将党和国家对当代大学生成长成才的殷切期盼、将高等教育改革发展的最新成果体现在本书中，结合新时代新形势下大学新生的发展需要，在2012年第1版的基础上，编写组组织对本书进行了修订。参与人员具体如下，第一讲：王娇、李菊芬、王玺；第二讲：王娇、罗刚、王波；第三讲：袁茂阳、周凤生、俞梦菲儿；第四讲：袁茂阳、郑祥江、杨进；第五讲：俞梦菲儿、廖方伟、马金山；第六讲：俞梦菲儿、陈蓉、冉利龙；第七讲：刘真、胡小俊；第八讲：杨惠琴、赵洋、刘真；第九讲：唐良虎、韩新明、叶中俊；第十讲：唐良虎、谢长勇、胡小俊、饶芳。全书由张强、陈玉芳、廖成中、王笑君、黎万和、王姮、王力、李菊芬、张克武、谢长勇、周凤生负责审稿统稿工作，郑祥江、王娇、胡小俊等负责稿件的整理工作。

本书的编写及修订再版得到了武汉大学出版社的大力支持，在此表示衷心的感谢！书中引用了部分参考文献，本书编写组向这些文献作者致以诚挚的谢意！

由于我们水平有限，时间紧迫，编写、修订中难免存在一些不足和疏漏，诚恳欢迎广大读者给予批评指正。

编　者

2018 年 5 月 18 日